잭
JACK POT
★★★

잭파시의 부동산
톱다운 투자법

'부동산 선행지수'로 매수 타이밍을 낚아채는 확신의 투자법

잭파시의 부동산
톱다운 투자법

GLOBAL MACROECONOMIC TRENDS

REAL ESTATE MARKET TRENDS

TOP-DOWN
INVESTMENT

METHOD

잭파시
(최경천)
지음

다산북스

잭파시 톱다운 투자법은
무엇이 다른가

부동산은 금융이다.

이 문장은 책에서 계속해서 반복될 문장이다. 이는 부동산 투자의 성패는 돈의 흐름을 읽는 데 달려 있다는 의미다. 돈의 흐름을 읽는 데는 여러 방법이 있다. 톱다운 투자법은 말 그대로 거시경제 흐름을 읽고 점점 투자 지역을 좁혀 나가는 방식이다. 그중에서도 잭파시 톱다운 투자법이란 부동산 투자를 하기에 앞서 거시적인 부분부터 미시적인 부분까지 훑고 내려오며 리스크를 파악하는 것이다. 만약 거시적인 부분의 상황이 좋다면 내가 어떤 단지, 어떤 매물을 고르더라도 2년 뒤에는 수익을 낼 수 있는 확률이 높다. 반대로 거시적인 부분이 좋지 않으면 어떤 매물을 고르더라도 실패할 확률이 높다고 볼 수 있다.

나는 투자할 아파트 단지를 찾기 전에 세계(미국)·한국 부동산 경기 → 도 단위 부동산 흐름 → 시 단위 부동산 흐름 → 구체적인 아파트 단지 순으로 데

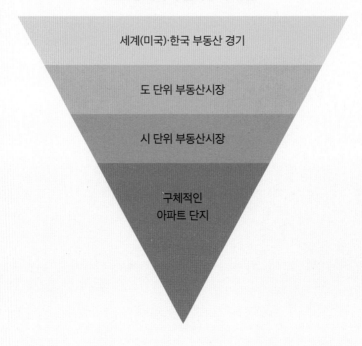

4단계 잭파시 톱다운 투자법

세계(미국)·한국 부동산 경기

도 단위 부동산시장

시 단위 부동산시장

구체적인
아파트 단지

이터를 확인한다. 어림잡아 100개 이상의 부동산 데이터를 보는데, 이 지표들이 100% 완벽하게 투자에 긍정적인 요소만을 주거나 부정적인 요소만을 주는 것은 아니다. 이 결과값의 평균이 대체로 어느 방향을 가리키고 있는가를 파악하는 것이 중요하다.

첫 책《나는 대출 없이 0원으로 소형 아파트를 산다》에서도 나의 톱다운 투자법을 공개하기는 했지만 지면의 한계로 인해 자세한 지표들까지는 수록할 수가 없었다. 이번 책에서는 톱다운 투자법을 통해 내가 어떤 지표를 선행 삼아서 투자하는지 알려주려 한다. 그저 감이 아닌, 내가 사용하는 구체적인 방법과 수치를 알려주는 것이기 때문에 누구나 따라 할 수 있으리라 생각한다.

거시적인 분석은 세계(미국)·한국 부동산 경기와 도 단위 부동산 흐름까지 보면 된다. 어차피 우리가 투자를 할 때 고려하는 시는 도에서 인구수가 많은 1~3위 안으로 대부분 한정되기 때문이다.

도 단위 부동산 흐름이 양호하다면 시 단위로 구체적인 매매거래량, 외지인 거래량, 공급량, 미분양까지 확인한다. 내가 투자하려는 시의 흐름이 좋다고 판단되면 투자하고, 반대로 시의 흐름이 좋지 않다고 판단되면 투자하지 않거나 이미 가지고 있는 물건이 있는 경우 매도해야 한다.

톱다운 투자법과 반대되는 접근 방식이 바로 경매 물건에 투자할 때 주로 사용되는 '보텀업 방식'이다. '경매로 싸게 사서 바로 팔면 무조건 수익이 난다' 라는 말을 한 번쯤은 들어봤을 것이다. 그런데 이 말에는 함정이 있다. 만약 법인 명의나 개인 매매사업자 명의로 투자하는 것이라면 이 말이 어느 정도 맞지만, 개인 명의로 투자했을 때는 그렇지 않다. 법인은 양도소득세 대신 법인세와 추가법인세를 내고, 개인 매매사업자는 양도소득세를 내지 않고 단기 양도세율이 없는 종합소득세를 내기에 단기 양도가 가능하다.

하지만 개인 명의로 낙찰받으면 부동산을 1년 이내에 단기 매도했을 때 70%(지방소득세까지 합치면 77%)의 높은 세금을 내야 하기에 많은 수익을 올리기 어렵다. 경매로 낙찰을 받았더라도 개인 명의라면 보유한 지 2년이 지나야 기본세율을 적용받기 때문에 그 기간 동안 거시적인 흐름의 변화로 인한 리스크가 발생할 가능성이 있다.

따라서 개인이라면 보텀업 방식의 투자를 한다고 하더라도 결국 미국과 다른 선진국들을 비롯해 한국 부동산 시장의 거시적인 흐름을 이해하고 있어야한다는 결론이 나온다. 이번 책을 쓸 때 이 세상에 존재하는 가장 깊고 넓은 숫자의 세계에 들어가 부동산 가격과의 연관성을 파헤치려고 노력했다. 세계적인 돈의 흐름을 읽기 위해 GDP 기준 상위 20여 개의 국가들의 경제지표를 50개씩 매월·매분기·매년 분석해 왔고, 우리나라의 부동산 시장을 읽기 위해 매주 부동산 통계 자료를 꾸준히 분석해 왔다. 그래서 여느 부동산 책에서 흔히 볼 수 있는 근거 없는 뇌피셜이나 두루뭉술하게 뜬구름 잡는 원론적인 이야기가 아닌 수학적으로 입증된 자료들만을 가지고 책을 쓰려고 했다.

이러한 이유로 시중에 있는 다른 부동산 책보다 다소 어려울 수 있다. 하지만 부동산 투자도 일종의 전쟁이다. 단 한 번의 전투에서 패하는 것만으로도 재기가 불가능할 수 있다. 이렇게 인생이 걸린 중요한 일을 남들이 다 아는 지식으로 덤벼드는 건 정말 무모한 행동이라고 생각한다. 대충 알고 투자하는 게 아니라 더 이상 의구심이 들지 않을 때까지, 파고 들어갈 수 있는 끝까지 파보는 자세가 중요하다.

내가 매수자의 입장이든 매도자의 입장이든 상대방보다 더 많은 지식과 통찰력으로 거래에서 우위를 점하고 싶다면 이 책의 내용을 꼭 숙지하기 바란다. 더 나아가 내가 진짜 원하는 바는 독자분들이 나와 똑같이 잭파시 톱다운 투자법에 따라 부동산 지표를 찾고 가공하고 분석하는 것이다. 이 작업만이 부동산 투자를 잘할 수 있는 단 한 가지 방법이다. 남들의 근거 없는 말들을 믿지 말고 자신이 직접 만든 부동산 그래프만 믿어라. 이것만이 어떠한 의도도 들어가지 않은 순수한 근거자료가 된다.

마지막으로 내가 알고 있는 내용들을 이 책에 다 녹여내려고 했다. 독자 여러분들도 열심히 따라 해서 부동산으로 인생의 잭팟을 터뜨리길 기원하는 마음이다. 나의 첫 번째 책《나는 대출 없이 0원으로 소형 아파트를 산다》의 프롤로그에 썼던 것처럼 난 다가가기 어려운 전문가가 아닌, 어려울 때 손 뻗으면 닿을 만한 거리에 있는 이웃이라는 마음은 여전히 같다.

이 책을 집어 든 간절한 마음을 알기에 나 또한 내가 스스로 공부하고 부딪

치며 깨우친 모든 투자 노하우와 방법들을 이해하기 쉽게 알려주려고 노력했다. 그럼에도 만약 이해가 잘 가지 않는 부분이 있다면 언제든 내 블로그로 찾아와 댓글로 질문을 남겨주길 바란다. 언제나 그랬던 것처럼 차근차근 다시 설명해 주도록 하겠다.

투자 타이밍을 잡는 6가지 선행지수 완벽 정리

M2유동성YoY

서울 아파트매매지수와 M2유동성YoY

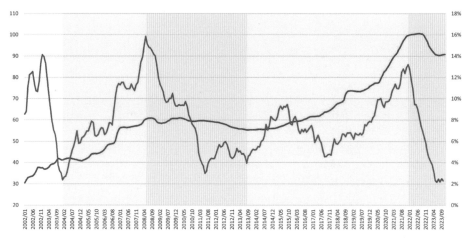

— 서울 아파트매매지수　— M2유동성YoY

'M2유동성YoY'에서 YoY는 전년동월대비증감률Year-on-Year을 뜻한다. M2유동성YoY가 올라가는 구간(초록색)에 투자했다면 성공이고, 내려가는 구간(빨간색)에 투자했다면 필패다. 앞으로의 추이가 초록색으로 표시된 2008년 5월 15.8%, 2021년 12월 13.2% 구간처럼 바닥에서 반등하여 수년에 걸쳐 고점으로 올라간다면 서울 아파트매매지수도 상승할 것이다. 그렇지 않고 빨간색으로 표시된 서브프라임 사태 이후 2011~2013년 M2유동성YoY과 같이 큰 폭의 상승 없이 3~6% 사이에서 움직인다면 상승이 아닌 보합이나 하락장을 예상해야 한다. 참고로 M2유동성은 반년 정도 매매지수에 선행한다.

매수우위지수

서울 매수우위지수와 아파트매매지수

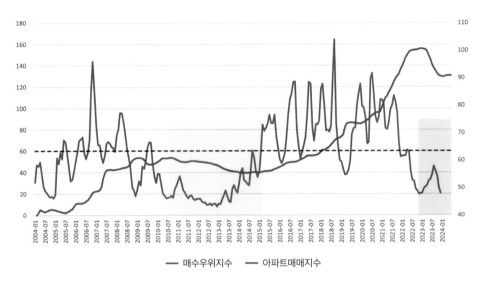

매수우위지수는 매매지수에 선행한다. 위의 그래프에서 중요한 포인트는 매수우위지수가 약 60선(검은색 점선) 위에 있다면 장기적으로 시세는 상승하고, 반대로 약 60선 밑에 있다면 시세는 하락한다. 매수우위지수가 저점에서 올라오고 난 뒤에 매매지수도 반등에 성공해서 상승하고, 매매지수가 고점에서 꺾이기 전에 매수우위지수가 먼저 60선 밑으로 떨어지는 것이 보인다. 그래프에서 현재 시점을 회색으로 표시했고 과거의 두 지점을 별도로 노란색과 초록색으로 표시했다. 2023년 12월 기준 매수우위지수는 20.7이다. 만약 앞으로 서울 매수우위지수가 초록색 구간처럼 저점에서 상승해서 60선을 뚫고 그 위에서 움직인다면 매매지수도 상승할 것이다. 하지만 노란색 구간처럼 더 내려가거나 혹은 이 정도 수치에서 크게 움직이지 않는다면 앞으로 매매지수는 하락할 것이다.

매매가격증감률

대구 아파트 매매가격증감률

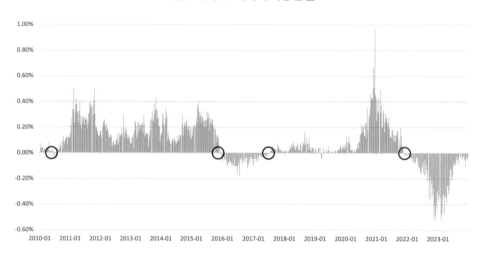

　　KB부동산 주간시계열의 아파트매매가격증감률 그래프는 위치-시간의 운동에너지 그래프처럼 움직인다. 상승 → 상승률 증가 → 상승률 감소 → 보합 → 하락 → 하락률 증가 → 하락률 감소 → 보합의 사이클을 반복한다. 만약 보합으로 들어오기 전에 상승 기간이 길었다면 그만큼 하락 폭도 클 것이고, 반대로 하락 기간이 길었다면 상승 폭도 그만큼 클 것이다. 보합권으로 변경되는 시점을 선행지표 삼아 투자 타이밍을 잡을 수 있다. 즉, 상승에너지가 고갈될 정도로 오랜 기간 상승 후 증감률이 0에 가까워지면 하락을 준비해 매도해야 한다. 반대로 하락기가 오래 이어진 후 그래프의 음의 방향에서 0을 거치고 양의 방향으로 변경된다면 매수를 준비해야 한다. 즉, 가격의 방향성을 바꾸긴 위해선 위치가 0인 상태를 통과해야만 한다는 것이다.

부동산지인 시장강도

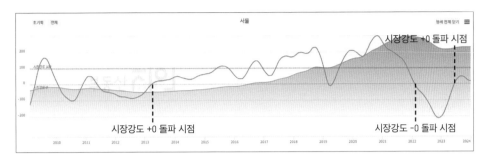

서울의 시장강도 분석(출처: 부동산지인)

부동산지인 시장강도 역시 매매지수에 선행한다. 시장강도는 0을 기준으로 플러스 구간에서는 가격 상승의 힘이 있고 마이너스 구간에서는 가격 하락의 힘이 있다. 이걸 이용해서 시장강도 +0 돌파 시점에 매수하고 추후 시장강도가 지속적으로 0 위에서 움직이는지를 체크한다. 만약 그렇다면 이 기간에 굳이 매도할 필요 없이 지속적으로 매매가격이 상승하는 걸 지켜볼 수 있다. 지방의 경우 기본세율 2년을 채우고 매도하는 것이 투자금을 굴리기 위한 가장 좋은 판단이다. 그렇지만 만약 시장강도가 몇 년째 플러스를 유지 중이라면 그만큼 기다렸다가 매도하는 것이 가장 큰 수익을 낼 수 있을 것이다. 추후 시장강도가 점차 줄어들어서 -0을 돌파한다면 그때 매도한다. 하지만 조금 손해 보는 것 같아도 시장강도 -0까지 기다렸다가 매도하는 것이 아니라 아예 시장강도 고점에서 지수가 급격하게 빠진다면 매도를 하는 것이 더 나은 결과를 불러 온다. 매도를 잘하는 방법은 뒷사람에게도 먹을 게 있다는 것을 보여주는 것인데, 시장강도가 고점일 때 그렇다. 하지만 이렇게 되면 매수자는 가격 고점에 물리게 된다.

외지인거래량

포항 외지인거래량과 아파트매매지수

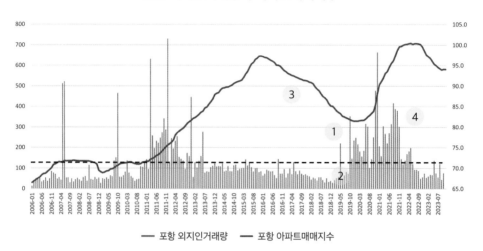

포항 외지인거래량 ―― 포항 아파트매매지수

　포항의 외지인거래량과 아파트매매지수 그래프를 보면, 숫자 ①로 표시된 부분의 거래량이 매매지수(가격)보다 앞선 선행지표임을 알 수 있다. ② 하락장 이후 외지인거래량이 급등하는 것은 투자자들이 상승 시점이라 여기고 들어왔다는 것이다. 하락장 끝에는 공포감이 남아 있어 혼자 깃발 들고 나서기 힘들다. 하지만 이미 다른 사람들이 투자에 나서고 있다면 두려울 것이 없다. 그래서 거래량이 폭증하는 것이다. ③ 하락추세에서는 외지인거래량이 늘어나지 않고 매우 낮은 상태를 유지한다. 외지인들은 투자 관점으로만 살피기 때문에 절대 떨어지는 칼날을 잡지 않고 보합권으로 떨어질 때까지 기다린다. 그리고 상승세로 전환될 때 거래량이 급증한다. 마지막 ④에서 상승세로 전환된 후 지속적인 상승이 나오기 위해서는 이전의 거래량보다 더 큰 거래량이 계속 실려 줘야 한다. 지방 7도 투자는 외지인거래량이 핵심이다.

공급량·미분양

대구 공급량과 매매지수

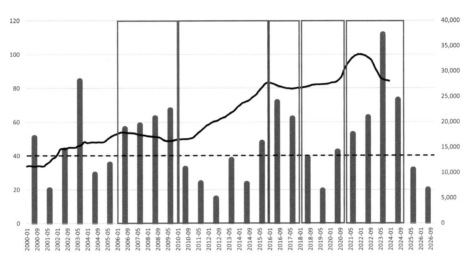

부산 아파트 미분양(역)과 매매지수

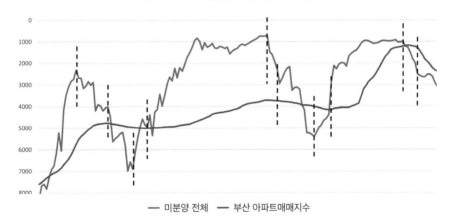

— 미분양 전체 — 부산 아파트매매지수

투자자라면 잘 알고 있겠지만 공급량과 미분양이 많으면 매매지수는 하락한다. 반대로 공급량과 미분양이 적으면 매매지수는 상승한다. 공급량의 경우약 2년 정도 빠르게 매수 매도 타이밍이 움직이고, 미분양 수치는 매매지수에반년 정도 선행한다.

1단계 세계(미국)·한국 부동산 경기
돈의 흐름을 알아야 부동산 시장이 보인다

2단계 도 단위 부동산시장
전국을 세 그룹으로 나누면 투자가 단순해진다

3단계 시 단위 부동산시장
거래량과 공급량으로 투자 지역을 선점한다

4단계 구체적인 아파트 단지
급매물을 구하는 노하우는 따로 있다

돈의 흐름을 알아야
부동산 시장이 보인다

GLOBAL MACROECONOMIC TRENDS

REAL ESTATE MARKET TRENDS

TOP-DOWN
INVESTMENT

METHOD

부동산은 금융이며
돈의 흐름이다

현재의 KB국민은행은 IMF 이후 구조조정과 금융기관 경쟁력 강화를 위해 국민은행과 한국주택은행이 합병되어 만들어졌다. 원래 주택은행은 시중은행이 아닌 국책은행이었다. 1967년 한국주택금고로 설립되어 1969년 한국주택은행법에 의거해 한국주택은행이 되었다. 이름만 봐도 태생적으로 부동산을 위해 만들어졌음을 알 수 있는데, 주택은행의 주요 업무 중 하나는 '주택의 건설, 신축건물의 구입 및 대지조성에 관한 자금의 융자·관리'였다.

1969년판 주택은행 행가(작사 한문숙, 작곡 김성태)를 보면 서민들에게 주택을 공급하는 것에 얼마나 진심이었는지를 알 수 있다. 처음 주택은행이 만들어졌을 때 슬로건은 '만인의 주택금융'이다. 즉, 주택은행(현 KB국민은행)은 서민 주택금융 전담 은행이기에 1986년 1월부터 현재까지 주택 관련 통계를 시간순으로 보여주는 시계열 자료를 매월·매주 제공하고 있다. 공기업인 한국부동산

그룹연혁

글로벌 금융그룹으로 도약하는 KB의 발자취를 소개 합니다.

2008 ~ 현재 2001 ~ 2008 1963 ~ 2001

KB의 탄생, 성장과 발전

(구)국민은행과 (구)주택은행은 1963년과 1967년에 각각 창립된 이후 40여년간 서민들의 목돈마련과 내집마련의 꿈을 지원하며 국민의 삶 속에서 희로애락을 함께 해 왔습니다. 고객가치 향상을 목표로, 건전하고 투명한 성장을 추구하며 업계를 선도해 온 국민은행과 주택은행의 경영 이념은 '국민의 평생 금융파트너'를 지향하는 오늘날의 KB로 이어지고 있습니다.

(출처: KB금융그룹)

원에서 제공하는 통계는 2004년 1월부터로, 공기업보다 사기업의 통계역사가 더 오래된 것은 바로 이 때문이다.

(1절)

집 없어 서러웠던 지난날 잊고 / 내 집에서 누리는 단란한 기쁨

아끼고 여투어서 지은 우리 집 / 가정의 행복은 나라의 바탕

집집마다 가슴마다 불을 켜주자 / 내일로 이끌어가는 우리 주택은행

(2절)

민족의 향연을 꽃피울 주택 / 삼천만이 골고루 나누어 안길

보람찬 벅참으로 모인 우리들 / 아끼지 않으리 정성된 봉사

부동산은 돈의 흐름

주택은행의 슬로건에서 '주택'을 '부동산'으로 바꾸면 '만인의 부동산 금융'

이 된다. 여기서 금융金融, finance은 금전의 융통, 즉 돈의 흐름을 뜻한다. 이는 나라에서 관리해야 할 정도로 부동산에 의한 돈의 흐름이 만인에 영향을 미친다는 의미이며, 이는 곧 부동산시장 역시 돈의 흐름에 영향을 받는다는 뜻이다. 즉 '부동산 = 금융'이며, 이를 말로 풀면 '부동산은 금융이며 돈의 흐름'이라고 말할 수 있다.

주택금융
→ 부동산 = 금융
→ 부동산은 금융이며, 돈의 흐름이다

부동산 투자에서 가장 중요한 건 바로 돈의 흐름을 파악하는 것이다. 하지만 돈의 흐름부터 파고드는 부동산 책이나 강의는 거의 없다. 바로 이것이 내가 두 번째 책을 기획한 이유다.

돈의 흐름을 파악하기 위해 이번 장에서는 세계 경제의 흐름을 살펴볼 것이다. 특히 우리나라를 포함한 선진국은 미국 경기를 따라가기 때문에 주로 미국의 데이터를 살펴보며 돈의 흐름을 파악할 것이다. 세계 경제의 흐름이라고 하니 당장 투자에 필요한 지식이 아니라는 생각이 들 수도 있다. 하지만 전 세계 돈의 흐름을 모르고 부동산 투자를 한다는 것은 깜깜한 어둠 속에서 오로지 감에만 의존한 채 앞으로 걸어가는 것과 같다. 특히 한국의 부동산시장은 세계 경제에 영향을 크게 받으므로 미리 알고 대처한다면 절대 투자에 실패하지 않을 것이다.

부동산 투자자 중에서 세계적인 흐름까지 살피는 사람은 많지 않다. 그러니 돈이 어떻게 흐르는지 아는 것은 투자자에게 있어 엄청난 무기를 갖춘 셈이다. 처음에는 어렵더라도 여러 번 반복해 읽으며 돈의 흐름을 읽는 눈을 기르길 바란다.

우리나라 돈의 흐름은
한국은행에서 파악한다

한국은행은 통화신용정책의 수립과 집행을 통한 물가안정 및 금융안정을 목표로 설립된 우리나라의 중앙은행이다. 기본적으로 정부는 집권 기간 동안 경제성장률을 높이기 위해 통화량을 늘리고 싶어 할 테지만 경제 상황에 비해 과도하게 화폐를 찍어내면 물가가 급하게 상승하고 금융시장이 불안해지는 결과를 낳는다. 선진국에서는 잘 볼 수 없지만 아르헨티나, 베네수엘라, 짐바브웨처럼 지나친 통화 공급과 정부에 대한 신뢰 상실로 인해 초인플레이션이 발생한 나라들도 찾아볼 수 있다.

통화량을 측정하는 척도

통화량은 경제 안에서 유통되는 화폐의 양을 의미하는데, 이 통화량을 측정하는 다양한 척도가 있다. 가장 작은 단위로 한국은행이 돈을 찍어서 시중에 공급한 현금성 예금을 M0(본원통화)라고 하고, 현금통화와 예금통화를 합해 바로 현금화할 수 있는 통화량을 M1(협의통화)이라고 한다.

이다음이 가장 중요한 M2(광의통화)다. 이전 단위인 M1(협의통화)에 만기 2년 미만 정기 예적금과 금융채, 시장/실적배당형 상품을 더한 것으로, 시중에 돈이 얼마나 풀려 있는지를 보여주며 한국은행의 금융정책 결정의 근거가 된다. 그렇기 때문에 한국은행 홈페이지 주요경제지표에 통화량 단위로 M2가 있는 것이고, 우리는 이것만 알면 된다. 경제와 부동산 기사에서 통화량이 나오면 M2를 의미하는 것이다.

추가로 설명하자면 M2 다음에는 LF(금융기관유동성)가 있는데, 이전 단계인 M2에서 모든 금융기관의 유동성을 더한 것이다. 마지막으로 L(광의유동성)은 이전 단계인 LF(금융기관유동성)에 국채, 지방채, 회사채, 기업어음 등을 더한 것으로 우리나라의 경제가 보유하고 있는 전체 유동성의 크기다. 책에서는 광의통화인 M2의 유동성을 주로 보며 부동산 가격과의 상관관계를 살펴볼 것이고, 편의상 M2유동성이라고 부르겠다.

한국은행 주요 경제지표를 체크해야 한다

한국은행 홈페이지를 보면 주요경제지표를 볼 수 있다. 'M2(평잔)'는 2023년 10월 기준으로 약 3857조 원이며 +2.3%는 전년동월대비증감률을 의미한다. 안타깝지만 굉장히 큰 매크로 지표라 실시간으로 확인할 수는 없고 한국은행에서 매달 14일에 두 달 전 자료를 공표하고 있다. 따라서 이 자료는 기본적으로 후행성 지표라는 점을 참고해야 한다.

한국은행 홈페이지. 오른쪽 주요경제지표에서 가장 아래 'M2(평잔)'의 수치가 있다. (출처: 한국은행)

한국 물가상승률

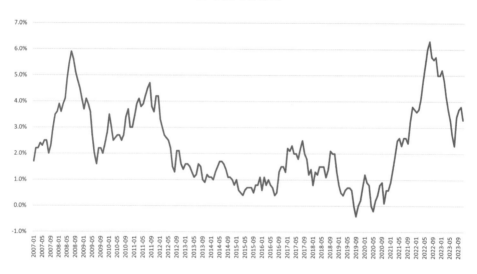

그리고 M2(평잔) 수치 아래에 현재의 한국은행 기준금리와 물가안정 목표
가 나와 있다. 한국은행의 물가안정 목표는 2%이고 만약 이 수치보다 물가상
승률이 높다면 금리를 올려서 물가를 잡고 물가상승률이 2% 아래로 안정되어

있다면 기준금리를 내릴 수 있다. 한국 물가상승률 그래프를 보면 2012년부터 2020년까지는 2% 이하로 굉장히 안정되어 있었고, 이 당시 기준금리는 3.25%에서 0.5%까지 지속적으로 떨어졌었다.

하지만 2020년 3월 코로나19 이후 유동성의 급증가와 2022년 2월 우크라이나-러시아 전쟁으로 인한 공급망 마비로 물가상승률이 2022년 7월에는 6.3%까지 올랐고, 2023년 12월을 기준으로 아직도 물가안정 목표인 2%보다 높은 3.2%를 기록하고 있다. 이 때문에 한국의 물가상승률 데이터를 꾸준하게 체크하면서 한국은행의 물가안정 목표에 도달하고 있는지 파악하는 것도 중요하다.

📍 부동산 필수 자료 다운받는 법

M2(광의통화)

한국은행 홈페이지 좌측 상단 '경제통계시스템'으로 들어가면 우리나라의 경제와 관련한 모든 통계 자료를 볼 수 있다. 그중 우리가 부동산과 연결지어 사용할 자료는 M2(광의통화)이므로 상단의 '통계검색'을 클릭한 다음 1. 통화/금융 → 1.1. 통화/유동성 → 1.1.3. M2(광의통화) → 1.1.3.1. M2(광의통화) 상품별 구성내역 → 1.1.3.1.2. M2 상품별 구성내역(평잔, 원계열) 순서로 클릭해 엑셀 자료를 다운받을 수 있다.

M2 자료 중 평잔과 말잔, 원계열과 계절조정계열의 차이는 거의 없다. 그래서 무엇을 사용해도 큰 상관이 없지만 한국은행에서 M2 기본값으로 세팅해 놓은 평잔과 원계열로 사용하면 된다. 차이점은 '평잔'은 해당 기간의 평균잔액이며 '말잔'은 말기잔액을 의미한다. '원계열'은 통계에 아무런 수정을 가하지 않은 그 자체의 수치이며 '계절조정계열'은 원계열로부터 주기적인 계절변동 및 달력효과(조업일수, 명절 이동 효과)를 반영한 수치다. 나는 M2유동성 데

(출처: 한국은행)

이터를 전년 동월 대비 증감률로 사용하는데, 이렇게 전년의 같은 달을 비교한 것은 계절 요인이 같으므로 원계열을 사용하는 게 일반적이다.

또한 한국은행 경제통계시스템 → 테마별 통계 → 100대 통계지표에 들어가면 금융지표(금리, 통화량, 환율, 증권)와 실물지표(국민소득, 산업활동, 경기, 심리, 고용/인구, 대외거래, 물가) 중 중요한 100개의 지표를 확인할 수 있다. 우리가 이런 데이터를 공부하는 이유는, 어떤 지표가 부동산 가격에 밀접한 영향을 주고 부동산 시장 흐름과 연관성이 높은지 알아보기 위해서다. 그러니 이 데이터들에 익숙해질 정도로 자주 접근하는 것이 좋다.

통화량과 아파트 가격의
상관관계로 매매 타이밍 잡기

　M2유동성과 전국 및 서울 아파트매매가격지수(이하 '전국 아파트매매지수' '서울 아파트매매지수')를 하나로 합친 그래프만으로도 우리는 실패하지 않는 투자를 할 수 있다. M2유동성보다 매매지수가 낮다면 저평가 구간이니 매수를 하고, 반대로 M2유동성보다 매매지수가 높다면 고평가 구간이니 매도하면 되는 것이다.

상관계수를 구해 상관관계를 확인할 수 있다

　32쪽 그래프에서 유심히 봐야 할 것은 바로 왼쪽 상단의 '상관계수'다. 상관계수는 두 지표 사이의 상관관계를 숫자로 나타낸 것이다. 상관관계相關關係, correlation의 사전적 의미는 '한쪽이 증가하면 다른 한쪽도 증가하거나 반대로 감

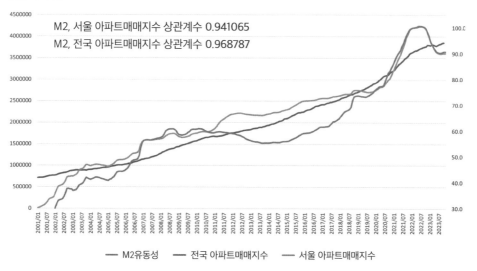

M2유동성과 전국·서울 아파트매매지수의 상관관계

(단위: 10억 원)

M2, 서울 아파트매매지수 상관계수 0.941065
M2, 전국 아파트매매지수 상관계수 0.968787

— M2유동성   — 전국 아파트매매지수   — 서울 아파트매매지수

M2유동성 자료는 29쪽에서 설명했듯이 한국은행 경제통계시스템에서 확인할 수 있고, 아파트매매지수는 110쪽에서 자세히 설명하겠지만 KB부동산 → 메뉴 → KB통계 → 월간통계 → 월간시계열 자료를 활용하면 된다. (자료 출처: 한국은행, KB부동산)

E8				f_x	=CORREL(D3:D7,E3:E7)						
	A	B	C	D	E	F	G	H	I	J	K
1				예시 1			예시 2			예시 3	
2				변량 A	변량 B		변량 A	변량 B		변량 A	변량 B
3				3	9		3	9		3	9
4				2	7		2	6		2	-6
5				4	12		4	12		4	12
6				5	15		5	15		5	15
7				6	17		6	18		6	-18
8				상관계수	0.997054		상관계수	1		상관계수	-0.20365

소하는 경향을 인정하는 두 변량 사이의 통계적 관계'다. 두 변량 사이의 상관관계는 강할 수도 있고 약할 수도 있다. 어떤 것들은 아무런 관계가 없을 수도 있다. 우리가 알고 싶은 건 과연 어떤 지표가 부동산 가격과 높은 상관성을 가지고 움직이는지다.

상관계수는 엑셀 함수 기능 중 CORRELcorrelation을 사용해 구할 수 있다. 왼쪽 아래 표에 몇 가지 예시를 넣었다. 예시 1처럼 변량 A와 변량 B가 대부분 3배수가 되어 움직이지만 빨간색으로 표시된 7과 17처럼 정확하게 3배수 관계는 아니다. 이때 두 데이터의 상관계수 값은 0.997054가 나오고 변량 A의 값이 증가하면 변량 B의 값도 비슷한 수치로 증가하는 경향을 보인다고 말할 수 있다.

예시 2에서는 3배수가 아닌 7과 17을 각각 6과 18로 바꿔 변량 A와 변량 B의 값을 3배수로 맞췄다. 그러자 상관계수는 1이 나왔다. 이처럼 상관계수가 1이면 두 변량이 완벽한 정비례 관계임을 알 수 있다.

우리가 구할 수 있는 상관계수의 값은 -1에서 1까지의 값을 가지며 상관계수가 0에 가까울수록 두 변량은 서로 독립적이어서 아무런 영향을 미치지 않는다. 엑셀 표에 예시 3의 경우가 그렇다. 두 변량이 변화되는 숫자의 연관관계를 찾을 수 없다. 그리고 대표적인 음의 상관관계를 나타내는 지표로는 점수와 등급, 가격과 판매량, 기온과 난방비, 부동산 가격과 출산율 등이 있다. 한쪽이 올라가면 나머지 한쪽은 내려가는 추세를 보이는 것이다.

우리는 이 책에서 상관관계가 높은 데이터들을 이용해 선행지표를 찾으려 하는 것이기 때문에 -1과 가까운 음(-)의 상관관계는 잘 나오지도 않을 뿐더러 다루지 않을 예정이다. 앞으로 이 책에서 수많은 상관계수 값을 볼 수 있을 텐데 기본적으로 해석은 이렇게 하면 된다. 정확하게 상관계수가 1이 나올 수는 없을 것이다. 만약 1이 나온다면 두 개의 지표와 완전하게 동일한 값을 가져야

상관계수에 따른 두 지표의 상관관계

상관계수	상관관계
1	두 개의 지표는 동일하다
0.9 이상	상관관계가 아주 높다
0.7 이상 ~ 0.9 미만	상관관계가 높다
0.4 이상 ~ 0.7 미만	상관관계가 있다
0.2 이상 ~ 0.4 미만	상관관계가 있으나 낮다
0.2 미만	상관관계가 거의 없다

하기 때문이다.

우리나라의 M2유동성과 전국·서울 아파트매매지수는 0.9 이상의 상관계수 값이 나온다. 물론 우리나라뿐만 아니라 다른 선진국들도 0.9 이상의 높은 수치를 보이고 있다.

부동산 데이터 값을 가지고 수천 번의 상관계수를 구해본 결과 상관관계가 아주 높은 0.9 이상이더라도 0.9 초반과 0.9 후반의 수치는 의미하는 바가 다르다. 0.97~0.99의 상관계수는 20년 정도의 시계열을 가지고 결과를 보면 두 개의 지표의 방향성이 다른 구간을 찾기가 어렵다. 상대적으로 높낮이의 차이는 있을지언정 보통 방향성은 같다.

하지만 0.91~0.93의 상관계수는 20년 정도의 시계열 중에서 3~4년 정도는 방향성이 다른(예를 들어 A가 상승할 때 B가 하락하거나 반대로 A가 하락할 때 B가 상승하는) 구간을 볼 수 있다. 이런 결과는 추후에 그래프들을 통해 천천히 다시 살펴보기로 하겠다.

M2유동성과 전국·서울 매매지수는 상관관계가 높다

32쪽의 M2유동성과 전국·서울 아파트매매지수 그래프를 다시 보자. M2유동성과 서울 아파트매매지수의 상관계수는 0.941065이고 M2유동성과 전국 아파트매매지수의 상관계수는 그보다 더 높은 0.968787이다. 생각해 보면 왜 서울보다 전국의 상관계수가 더 높은지 간단하게 이해가 된다. M2유동성은 서울만이 아닌 전국 통화량의 움직임이기 때문이다. 하지만 우리는 투자를 할 때 '전국'이 아닌 '서울'을 기준으로 해야 하기 때문에 이후에는 서울을 기준으로 살펴볼 것이다.

M2유동성과 전국·서울 아파트매매지수의 상관계수가 높다는 것을 파악했다. 즉, 전국이든 서울이든 투자수요에 따라 매매지수가 M2유동성보다 더 올라갈 때도 혹은 내려갈 때도 있지만 결국은 추세선이라고 볼 수 있다.

이 말은 돈이 풀린 만큼 자연스럽게 부동산 가격도 상승하고, 시간이 지날수록 유동성이 풀리는 만큼 돈의 가치가 줄어들 테니 상대적으로 자산의 가치가 높아진다는 뜻도 된다. 비단 우리나라에만 해당하는 게 아니라 미국을 비롯한 다른 선진국들에도 적용되는 것이기 때문에 각국의 M2유동성과 주택매매지수도 뒤에서 살펴보도록 하겠다.

미국과 선진국의 M2유동성과 주택매매지수

잭파시 톱다운 투자법 핵심은 세계(미국)·한국 부동산 경기 흐름 → 도 단위 부동산시장 흐름 → 시 단위 부동산시장 흐름 → 구체적인 아파트 단지로 내려오면서 특정 지역의 물건에 투자하기 전에 먼저 거시적인 흐름을 체크하는 것이다. 도/시의 흐름만 맞힐 수 있다면 그 안에서는 어떤 물건에 투자해도 상승률의 차이만 있을 뿐 무조건 성공할 수 있다.

그래서 나는 우리나라 부동산 경기를 판단할 때 미국과 그 밖의 선진국들의 부동산 빅데이터를 체크한다. 아무래도 국가에서 데이터를 조작할 수 있는 사회주의나 공산주의 국가는 지표를 크게 신뢰하지 않으며 후진국의 경우에도 금융안정성이 떨어지기 때문에 높게 평가하지 않는다. 경제위기가 있었던 일본이나 이탈리아, 스페인도 마찬가지다.

보통은 우리나라와 함께 미국, 독일, 영국, 프랑스, 캐나다, 호주 등의 데이

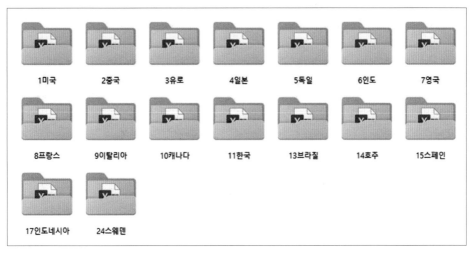

내 컴퓨터 속 빅데이터 폴더들로, GDP 순위로 숫자를 정렬하고 있다. GDP 순위는 매년 바뀌기 때문에 참고만 하길 바란다.

터를 체크하는 편이다. 물론 이 나라들의 상황이 좋지 않다고 아무것도 하지 않는다거나 가지고 있던 주택들을 매도하라는 것이 아니다. 다만 시장에 리스크가 있으니 선제적으로 몇 개는 매도해 현금을 확보해 두거나, 적극적으로 매수하기보다 보수적으로 매수하는 자세를 취해야 한다는 것이다.

미국의 M2유동성과 주택지수의 상관관계

앞에서 우리나라의 M2유동성과 전국·서울 아파트매매지수의 상관계수는 0.94~0.96으로 매우 높다는 걸 알 수 있었다. 그럼 이번에는 미국과 다른 선진국들을 살펴보자. 가장 먼저 미국이다. 사실 다른 선진국 지표까지 볼 자신이 없으면 미국만 봐도 무방할 정도로 미국의 지표는 중요하다.

나 또한 미국의 움직임에 이어 다른 선진국들이 어떻게 동조하며 따라가느

미국 M2유동성과 FHFA주택지수의 상관관계(2013년 기준)

(단위: 10억 달러)

M2유동성, FHFA주택지수 상관계수 0.973678

— M2유동성　— FHFA주택지수

(자료 출처: FEDERAL RESERVE, Federal Housing Finance Agency)

미국 M2유동성과 케이스실러주택지수의 상관관계(2013년 기준)

(단위: 10억 달러)

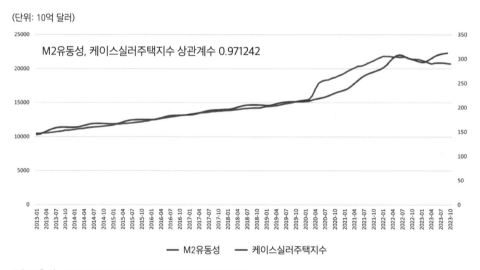

M2유동성, 케이스실러주택지수 상관계수 0.971242

— M2유동성　— 케이스실러주택지수

(자료 출처: FEDERAL RESERVE, STANDARD&POOR'S)

나를 체크하기 때문이다. 미국 데이터는 미국의 중앙은행인 연방준비은행에서 제공하는 경제지표 사이트 FREDFederal Reserve Economic Data에서 무료로 쉽게 찾을 수 있으니 우리나라 부동산을 평가하기 전에 자주 찾아보는 게 좋다.

우리나라의 부동산 시세조사기관은 크게 두 곳이다. 국토교통부 산하 한국부동산원과 이 책의 도입부에서 설명했던 시계열자료를 볼 수 있는 KB부동산이다. 미국도 국가에서 운영하는 연방주택금융청FHFA주택지수와 사기업인 스탠다드 앤 푸어스S&P에서 운영하는 케이스실러주택지수가 있다. 옆의 그래프는 미국의 두 가지 주택지수를 M2유동성과 함께 나타낸 것이다.

어떠한가? 수학적인 근거인 상관계수까지 보지 않고 그냥 눈으로만 살펴봐도 M2유동성과 주택지수의 관계가 매우 밀접한 것을 알 수 있다. 참고로 현재 한국의 M2유동성은 3800조 원 정도지만 미국은 21조 달러, 즉 한화로 약 3경 원이다. 상상조차 하기 힘든 큰 수치인데 그래프를 잘 보면 주택지수보다 M2유동성 지수가 먼저 올라가고 먼저 내려온다. 즉, M2유동성 지수가 주택지수에 선행한다는 것이다.

우리가 알고 싶은 것은 이와 같이 어떤 지표들이 부동산 가격에 선행하는지다. 이렇게 최대한 많은 선행지표를 알고 있으면 먼저 시장의 흐름을 읽고 상승장에 제대로 올라탈 수 있기에 투자에 성공할 확률이 높아질 뿐만 아니라 더 큰 수익을 기대할 수 있다.

선진국의 M2유동성과 주택지수의 상관관계

다른 선진국들도 한국과 미국처럼 M2유동성과 주택지수가 높은 상관성을 띠는지 확인해 보자. 독일, 영국, 캐나다의 M2유동성과 주택지수의 상관계수는

독일 M2유동성과 주택지수의 상관관계

(단위: 10억 유로)

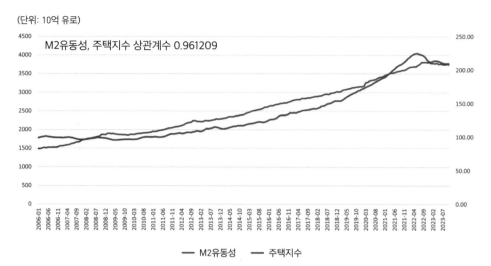

M2유동성, 주택지수 상관계수 0.961209

― M2유동성 ― 주택지수

(자료 출처: DEUTSCHE BUNDESBANK, EUROPACE AG GERMANY)

0.96~0.97이며 한눈에 봐도 유사하게 움직인다는 것을 알 수 있다. M2유동성이 시간에 따라 증가하는 만큼 주택지수도 따라 올라가는 추이를 보인다.

어떠한가? 이 정도면 부동산과 그 나라의 유동성은 떼려야 뗄 수 없는 긴밀한 관계임을 알 수 있다.

영국 M2유동성과 주택지수의 상관관계

(단위: 100만 파운드)

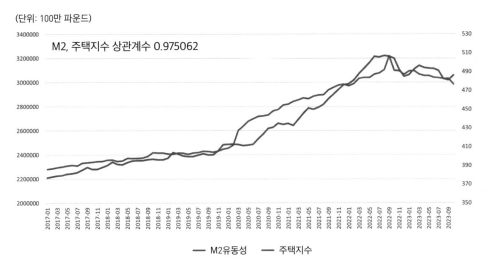

M2, 주택지수 상관계수 0.975062

— M2유동성 — 주택지수

(자료 출처: BANK OF ENGLAND, HALIFAX AND BANK OF SCOTLAND)

캐나다 M2유동성과 주택지수의 상관관계

(단위: 100만 캐나다달러)

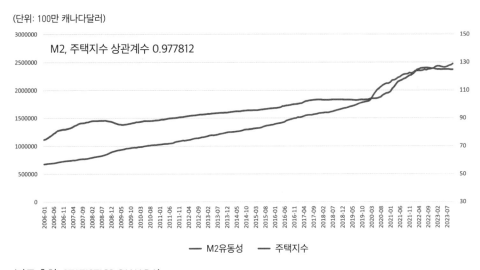

M2, 주택지수 상관계수 0.977812

— M2유동성 — 주택지수

(자료 출처: STATISTICS CANADA)

데이터에는 만드는 사람의 의도가 들어간다

다른 이들이 가공한 부동산 데이터를 볼 때는 곧이곧대로 믿을 것이 아니라 항상 의심하는 습관을 들여야 한다. 가장 안전한 방법은 본인 스스로 직접 데이터를 찾아 가공하고 분석하는 것이다. 데이터에는 그것을 만드는 사람의 의도가 들어가 왜곡될 수도 있기 때문이다. 앞서 설명한 그래프에도 내가 의도적으로 삭제한 것이 있는데 과연 무엇일까?

'기간'을 달리하면 상관계수도 달라진다

앞에서 살펴본 바로는 국내총생산GDP 순서대로 미국, 독일, 영국, 캐나다, 한국 모두 해당 국가의 M2유동성과 주택지수가 수학적으로 0.96 이상으로, 상관관계가 높게 나온다. 이 그래프만 믿는다면 유동성만 보면 되고, 다른 지표들은 더 이상 보지 않아도 될 정도이니 이것이야말로 정말 유레카가 아닐까? 하지만 이 그래프에서 여러분이 놓친 것이 하나 있다. 바로 상관계수를 구한 기간(그래프의 시계열)이다.

우리나라 그래프는 2001년 1월부터 상관계수를 구했고, 독일과 캐나다는 2006년 1월부터 상관계수를 구했다. 미국과 영국의 경우 상대적으로 기간을 짧게 설정해 각각 2013년, 2017년부터 그래프를 만들었다. 미국과 영국의 데이터를 좀 더 앞으로 당겨 이전 연도까지 포함한다면 상관계수는 달라질까? 상관계수가 더 높아질까, 아니면 낮아질까? 자, 그럼 다시 시계열을 좀 더 넓게 보도록 하자.

미국과 영국의 데이터를 다른 나라들과 비슷한 2006년으로 날짜를 앞당겨 보니 어떤가? 미국의 케이스실러주택지수는 0.89, FHFA주택지수는 0.91로 낮

미국 M2유동성과 케이스실러주택지수의 상관관계(2006년 기준)

(단위: 10억 달러)

M2, 케이스실러주택지수 상관계수 0.891846

— M2유동성 — 케이스실러주택지수

(자료 출처: FEDERAL RESERVE, STANDARD&POOR'S)

미국 M2유동성과 FHFA주택지수의 상관관계(2006년 기준)

(단위: 10억 달러)

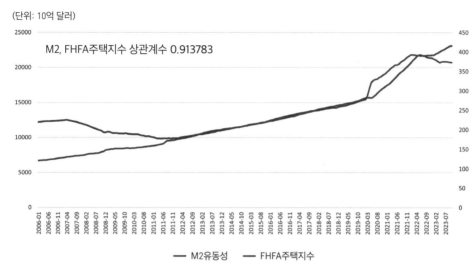

M2, FHFA주택지수 상관계수 0.913783

—— M2유동성   —— FHFA주택지수

(자료 출처: FEDERAL RESERVE, FEDERAL HOUSING FINANCE AGENCY)

영국 M2유동성과 주택지수의 상관관계(2006년 기준)

(단위: 100만 파운드)

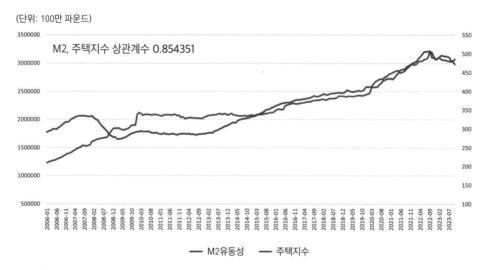

M2, 주택지수 상관계수 0.854351

—— M2유동성   —— 주택지수

(자료 출처: BANK OF ENGLAND, HALIFAX AND BANK OF SCOTLAND)

아졌고, 영국 또한 0.85로 낮은 상관계수가 나왔다. 38쪽(미국)과 41쪽(영국)에서 보았던 것처럼 높은 상관계수가 나오지 않는다. 물론 이 수치 또한 수학적으로는 '상관관계가 높다'라고 표현할 수 있지만 두 개의 지표가 아주 밀접하게 영향을 주고받으려면 최소한 0.95 이상이 되어야 한다. 그 정도가 되어야 약 20년 시계열을 가지고 두 지표가 크게 달라지는 구간 없이 움직인다. 옆의 그래프에서 보듯 0.85~0.91이라는 수치는 20년 동안 서로 다르게 움직인 구간이 전체에서 20~30%는 된다는 것을 의미하기 때문에 이런 확률을 믿고 투자하면 리스크가 생긴다.

정리하자면 시계열을 길게 해서 M2유동성과 주택가격의 상관계수를 구해도 한국, 독일, 캐나다는 상대적으로 안정적이었다. 하지만 미국과 영국의 경우 2007~2009년 서브프라임 사태와 같은 경제위기에 M2유동성과 주택가격이 반대로 움직이는 걸 볼 수 있다. 미국과 영국의 다른 지표들도 움직이 매우 비슷한데, 이건 뒤에서 자세히 살펴보도록 하겠다.

미국발 경제위기 기간에는
유동성과 주택지수가 맞지 않다

그동안 미국의 경제위기 사이클을 보면 1990년대 초반 저축대부조합 파산, 2000년대 초반 닷컴버블, 2008년 서브프라임 사태, 그리고 가장 최근인 2020년 코로나19가 있었다. M2유동성(빨간 선)과 케이스실러주택지수(파란 선)를 함께 놓고 보면 경제위기 때는 두 지표가 다른 흐름을 보이고 있다는 것을 알 수 있다.

아래 그래프는 위 그래프에서 케이스실러주택지수는 그대로 두고 M2유동성 대신 연방기금금리Federal Funds Effective Rate, DFF를 넣은 것이다. 연방기금금리는 미국의 중앙은행 격인 연방준비제도이사회FRB가 공개시장위원회FOMC에서 결정하는 대표적인 단기금리다. 금융기관끼리 단기적으로 필요한 자금을 거래할 때 적용되는 금리로 금융시장의 자금 흐름을 민감하게 반영하기 때문에 단기 실세금리의 지표로 이용된다.

이 두 지표를 보면 2023년 12월 기준금리 수준이 1990년대와 동일함을 알

미국 경제위기 기간 M2유동성과 케이스실러주택지수 추이

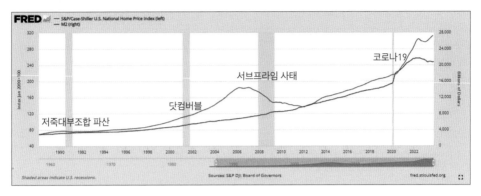

미국 경제지표 사이트 FRED에서 M2유동성과 케이스실러주택지수를 비교하는 그래프를 만들 수 있는데, 그럼 위와 같이 미국의 경제위기 기간에는 자동으로 회색 표시가 된다.

미국 경제위기 기간 연방기금금리와 케이스실러주택지수 추이

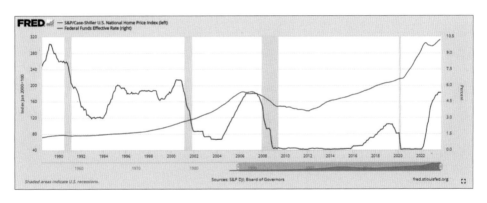

수 있는데 1990년대에는 부동산 지수가 상승했다. 그러므로 금리만을 보고 주택가격의 향방을 판단하는 건 무리가 있다. 금리를 가지고 판단할 때는 GDP까지 같이 봐줘야 전반적으로 이해할 수 있다. 이 부분은 미국뿐만이 아니라 우리나라에도 마찬가지로 적용된다. 단순하게 상대적으로 고금리라고 해서 주택가격이 떨어진다는 해석은 설명이 부족하다고 볼 수 있다.

고금리여도 GDP상승률이 금리 이상이라면 큰 무리 없이 상승하고 저금리지만 GDP상승률이 그 이하라면 가격 하락이 이어진다고 봐야 한다. 쉽게 말해 GDP상승률을 우리가 투자했을 때의 기대수익률이라고 생각하면, 기준금리가 높다고 해도 GDP상승률(즉, 기대수익률)이 높으면 돈을 빌려서라도 투자에 나설 것이다. 결과적으로는 자산 가치는 상승한다. 이것에 대해 조금 더 공부하고 싶다면 우리나라 1999~2008년의 기준금리와 서울(혹은 전국) 아파트매매지수를 비교해 보길 바란다.

경제위기를 미리 알 수 있는 방법

이번에는 연방기금금리와 GDP를 가지고 그래프를 읽어보자. 아래 그래프에서 회색으로 표시되어 있는 부분이 미국의 경제위기 구간이다. 잘 보면 이때마다 GDP상승률이 연방기금금리보다 밑으로 내려온 것을 확인할 수 있다.

반대로 연방기금금리보다 높은 GDP상승률을 기록하는 구간에는 부동산 가격이 급등했다. 그러니 앞으로 우리가 주의해야 할 부분은 미국의 GDP가 기

미국 연방기금금리와 GDP 추이

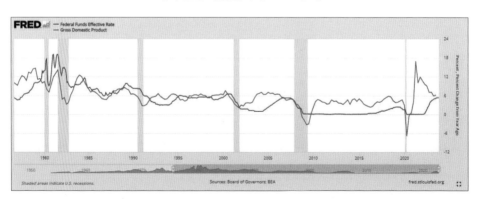

준금리보다 크게 빠지는 기간이다. 이 자료에서는 연방기금금리를 가지고 설명했지만 미국의 기준금리 격인 연방기금목표금리Federal Funds Target Range로 확인해도 동일한 결과가 나온다.

지금까지는 GDP상승률과 연방기금금리의 추이를 통해 경제위기를 판단하는 방법을 알아보았다.

이제 미국의 여러 지표들을 통해 어떻게 하면 경제위기를 미리 알 수 있는지를 설명할 텐데, 그 전에 먼저 서브프라임 사태에 대해 알아둘 필요가 있다. 다들 익히 들어봐서 알겠지만 서브프라임 사태는 2007년부터 2010년까지 미국에서 일어난 일련의 경제위기 사건이다. 2000년대 초반부터 닷컴버블 붕괴, 9·11테러, 아프간-이라크 전쟁 등으로 경기가 악화되자 미국은 경기부양책으로 초저금리 정책을 펼쳤고, 아래 그래프에서 볼 수 있듯 2004년 초가 되자 저금리 정책을 종료했다.

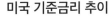

미국 기준금리 추이

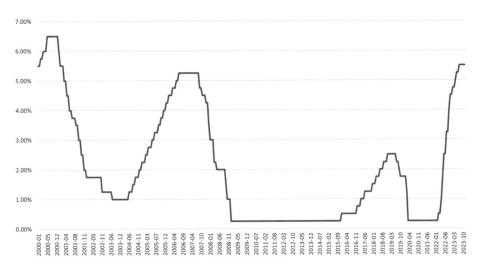

그 후폭풍으로 미국 부동산 버블이 꺼지기 시작했다. 금리가 오르자 신용도가 낮은 저소득자를 대상으로 한 서브프라임 모기지론에서 문제가 터졌다. 원리금을 갚지 못한 대출자들이 기하급수적으로 늘어나 모기지론이 부실화되고 대규모 차입 및 주택저당증권의 가치가 급락했다. 그 과정에서 돈을 빌려준 미국의 대형 은행, 증권사, 모기지 회사 등이 차례로 파산하기 시작했고 결과적으로 2008년 이후 미국뿐만 아니라 전 세계의 금융시장이 타격을 입었다.

경제위기 상황에서는 변수가 생긴다

2022년 후반기 하락장은 부동산 투자자로서 맞이했지만, 이전 사이클이었던 2008년 서브프라임 사태 때의 나는 홍콩 주식 투자자였다. 항셍지수가 하루 만에 −12%나 빠지고 개별 종목으로는 시가총액이 큰 회사인데도 −20~−30%씩 빠졌었다. 내가 보유하고 있던 홍콩 주식은 일주일 만에 1억 원에서 반토막이 났다. 당시 대학교 2학년이었던 나는 창문도 없는 고시원 자취방에서 혼자 얼마나 울었는지, 다시는 떠올리고 싶지 않은 순간이었다.

당시 상황에서 짐작할 수 있듯 2006년 1월부터 2012년 1월까지 케이스실러주택지수나 FHFA주택지수는 유동성이 올라가는 것과 상관없이 낮아졌다. 영국은 2007~2010년에 이 영향을 크게 받았기 때문에 장기간 시계열로 M2유동성과 주택지수 상관계수를 구했을 때 수치가 더욱 낮아지는 것을 볼 수 있다. 그만큼 영국은 미국과 금융이 커플링(동조화)되어 있는 국가라고 할 수 있다. 또한 상대적으로 덜 영향을 받긴 했지만 독일, 캐나다, 한국에서도 미국 서브프라임 사태 구간에 유동성과 상관없이 주택지수가 낮아지는 것을 볼 수 있다.

지금까지 설명한 것을 종합하면 이런 결론이 나온다. 기본적으로는 M2유

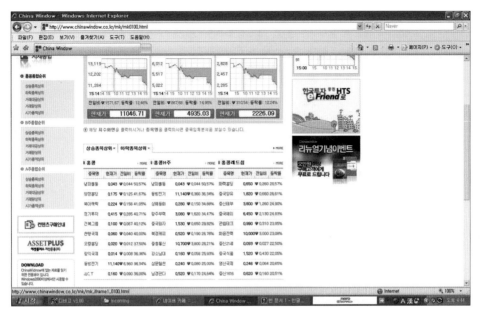

2008년 10월 27일에 캡처한 홍콩 주식 화면.

동성과 주택지수 간의 상관관계를 믿어야 하지만 경제위기의 상황에서는 달라질 수 있으니 미리 대비해야 한다는 것이다. 물론 나는 경제학을 전문으로 다루는 사람이 아닌 부동산과 관련 있는 경제지표를 바탕으로 부동산 투자를 하는 투자자일 뿐이다. 설령 아무리 저명한 경제학자라고 하더라도 경제위기를 예측한다는 건 매우 어려운 일이다.

하지만 우리에게는 이미 과거를 복기할 수 있는 부동산 데이터들이 있다. 하나의 지표만이 아니라 여러 지표가 동일한 방향을 가리킨다면 거기에서 충분히 유의미한 정보를 얻을 수 있다.

경제위기를 미리 알 수 있는
미국 부동산 지표들

미국의 경제위기를 미리 대비할 수 있는 지표들을 살펴보자.

먼저 미국 신규주택판매와 FHFA주택지수의 그래프다. FHFA주택지수 대신 케이스실러주택지수를 넣어도 그래프의 해석은 동일하기 때문에 둘 중 무엇을 선택해 넣든 큰 차이는 없다.

이 그래프를 보면 2005년 초부터 2011년 초까지 신규주택판매가 월 최고 140만 호에서 27만 호까지 약 -80% 급감했다.

이처럼 위기 상황에서는 신규주택판매량이 급감하는 현상을 볼 수 있는데 코로나19 위기 이후 2021년부터 2022년까지 신규주택판매량은 감소했지만 상대적으로 주택지수는 올랐다. 이는 과거와는 분명하게 다른 추세다. 코로나19로 인한 재택근무로 과거처럼 직원들이 사무실에 상주하는 것이 아니라 주택에 머무는 경우가 많아졌기에 상대적으로 주택지수는 큰 타격 없이 올라갔다

미국 신규주택판매와 FHFA주택지수 추이

(단위: 1000개)

— 신규주택판매 — FHFA주택지수

(자료 출처: U.S. CENSUS BUREAU, FEDERAL HOUSING FINANCE AGENCY)

고 짐작된다.

　미국의 1인당 평균 생활면적은 85.5㎡로 독일의 1.8배, 일본의 2.7배 수준이기에 재택근무를 하기 편한 주거 여건이다. 보안 트래킹 업체 캐슬시스템에 따르면 최근 10대 도시의 평균 사무실 점유율은 50% 정도지만 팬데믹 이전에는 95%였다. 최근 위워크 파산 사태 같은 미국 오피스 빌딩 위기에 관한 뉴스가 나오는 것도 같은 맥락이다. 추후에도 경제위기 신호가 있다면 신규주택판매량이 크게 감소하는 모습을 보일 것이다.

　신규주택판매 지표는 주택지수에 선행한다는 장점도 있다. 신규주택판매 지표가 고점에서 하락하기 시작한 시점은 2005년 7월이었고, FHFA주택지수의 하락은 그보다 2년 뒤인 2007년 8월이었다. 이렇게 신규주택판매 지표의 추이를 지켜보다가 큰 폭으로 감소하기 시작하면 그 후에 주택지수도 꺾일 것을 예측할 수 있기 때문에 이것을 매도의 신호탄이라고 보면 된다. 이러한 추이를 최근에도 한 번 볼 수 있었는데, 신규주택판매가 2020년 9월부터 2022년 7월까지 최고 100만 호에서 54만 호까지 내려갔다. 그리고 역시나 그 이후 2022년 6월부터 약 반년 동안 미세하지만 주택지수의 하락이 있었다.

신규주택판매가 2022년 7월에 반등하지 못하고 서브프라임 사태 때처럼 지속적으로 떨어졌다면 분명 좋지 않은 시그널로 받아들여야 했을 테지만, 2022년 7월 54만 호에서 2023년 9월 70만 호까지 반등했다. 이후 2023년 10월 67만 호, 11월 59만 호로 지표가 다시 감소하고 있다. 아직 데이터가 많이 모인 것이 아니기 때문에 추세적으로 판단할 수 있을지까지는 확실하지 않지만 부정적인 신호인 것만은 분명하다.

총주택재고와 FHFA주택지수

오른쪽 그래프는 총주택재고와 FHFA주택지수의 추이를 보여준다. 앞에서 보았던 신규주택판매와 이어지는 흐름인데, 만약 신규주택판매가 잘된다면 총주택재고가 줄어들 것이다. 반대로 신규주택판매가 안 된다면 총주택재고는 늘어날 것이다. 그래서 앞에 보았던 신규주택판매가 급속하게 줄어든 서브프라임 사태 시기에 총주택재고도 평균치보다 크게 올랐다. 공급과 수요를 생각하면 이해가 쉽다. 총주택재고가 많다는 것은 수요보다 공급이 더 많아졌다는 의미이기 때문에 결과적으로 주택매매지수는 떨어진다.

서브프라임 사태가 지나 점차 신규주택판매가 늘어나면서 동시에 구축의 판매도 늘어났을 것이기에 전체적으로 총주택재고는 지속적으로 감소했다. 이것은 우리나라와 같은 흐름이다. 미국의 30년 모기지 금리는 2020~2021년에 약 3%였다가 2023년 12월 초에는 7%가 넘었다. 하지만 총주택재고가 줄었고

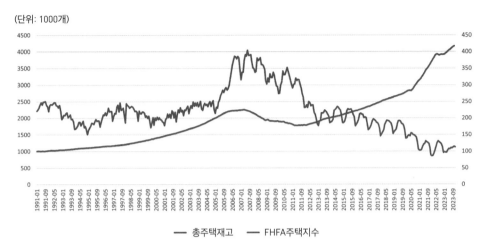

미국 총주택재고와 FHFA주택지수 추이

(단위: 1000개)

범례: 총주택재고 · FHFA주택지수

(자료 출처: NATIONAL ASSOCIATION OF REALTORS, FEDERAL HOUSING FINANCE AGENCY)

수익성 때문에 건설회사의 신축 인허가 및 착공도 크게 줄었기에, 구매자들이 높아진 금리를 이겨내고서라도 매수에 나서고 있는 것으로 풀이된다.

　미국 총주택재고 지표로 우리가 판단할 수 있는 것은 앞으로 경제위기 상황이 온다면 주택재고량이 점차 증가하는 모습을 보일 것이라는 사실이다. 2023년 12월 현재 상황에서도 이러한 추세가 바뀌었다고 판단되지는 않기 때문에 만약 당장 경제위기가 벌어진다고 하더라도 아직 시간은 충분하다고 생각한다.

NAHB주택시장지수

　다음 그래프는 미국의 NAHB주택시장지수(약 900곳의 건설업체를 대상으로 실시한 설문조사로, 현재 및 미래 단독주택 판매를 측정)와 케이스실러주택지수를

NAHB주택시장지수와 케이스실러주택지수 추이

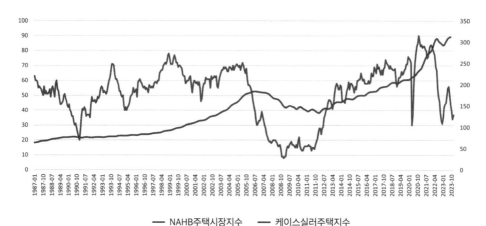

— NAHB주택시장지수   — 케이스실러주택지수

(자료 출처: NATIONAL ASSOCIATION OF HOME BUILDERS, STANDARD&POOR'S)

함께 넣은 것이다. NAHB주택시장지수는 수치가 50을 넘을 경우 주택 판매 전망이 낙관적임을, 50 미만일 경우 비관적임을 예측한다.

실제 서브프라임 사태의 시작이라고 할 수 있는 2006년 초에 NAHB주택시장지수가 50선 밑으로 내려왔고, 가장 위기가 심했던 2007년~2011년에는 이 지수가 10~20까지 떨어질 정도로 아주 좋지 않았다. 앞으로 주택 판매 전망이 낙관적임을 예측하는 50선을 통과한 시점이 2013년 초이기 때문에 주택지수와 굉장히 밀접하게 맞아 들어가는 지표다.

이걸 근거로 유추해 보면 2023년 12월의 지표는 37로, 11월의 34보다는 높아졌지만 그래도 아직 50선 밑에 있기 때문에 앞으로도 이 정도 수준에서 머물러 있거나 혹은 서브프라임 사태 시기처럼 10~30 사이로 더 내려가게 된다면 미국의 주택지수도 큰 폭으로 조정을 받을 것이다.

경제위기의 신호를 감지하는 경제지표들

이전 장에서 미국발 경제위기를 확인할 수 있는 부동산 지표인 신규주택판매, 총주택재고 그리고 NAHB주택시장지수를 살펴보았다. 이번 장에서는 부동산 지표가 아닌 다른 경제지표들을 살펴보려고 한다. 나의 경우 앞에서 보았던 GDP 기준 상위 20여 개의 국가들을 위주로 한 국가당 50개 정도의 지표를 매월·매분기·매년 분석한다.

미국 파산 건수

이런 자료 중에서 미국발 경제위기를 파악할 수 있는 유의미한 데이터를 몇 가지 꼽으면 다음과 같다.

우선 미국의 파산 건수가 있다. 이는 분기 데이터인데 2006년 12월 약 2만

미국 지표 중 일부를 넣어놓은 특정 시기의 폴더 화면. 이런 자료들을 하나씩 가공하면서 부동산 가격에 밀접하게 연관되어 있다고 생각하는 지표들은 별도의 폴더를 만들어 따로 관리한다.

미국 파산 건수

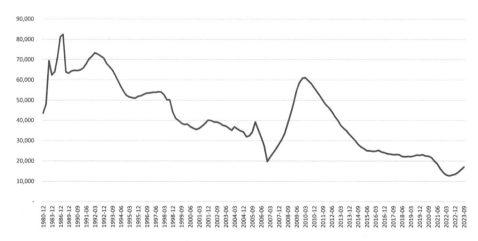

(자료 출처: ADMINISTRATIVE OFFICE OF THE U.S. COURTS)

건에서 2010년 3월 약 6만 건으로 3배나 증가했다. 파산 건수의 급격한 증가는 금리 인상의 결과라고 볼 수 있다. 2022년 2월 0.25%에서 2023년 7월 5.5%로 금리가 가파르게 오른 만큼 파산 건수도 시차를 두고 점차 높아질 것이다. 만약 이전 서브프라임 사태 때와 같이 파산 건수가 증가한다면 보수적으로 투자해야 하고, 비교적 큰 폭으로 늘어나지 않는다면 그다지 걱정하지 않아도 된다.

GDP 대비 가계부채

아래는 GDP 대비 가계부채를 나타낸 그래프다. 서브프라임 사태 직전에 약 100%까지 올라갔다가 2023년 6월 73.7%로 내려왔다. 고위험 금융상품인 서브프라임 모기지의 비율은 2004년 8% 이하에서 2006년 추정치 20%로 급증했고 이런 고위험 대출상품의 조건 완화로 인해 가계부채 또한 급증했다.

미국 GDP 대비 가계부채

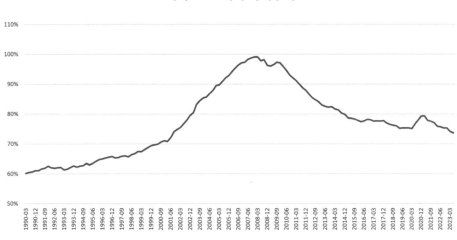

(자료 출처: BANK FOR INTERNATIONAL SETTLEMENTS)

서브프라임 사태 이후에는 가계부채 상승이 굉장히 위험하다고 판단해 가계부채 대신 정부부채가 늘어나고 있는 추세다. 그러니 GDP 대비 가계부채가 지금과 같은 하락세가 아니라 급격하게 높아지는 추세라면 주의해야 한다.

BIS신용갭

BIS신용갭Credit-to-GDP gaps은 특히 중요하게 보는 지표 중 하나다. 국제결제은행Bank for International Settlements에서 확인할 수 있으며, 명목GDP 대비 가계·기업부채의 민간신용비율이 장기 추세에서 얼마나 벗어났는지 보여주는 지표다.

BIS신용갭이 2% 미만이면 정상, 2~10%이면 주의, 10% 이상이면 경보로 나뉜다. 많은 나라의 자료가 있지만 여기서는 미국과 한국의 자료만 살펴보겠다. 다른 나라의 데이터도 보고 싶다면 직접 자료를 다운받아서 분석해 보길 바란다.

우리는 검은색 선인 BIS신용갭만 보고 해석하면 된다. 먼저 자료에 대해 설명하자면, 파란색 선인 'Credit-to-GDP ratios(actual data)'는 실제 명목GDP 대비 가계와 기업부채의 민간신용비율을 나타낸다. 그리고 빨간색 선인 'Credit-to-GDP trend'에서 'HP필터HP filter'는 경제학 및 금융 분야에서 시계열을 추세Trend와 주기적Cycle 구성 요소로 분해하는 데 널리 사용되는 방법이다. HP필터를 통해 급격한 변동 요소를 제외한 'GDP 대비 민간신용Credit-to-GDP'의 추세를 만들었다고 보면 된다. 이렇게 실제 데이터인 'Credit-to-GDP ratios'에서 추세인 'Credit-to-GDP trend'를 빼면 BIS신용갭 데이터가 생성되고 이게 바로 그래프에서 볼 수 있는 검은색 선이다.

BIS신용갭 데이터를 해석하는 것은 매우 쉬운데 이미 BIS에서 기준을 만들

미국 BIS신용갭

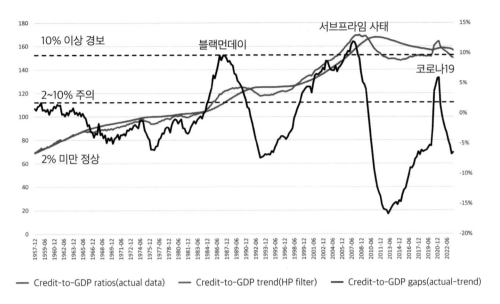

- Credit-to-GDP ratios(actual data) — Credit-to-GDP trend(HP filter) — Credit-to-GDP gaps(actual-trend)

어놓았기 때문이다. 최종 데이터값인 BIS신용갭이 2% 미만이라면 정상이지만 2% 이상 10%까지는 주의해야 하고, 보다 높은 10% 이상이라면 경보 단계다. 쉽게 말해 명목GDP의 증가세보다 민간신용비율이 더 빠른 속도로 증가하고, 이게 추세선보다도 높다면 경제가 그만큼 버블 상태라는 것이다.

위의 그래프를 보면 미국의 BIS신용갭이 10%에 도달했던 시기는 1987년 블랙먼데이(1987년 10월 19일 뉴욕 월스트리트에서 하루 만에 주가가 22.6%나 빠진 사건)와 2008년 서브프라임 사태, 그리고 10%까지는 아니지만 2021년 3월 5.9%까지 도달했던 코로나19가 있었다. 이후에 M2유동성의 전년동월대비증감률YoY로 언제 매수하고 매도해야 하는지 자세하게 설명하겠지만 BIS신용갭으로도 투자 타이밍을 가늠할 수 있다.

둘 다 신용팽창과 신용수축을 보여주는 지표이기 때문이다. 자본시장은 신

📍 부동산 필수 자료 다운받는 법

BIS신용갭

BIS 홈페이지 상단 메뉴 중 Statistics → Credit → Credit-to-GDP gaps를 순서대로 클릭하면 BIS신용갭 데이터를 엑셀로 다운로드할 수 있다. 총 44개국의 자료가 있는데 우리나라는 일본, 태국과 함께 위험 수준인 경보 단계로 분류되어 있다.

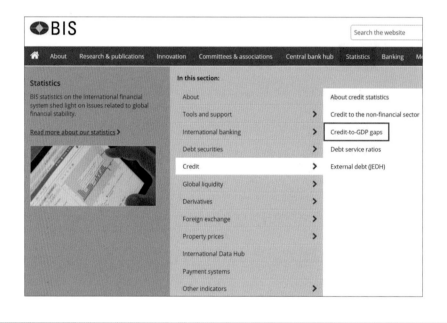

용팽창과 신용수축을 반복하며 움직이는데, BIS신용갭, 즉 검은색 그래프의 저점이 신용팽창의 시작점이다. 당연히 신용팽창 초입에서 부동산과 주식 같은 자산을 매수하고 검은색 그래프의 고점 부근에서 매도하면 성공적인 투자가 될 것이다. 여기서 말하는 고점은 신용팽창에서 신용수축으로 변경되는 지점이다.

BIS신용갭으로 투자 타이밍을 잡아라

이런 분석이 우리나라에도 적용될 수 있는지 살펴보자.

한국의 BIS신용갭이 10%가 넘었던 시기는 1982년 2차 오일쇼크, 1998년 IMF외환위기, 2008년 서브프라임 사태 그리고 가장 최근인 2020년 코로나19 사태다. 이 사태들 이후로 부동산 가격이 전부 폭락했고, 오랫동안 이어져 온 신용팽창 시기가 신용수축 시기로 전환된 지점이기도 하다. 결과적으로 투자를 잘하기 위해서는 이 BIS신용갭 그래프를 보고 상대적으로 저점 구간 상태에서 매수하고 10% 이상 경보단계에서는 매도하는 패턴을 취해야 한다.

참고로 미국 BIS신용갭의 추이와 서울(을 비롯한 수도권)의 시세 움직임은 거의 같다. 미국이 신용팽창을 하면 한국의 수도권 아파트 가격이 상승하고, 미

한국 BIS신용갭

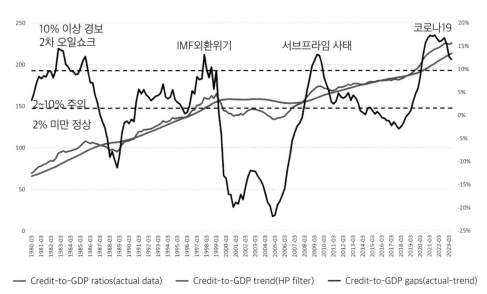

— Credit-to-GDP ratios(actual data)   — Credit-to-GDP trend(HP filter)   — Credit-to-GDP gaps(actual-trend)

국이 신용수축을 하면 한국의 수도권 아파트 가격이 하락하는 구조다. BIS신용갭이 하락에서 상승으로, 반대로 상승에서 하락으로 움직이는 변곡점을 서울 아파트의 매수 매도 타이밍을 잡는 데 참고할 수 있기에 이 데이터의 추이는 종종 살펴보길 바란다.

　한 가지 안타까운 것은 이 자료는 BIS에서 분기별로 공표하지만 반년 정도 뒤처진 자료라는 것이다. 그래서 나의 경우 현재 시장 상황을 고려해 BIS신용갭이 앞으로 어떻게 움직일지 유추해 보는 편이다.

미국의 부동산시장을
집요하게 체크하는 이유

　대학교 1학년을 마치고 군대에 들어갔다가 전역할 때쯤, 우연히 읽은 박용석 저자의 책《한국의 젊은 부자들》에서 중국 주식을 알게 된 후 완전히 매료되었다. 나는 이것이 일생일대의 기회라고 판단해 어머니에게 1000만 원을 빌려 홍콩 주식에 직접 투자하기 시작했다. 그리고 다른 사범대 동기처럼 임용고시를 준비하는 대신 어머니에게 빌린 돈을 갚기 위해 전역 후 바로 워킹홀리데이를 신청해 호주로 향했다.

　그렇게 호주에 있는 호텔에서 주방보조로 약 9개월간 일하면서 번 돈까지 모두 홍콩 주식에 투자했고, 대학교 2학년으로 복학할 때쯤에는 평가금액이 1억 원 정도로 불어 있었다. 대학생으로서는 만져보기 힘든 금액을 만들자 주식에 엄청난 재미를 느꼈다.

　당시 매일 영어로 되어 있는 기업 재무제표와 증권사 리포트 등을 체크하면서 홍콩 주식과 미국 주식이 커플링되어 움직인다는 것을 알았다. 미국 주식 시장은 한국 시간으로 밤 11시 30분부터 다음 날 새벽 6시까지 열리는데, 그 전날 헬스케어 종목이 올랐다면 홍콩의 헬스케어 종목도 아침부터 영향을 받아 올랐고, 반대로 미국에서 반도체 종목이 떨어졌다면 마찬가지로 홍콩에서도 비슷한 종목이 떨어지는 것이었다.

그래서 아침 10시부터 오후 5시까지는 홍콩 주식 장세를 보고 그날 밤에는 미국 주식 장세를 보는 루틴이 만들어졌다. 지금으로 치자면 코인시장이 24시간 열려 있으니 코인 거래소 어플에서 눈을 떼지 못하는 것과 유사할 것이다. 어릴 때 이런 경험을 해본 덕인지 부동산 투자를 하면서도 미국의 부동산시장을 가장 중요하게 보게 되었다.

한국은 미국을 따라간다

앞에서 한국 M2유동성과 서울 아파트매매지수의 상관계수가 0.941065이고, 미국 M2유동성과 케이스실러주택지수의 상관계수가 0.971242로 매우 높은 상관관계라는 것을 알 수 있었다. 이번에는 한국과 미국의 M2유동성 그리고 서울과 미국의 주택지수를 따로 비교해 각각의 상관계수를 구해보겠다. 어떤 결과가 나올지 궁금하지 않은가?

너무나 신기하게도 서로 다른 두 나라의 유동성의 상관계수가 0.992097로, 거의 1에 가깝게 나왔다. 엑셀 상관계수 함수의 결과값으로 1이 나온다는 것은 두 개의 변량이 완전하게 동일하게 움직였다는 뜻인데 미국과 한국의 M2유동성 추이가 바로 그렇다. 결국 앞으로 우리나라 유동성의 추이도 미국이 어떻게 움직이는지에 따라 정해진다는 것이다.

미국과 한국의 M2유동성

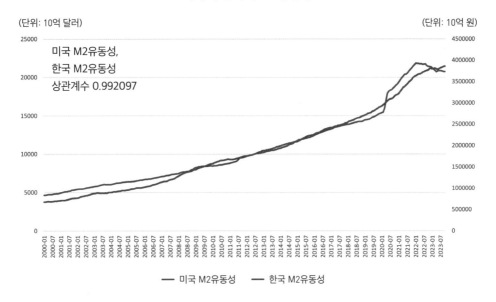

(단위: 10억 달러)   (단위: 10억 원)

미국 M2유동성,
한국 M2유동성
상관계수 0.992097

― 미국 M2유동성   ― 한국 M2유동성

내 생각에는 2024년 중반부터는 미국의 금리 인하가 현실화될 것이고, 2024년 11월 미국 대통령 선거가 예정되어 있기에 현재처럼 유동성이 감소하기보다 증가하는 쪽으로 변화가 생길 것이다. 우리나라는 M2유동성의 전년동월대비증감률이 2023년 5월부터 2023년 10월까지 2.3~2.5% 사이의 박스권에서 움직였는데 미국의 유동성 증가에 따라 우리나라의 M2유동성도 박스권에서 벗어나 증가 추세로 움직일 것이라고 본다.

한국 M2유동성과 서울 아파트매매지수의 상관계수 = 0.941065
미국 M2유동성과 케이스실러주택지수의 상관계수 = 0.971242
미국 M2유동성과 한국M2유동성의 상관계수 = 0.992097
→ 그럼 미국과 서울의 주택지수 상관계수는?

미국 FHFA주택지수와 서울 아파트매매지수

FHFA주택지수,
서울 아파트매매지수
상관계수 0.906452

FHFA주택지수   서울 아파트매매지수

미국 케이스실러주택지수와 서울 아파트매매지수

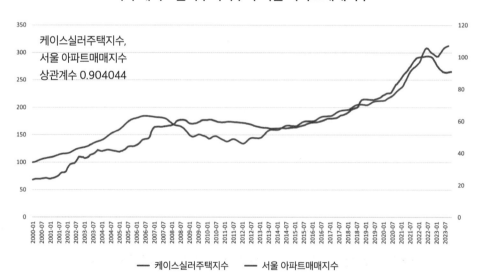

케이스실러주택지수,
서울 아파트매매지수
상관계수 0.904044

케이스실러주택지수   서울 아파트매매지수

2000년 1월부터 2023년 10월까지 미국 FHFA주택지수와 서울 아파트매매지수의 상관계수는 0.906452이고, 2000년 1월부터 2023년 9월까지 미국 케이스실러주택지수와 서울 아파트매매지수의 상관계수는 0.904044로 거의 동일하게 나온다. 두 개의 지표가 거의 동일한 시계열 축을 사용해 상관계수를 구한만큼 미국의 어떤 주택지수를 사용해도 서울 아파트매매지수와 0.9 정도의 상관계수를 가지고 있다고 보면 된다.

2000년 1월 이후부터 미국의 주택지수와 서울 아파트매매지수의 관계를 보면 미국 쪽이 먼저 움직이고 약 1년 뒤에 서울이 뒤따라 움직였다. 고점과 저점에서의 변곡점을 보면 알 수 있다. 하지만 최근 추세는 과거와 달리 비슷하게 움직이지 않는 경향을 보이고 있다. 만약 상관계수가 높아서 두 그래프의 움직임이 유사하다면 앞으로 미국이 서울 아파트매매지수를 따라서 내려오든지, 서울 아파트매매지수가 미국의 지수를 따라서 오르든지 해야 한다.

이 부분에 대해서는 전자일 확률이 더 높다고 생각한다. 2022~2023년에 부동산 가격이 크게 하락한 이유는 저점 대비 약 3%나 인상된 기준금리 때문이다. 기준금리가 이 정도 올랐으면 가산금리까지 더해져 실제로 부담해야 할 비용은 굉장히 많이 늘었을 것이다.

우리나라 주택담보대출에서 고정금리가 차지하는 비중은 약 50%, 즉 절반인 데 반해 미국의 경우 1%를 제외한 99%가 고정금리다. 그렇기에 미국에서 이전의 3%대의 낮은 이자율로 대출을 받은 주택 매수자에게는 이번 금리 상승이 큰 타격을 주지 못했다. 거기다 재택근무 활성화로 인해 주거용과 상업용 부동산에 흐름 차이가 발생한 영향도 있다.

물론 우리나라와 달리 미국은 2023년 GDP상승률이 2.5%였기에 우리보다 경기가 괜찮은 것도 큰 차이점이다. 이런 배경 때문에 한국의 코스피와 달리 미국의 다우존스지수는 사상 최고치를 경신 중이다. 다만 현재 미국을 제외한 다른 선진국들은 2010년대 초반 이후 약 10년 이상 상승한 주택지수의 일부를 반납하고 있기에 미국 또한 추후에는 그렇게 될 확률이 높다고 판단된다.

미국의 M2유동성을 움직이는 요소들

23세 때 해외 주식을 시작해 부동산 시장에 몸담은 지금까지 투자의 세계에서만 벌써 16년을 보냈다. 그동안 느낀 바로는 자본주의 체제를 운영하는 대다수의 나라가 GDP 1위인 미국의 경제지표 데이터를 그대로 따라갈 수밖에 없는 구조라는 것이다. 우리나라의 주식과 부동산은 미국 유동성의 결과물일 뿐이고 채권, 환율 등도 마찬가지다.

미국의 유동성을 움직이는 것은 기준금리

미국 유동성을 움직이는 요소를 안다면 우리나라 부동산의 향방을 예측할 수 있지 않을까? 미국의 부동산 가격은 M2유동성으로 인해 움직이고 M2유동성을 움직이는 요소는 바로 기준금리다. 그리고 기준금리를 움직이는 요소는 물가상승률과 실업률이다. 미국부터 독일, 영국, 캐나다 마지막으로 우리나라의 M2유동성과 부동산 가격의 상관계수는 매우 높다. 미국과 한국의 부동산 가격의 상관계수도 매우 높다. 다른 선진국들의 부동산 가격 지수와 한국을 비교해도 마찬가지의 결과가 나온다.

물가상승률, 실업률
→ 기준금리
→ M2유동성
→ 부동산 가격

지금부터는 기준금리와 M2유동성 그리고 최종적으로 물가상승률·실업률과 기준금리의 상관성을 알아보겠다.

먼저 M2유동성과 기준금리 간의 관계다. 그래프에 나온 'M2유동성YoY'에서 YoY는 통계에서 사용하는 용어로, 전년동월대비증감률Year-on-Year을 뜻한다. 뒤에서 자세하게 설명하고 있으니 우선은 유동성의 증감률 정도로 이해하면 된다.

오른쪽 위의 미국 기준금리과 M2유동성YoY의 그래프를 보자. 기준금리가 올라가면 M2유동성의 증감률은 줄어들고 반대로 기준금리가 내려가면 M2유동성의 증감률은 올라간다. 쉽게 이야기하면 기준금리를 통해 시장에 뿌려지는 통화량을 조절하고 있는 것이다. 그래서 두 그래프가 미술 시간에 배운 데칼코마니처럼 서로 반대로 움직인다.

이는 비단 미국시장에서만 나타나는 것이 아니다. 우리나라의 같은 지표를 살펴보자. 오른쪽 아래의 한국 기준금리과 M2유동성YoY의 그래프를 보자.

미국 기준금리와 M2유동성YoY

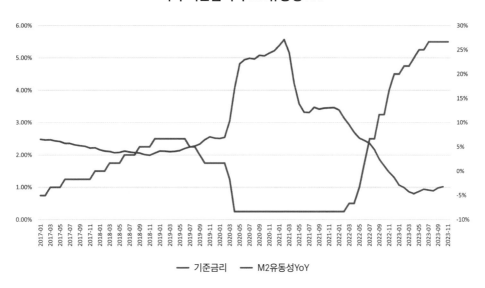

기준금리 — M2유동성YoY

한국 기준금리와 M2유동성YoY

기준금리 — M2유동성YoY

어떠한가? 위의 미국 그래프에 나온 데칼코마니 모양을 볼 수 있다. 기준금리를 내리면 시중에 돈이 풀려서 유동성이 증가하고 반대로 기준금리를 올리면 시중의 돈을 흡수하기에 유동성이 감소한다. 부동산이나 주식 같은 자산투자는 당연히 금리가 낮아질 때나 저금리 기조일 때 상승률이 높을 수밖에 없으며, 2021년 중순부터 2022년 말까지는 유동성이 감소했으니 주의하여 투자했어야 했다.

이제 기준금리 → M2유동성 → 부동산 가격까지의 연결고리를 이해했을 것이다. 주식이나 부동산에서 미국 연방준비제도 이사회의 금리 결정과 한국은행의 금리 결정이 아주 큰 이슈가 되는 것은 바로 이 연결고리 때문이다.

기준금리를 움직이는 두 가지 요인

기준금리를 움직이는 두 가지 축을 따져보자. 먼저 주요 선진국 국가들의 물가상승률이다. 한눈에 봐도 너무나 유사한 추이를 보이고 있지 않은가? 상대적으로 높낮이의 차이만 있지 미국을 중심으로 모두 커플링 상태를 보인다.

물가상승률이 낮으면 기준금리를 굳이 올릴 필요가 없지만 물가상승률이 높아지면 기준금리를 높여야 한다. 금리가 오르면 유동성이 감소해 사용할 수 있는 돈이 적어지기에 소비와 수요 또한 감소하면서 물가가 내려간다. 투자자의 입장에서도 기준금리가 낮아서 은행의 대출금리가 적당하다고 판단되면 어떻게든 돈을 빌려 투자에 나서겠지만, 반대로 내가 투자해 얻는 수익률보다 대출금리가 더 높다고 판단되면 예적금으로 은행에 묶어두는 게 기본이다. 이와 관련하여 뒤에서 M2유동성을 구성하는 요소인 '만기2년미만정기예적금', '수시입출식저축성예금'의 추이를 활용한 투자 방법을 알려줄 것이다.

주요 국가의 물가상승률 추이

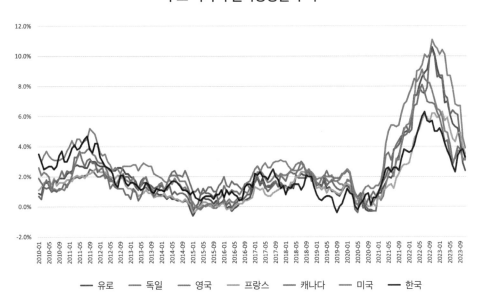

유로 ── 독일 ── 영국 ── 프랑스 ── 캐나다 ── 미국 ── 한국

주요 국가의 기준금리 추이

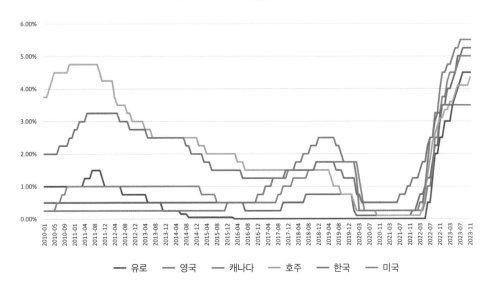

유로 ── 영국 ── 캐나다 ── 호주 ── 한국 ── 미국

이렇게 주요 국가들의 물가상승률 추이와 기준금리 추이는 비슷한 양상을 보인다. 물가상승률이 높아지면 기준금리를 올리므로 물가상승률이 기준금리에 선행한다. 2022년 하반기에 들어서자 물가상승률은 고점을 찍고 내려오고 있는데 기준금리는 아직 고점에 머물러 있다. 추후 물가상승률에 따라 기준금리가 내려가리라 예측할 수 있다.

물가상승률 다음으로 기준금리에 큰 영향을 미치는 것이 바로 실업률이다. 실업률이 높으면 대통령의 지지도가 낮아지기에 금융정책을 온화하게 펼칠 수밖에 없다. 반대로 실업률이 낮다면 금리를 강하게 올릴 근거가 된다. 아직은 시장이 충분히 견딜 수 있다고 생각하기 때문이다. 앞에서 미국발 경제위기를 확인할 수 있는 여러 지표 중 파산 건수가 있었다. 이 또한 고금리로 인해 발생하는 결과로, 실업률도 마찬가지다. 아직은 주요 국가의 실업률 추이에서 크게 눈에 띄는 점은 없지만 점차 실업률이 높아지면서 금리를 내릴 수 있는 명분이 생길 것이다.

오른쪽 아래 그래프는 미국의 실업률만 따로 떼어내 기준금리와 비교해놓은 것이다. 2001년 닷컴버블, 2008년 서브프라임 사태, 2020년 코로나19 같은 경제위기가 찾아올 때마다 실업률이 크게 증가했고, 이때 국가가 가장 먼저 한 일은 기준금리를 빠르게 낮추는 것이었다. 이것만은 확실하게 기억해 두자. 기준금리를 올리는 것은 결국 위기가 찾아왔을 때 내리기 위해서다. 경제위기가 닥치면 유동성을 풀어서 극복해야 하는데, 내릴 만한 금리조차 없으면 중앙은행에서 내놓을 대책이 많지 않기 때문이다.

이렇게 물가상승률과 실업률 → 기준금리 → M2유동성 → 부동산 가격이라는 흐름을 띤다. 경제 뉴스에 워낙 많이 나오는 주제이니 직접 데이터를 가공하면서 기준금리의 향방을 체크하면 좋다.

주요 국가의 실업률 추이

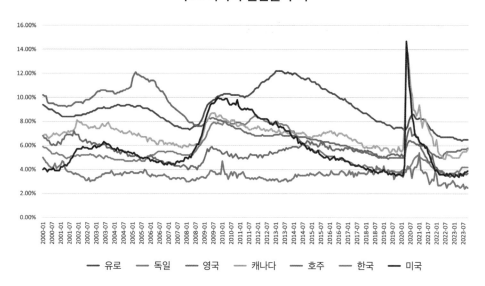

유로 　 독일 　 영국 　 캐나다 　 호주 　 한국 　 미국

미국 실업률과 기준금리 추이

실업률 　 기준금리

🛡 부동산 필수 자료 확인하는 법

기준금리를 예측해 주는 사이트가 있다. 포털 사이트에서 'fed watch'를 검색하면 CMEChicago Mercantile Exchange 그룹에서 운영하는 'CME FedWatch Tool'이라는 사이트가 나온다.

CME 그룹은 미국 선물 거래의 96% 이상이 거래되는 세계 최대·최고의 선물 거래소이고 금리를 이용한 파생상품 거래도 할 수 있다. 영문으로 되어 있는 사이트이지만 아래쪽 그래프만 보면 되기에 그렇게 어렵지 않다. 상단에는 미국의 연방기금 목표금리Federal funds target rate를 결정하는 연방공개시장위원회 FOMC가 미팅을 갖는 날짜가 기재되어 있고 그 아래에는 화면처럼 'FedWatch Tool'이 있다.

이 표의 확률을 보고 다음 미팅 때에는 기준금리가 어떻게 변경될지 예측해 볼 수 있다. 참고로 다양한 금리변동의 가능성을 점치는 확률 데이터는 예정된 회의일의 연방기금 선물계약의 거래 상황에 근거한다. 우리는 기준금리의

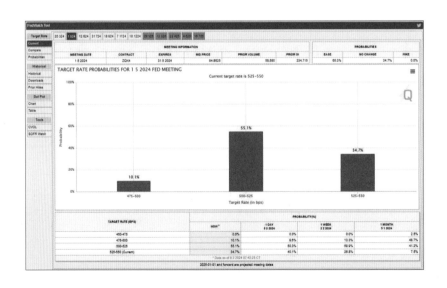

향방에 따라 앞으로 유동성이 어떻게 될 것이고 결과적으로 부동산 가격이 어떻게 움직일지 예측해 볼 수 있다.

2024년 2월 9일에 확인한 데이터로는 2024년 두 번째 미국 연방공개시장위원회 미팅인 3월 20일에는 기존의 5.25~5.5%로 동결될 확률이 82.5%이고, 0.25% 인하되어 5~5.25%가 될 확률이 17.5%다. 그다음 회의인 5월 1일에는 5~5.25%가 될 확률이 55.1%로 크게 높아지고, 0.5% 인하된 4.75~5%로 예측한 확률도 10.1%가 생겼다. 이에 미국의 금리 인하 시점은 올해 중순쯤으로 봐도 무방하다.

M2유동성YoY와 전국 아파트매매지수

지금까지 살펴본 내용들을 통해 M2유동성이 부동산 매매지수에 얼마나 큰 영향을 미치는지 알았을 것이다. 이번 장에서는 기존 M2유동성 시계열 자료를 변형시켜보려고 한다. 앞서 잠깐 언급했던 통계용어인 전년동월대비증감률(이하 'YoY')을 보자.

투자에 성공하거나 실패하는 이유는 따로 있다

결과부터 먼저 말하자면 M2유동성YoY가 저점에서 고점으로 크게 올랐던 두 번의 시기를 주목해야 한다. 2004년 1월 2.4%에서 2008년 5월 15.8%로 오른 게 첫 번째이고, 2017년 9월 4.6%에서 2021년 12월 13.2%까지 뛴 게 두 번째다. 이 시기는 바로 서브프라임 사태가 발생했던 2008년 이전 부동산 가격이

🖩 주요 데이터 산출 공식

전년동월대비증감률(YoY, %)

현재 수치와 전년도 같은 달의 수치를 비교해 증감률을 측정하는 방법이다. 올해 1월의 수치에서 작년 1월의 수치를 뺀 값을 작년 1월의 수치로 나누고 100을 곱하면 전년동월대비증감률이 나온다.

전년동월대비증감률(%)
= ((금년동월수치 − 전년동월수치) / 전년동월수치) × 100

M2유동성과 M2유동성YoY

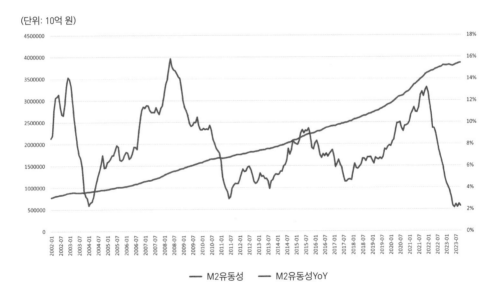

(단위: 10억 원)

한국은행 M2유동성 자료를 시계열에 맞춰서 만든 그래프가 빨간색 선이고, 이 자료를 YoY로 변형해 만든 그래프가 파란색 선이다.

크게 올랐을 때, 그리고 2022년 후반기 하락장이 오기 전 부동산 가격이 크게 올랐을 때다. 이 구간에서 동일하게 M2유동성도 크게 상승했다.

앞서 미국 BIS신용갭을 통해 신용팽창 혹은 신용수축에 따른 투자 방법을 소개했는데, M2유동성YoY 그래프도 이와 동일한 맥락이다. 유동성이 저점에서 고점으로 향한다는 것은 민간신용이 그만큼 많이 풀리고 있는 신용팽창 기간으로, 이로 인해 주식, 부동산 등의 자산 가격이 올라간다. 고점에서 다시 저점으로 내려가는 구간은 신용수축 기간이고 시중에 있던 유동성이 점차 회수되면서 자산 가격이 내려간다.

유동성의 흐름을 만드는 것은 금리이기에 결국 저금리(신용팽창) - 고금리(신용수축)에 따라 사람들의 자산이 움직인다는 것이다. 투자의 성과도 이로 인해 결론나는 것인데 보통 사람들은 이러한 이유 때문이라는 것을 잘 알지 못한다. 그저 운이 없어서 실패했다고 치부해 버리곤 한다. M2유동성YoY의 추이만 안다면 적어도 내가 왜 성공했고 왜 실패했는지 그 이유를 알 수 있다. 바로 성공할 수밖에 없는, 혹은 실패할 수밖에 없는 구간에 들어섰기 때문이다.

최대한 많은 지표를 살펴야 하는 이유

이번에는 M2유동성과 M2유동성YoY의 그래프에서 M2유동성을 제외하고 대신 전국 아파트매매지수를 넣었다. M2유동성과 전국 아파트매매지수의 상관계수는 0.968787으로 매우 높기에 아마 그래프가 바뀌었다는 점을 눈치채지 못했을 수도 있을 것이다. YoY값이 저점일 때와 고점일 때 전국 아파트매매지수의 전년 말 대비 KB부동산 시세 증감률도 표기해 두었다. 특징이 있다면 유동성이 저점에서 고점으로 오랜 기간에 걸쳐 올라간 2002년(22.7%), 2006

M2유동성YoY와 전국 아파트매매지수

2002년 22.7%   2006년 13.7%   2011년 9.6%   2015년 5%   2021년 20.1%

2022년 -3.1%

2023년 -6.7%

2004년 -0.58%   2012년 -0.18%   2019년 -0.3%

— 전국 아파트매매지수   — M2유동성YoY

년(13.7%), 2021년(20.1%)에는 부동산 가격도 전국적으로 크게 상승했다는 것이다. 반대로 유동성이 고점에서 저점으로 오랜 기간에 걸쳐 내려간 2004년(-0.58%), 2012년(-0.18%), 2023년(-6.7%)에는 부동산 가격 역시 마이너스를 기록했다. M2유동성이 긴 시간 동안 상승이나 하락의 흐름을 보이면 부동산 가격도 이 흐름을 따라 움직인다는 것을 알 수 있다.

전체적으로 하락률이 상승률보다 낮은 것이 의아할 수도 있겠다. 이 시계열 이전에 IMF가 발생한 1998년도에는 -13.56%를 기록하기도 했다. 한 지역이 아닌 전국적으로 보았을 때는 1년에 -10% 이상 하락한 시기는 시계열을 만든 1986년 이후로 1998년 IMF 때밖에 없었다. 여기에서도 의미를 찾을 수 있다. 정말 오랫동안 주택을 보유하고 있었다면 결국엔 가격이 상승했다는 것이다.

그런데 이상한 점이 하나 있다. 2011년은 2008년 서브프라임 사태 이후 유동성이 급격하게 줄어들면서 낮아진 시기였고 수치상으로는 YoY값이 3%대를

전국 수요·공급량

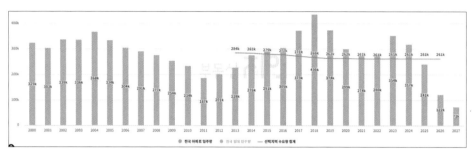

(출처: 부동산지인)

기록하고 있다. 전체적인 시계열과 비교해봤을 때도 3%대는 거의 바닥이라고 할 수 있는데 이때 전국 아파트매매지수는 9.6% 상승했다. 서울을 비롯한 수도권은 급격하게 하락장을 맞이했지만 광역시와 지방 8도는 반대로 큰 폭으로 상승했었다. 이처럼 유동성 증가율은 낮았지만 매매지수 상승률이 높았던 이유는 2011년에 전국 공급량이 2000년 이후 최저점이었던 것과 정부 정책으로 지방 미분양 아파트에 대해 많은 혜택을 준 것에 기인한다.

이처럼 정부 정책이나 외부 요인으로 인해 반대되는 흐름을 보이는 경우도 있다. 그러니 하나의 지표만 볼 것이 아니라 여러 지표가 대체로 어떤 것을 가리키고 있는지를 살펴야 하는 것이다.

M2유동성YoY, YoYO이동평균선과 서울 아파트매매지수

    M2유동성과 서울 아파트매매지수의 상관계수는 0.941065로 전국 아파트 매매지수보다는 좀 낮지만 그래도 상관성이 매우 높다고 볼 수 있다. 서울 아파트매매지수와 M2유동성YoY 그래프를 비교해 보면 유동성이 커질 때 매매지수도 커지고 반대로 유동성이 낮아질 때 매매지수도 낮아지는 경향을 보인다.

서울 아파트 가격 예측하기

    유동성과 서울 아파트매매지수는 서로 밀접한 관련이 있기에 서울 아파트를 분석할 때에는 유동성을 먼저 살피는 것이 좋다. 서울처럼 가격이 비싼 자산은 유동성이 풍부할 때 매수할 수 있기 때문이다. 경기와 인천도 서울과 똑같이 생각하면 된다. 광역시 중에 서울과 가장 상관계수가 높은 지역은 대전이다. 그

서울 아파트매매지수와 M2유동성YoY

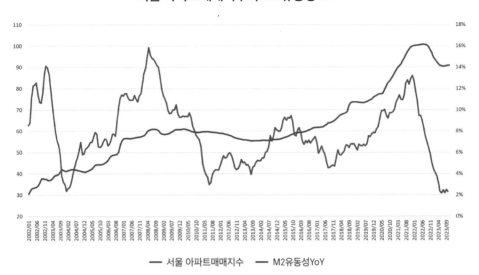

— 서울 아파트매매지수 — M2유동성YoY

서울 아파트매매지수와 M2유동성YoY

— 서울 아파트매매지수 — M2유동성YoY

리고 대전은 세종과 상관계수가 밀접하므로 나는 유동성 라인을 설정할 때 이 지역들을 꼽는다. 유동성 라인이라는 것은 해당 지역에 더 많은 영향을 주는 것이 유동성인지, 공급량인지를 양분해 판단할 때 더 밀접한 영향을 주는 것이 유동성이라는 뜻이다.

정리해 보면 미국-서울(경기·인천)-대전·세종이 유동성 라인이다. 유동성이 아닌 공급량으로 판단하는 지역은 제주를 제외한 지방 7도다. 광역시의 경우 딱 중간에 위치하고 있는데, 상급지인 경우 수도권과 비슷한 시세를 유지하는 곳도 있기에 유동성이 더 중요하다고 보는 반면 하급지인 경우 공급량이 더 중요하다고 본다. 물론 이것은 시작점을 편리하게 구분하기 위해 양분해 생각하는 것이지 하나의 지표로 전부를 판단하기에는 무리가 있다. 설정한 라인을 중점적으로 생각하되 나머지 지표들도 같은 방향성을 보이고 있는지 봐야 한다.

이렇듯 M2유동성YoY과 서울 아파트매매지수 그래프를 보면 앞으로 어떻게 투자를 해야 하는지 답이 나온다. M2유동성YoY가 올라가는 구간에 투자했다면 성공이고, 반대로 내려가는 구간에 투자했다면 필패다.

앞으로의 상황을 예측해 보면 왼쪽 아래 그래프와 같다. 최근이 빨간색 구간으로 2021년 12월 M2유동성YoY값 13.2%에서 한 번도 반등하지 못하고 2023년 5월 2.3%까지 하락했다. 한국은행에 통화량에 대한 데이터가 1987년 1월 자료부터 있는데 2.3% 정도의 수치는 역대 두 번째로 낮은 수치다. 가장 적었던 수치는 IMF사태 이후 2000년 6월 0.6%이었다.

앞으로 반등한다고 가정했을 때 그 추이가 초록색으로 표시된 2008년 5월 15.8%, 2021년 12월 13.2% 구간처럼 낮은 수치에서 시작해 수년에 걸쳐 고점으로 올라가 준다면 당연히 서울 아파트매매지수도 큰 폭의 상승이 있을 것이

📺 필수 데이터 가공법

부동산 시장의 이동평균선을 만드는 두 가지 방법

먼저 만들어놓은 M2유동성YoY 그래프를 잡고 추세선 서식에서 이동평균으로 24구간을 넣으면 검은색 점선이 생성된다. 월간시계열이기 때문에 1구간은 한 달이고 24구간은 2년을 의미한다. M2유동성YoY 그래프를 가지고 2년의 이동 평균선을 만들어보면 서울 아파트매매지수와 유사한 걸 볼 수 있다.

엑셀에 추세선 서식 기능이 아니라 직접 계산을 해서 만들 수도 있다. 이동평 균선은 일정 기간 동안의 수치를 산술평균한 값을 차례로 연결해서 만든 것이 기 때문에 2004년 1월의 값은 2002년 2월에서 2004년 1월까지의 데이터 값을 다 더하고 24로 나누면 수치가 나온다. 이 함수의 결과값을 아래 칸에 연 속해서 채우면 이동평균선이 만들어진다.

서울 아파트매매지수와 M2유동성YoY이동평균선(24구간)

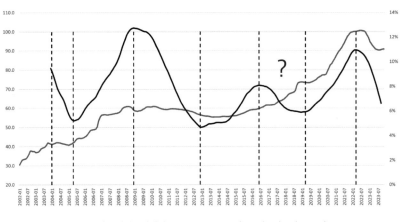

서울 아파트매매지수 ── M2유동성YoY이동평균선(24구간)

다. 그렇지 않고 빨간색으로 표시된 서브프라임 사태 이후 2011~2013년 M2유동성YoY과 같이 큰 폭의 상승 없이 3~6%사이에서 움직인다면 상승이 아닌 보합이나 하락장을 예상해야 한다.

M2유동성YoY 이동평균선으로
서울 부동산 가격을 예측하라

이번에는 왼쪽에서 처럼 M2유동성YoY 이동평균선(24구간)과 서울 아파트매매지수를 비교해 보도록 하자. 첫눈에 봐도 그래프의 흐름이 유사하다는 것을 알 수 있다. 이 그래프의 시계열이 2004년부터 2023년까지 약 20년인데 이 기간 중 반대로 움직이는 구간은 2017~2019년으로 3년 정도밖에 되지 않는다.

앞에서 설명한 이동평균선의 제작과정을 보면 검은색 선이 왜 2004년 1월부터 시작하는지 이해할 수 있을 것이다. 앞선 24개월의 평균을 낸 값이 2004월 1월이기 때문에 2004년 이전의 2년 동안의 기간이 비워질 수밖에 없다. 2017~2019년 동안 약 3년을 제외하고는 이동평균선의 값이 내려갈 때 서울 아파트매매지수도 내려가고 반대로 이동평균선의 값이 올라갈 때 서울 아파트매매지수도 올라갔다. 2019년 이후의 그래프는 변곡점이 매우 닮아 있다.

두 지표의 흐름이 맞지 않았던 2017년~2019년은 이전 구간에서 이동평균선 값이 올라간 것에 비해 서울 아파트매매지수는 크게 오르지 않았기 때문에 그 에너지가 뒤까지 이어졌거나 혹은 유동성은 적었지만 다음 페이지의 그래프에서 볼 수 있듯이 2017년 서울의 공급량이 굉장히 적었기 때문에 매매지수가 올랐을 것이라고 추측된다.

다만 그래프를 활용하는 데 있어서 M2유동성YoY의 이동평균선보다는 M2

서울 수요·공급량

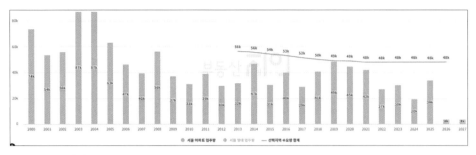

(출처: 부동산지인)

유동성YoY가 더 쓸모가 있다. 이동평균선은 24개월 동안의 수치가 산술 평균
되어야 하기 때문에 후행적인 지표가 될 수밖에 없다. 그러니 가끔 추세를 판단
하기 위해 체크는 하되 기본적으로는 M2유동성YoY값을 이용해 부동산 가격의
향방을 예측해 보길 바란다.

　M2유동성 데이터 자체는 한국은행에서 2개월 정도 늦게 올라오긴 하지만
유동성과 실제 가격의 흐름 차이는 반년에서 1년간의 시차가 생기므로 딜레이
가 있다 해도 선행지표로 삼기에는 충분하다.

M2유동성을 세분화하면
힌트가 보인다

M2유동성은 워낙 거시적인 지표이기에 실시간으로 체크할 수 없고 발표 시점을 기준으로 두 달 전의 통화량을 알 수 있다. 이를테면 12월 14일에는 10월의 통화량을 정리해 알려주는 방식이다. 앞에서 설명한 것처럼 두 달 전 데이터라도 충분히 선행지표로 사용할 수 있지만 M2유동성의 구성요소를 좀 더 세분화해 보면 투자에 힌트를 얻을 수 있다.

수시입출식저축성예금의 흐름을 알면
빠르게 투자할 수 있다

수시입출식저축성예금YoY값과 M2유동성YoY값을 하나의 그래프로 나타내면 93쪽과 같다. 수시입출식저축성예금YoY이 M2유동성YoY보다 먼저 움직이는

📍 부동산 필수 자료 다운받는 법

M2유동성은 한국은행에서 매달 14일에 발표한다. M2유동성은 현금통화부터 환매조건부채권매도까지 총 15개의 구성요소로 이루어져 있다. 나는 이 중에서 수시입출식저축성예금과 만기2년미만정기예적금의 추이를 통해 시장의 흐름을 조금 더 빨리 캐치한다.

M2유동성YoY와 수시입출식저축성예금YoY

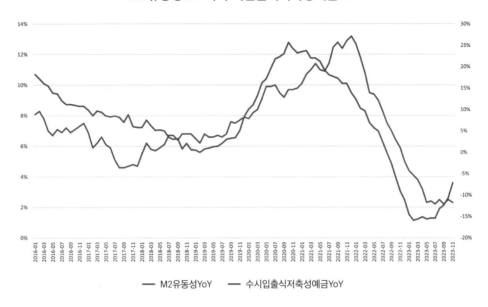

것을 볼 수 있는데 이 데이터를 가지고 사람들의 투자심리를 체크할 수 있다.

요구불예금(일반적인 예금통장으로, 지급되는 이자가 거의 없음)과 수시입출식 저축성예금(파킹통장을 떠올리면 되는데 이자가 상대적으로 높지만 거래조건이 있을 수 있음)의 추이는 비슷하지만 나는 수시입출식저축성예금 추이를 기본으로 본다. 이유는 요구불예금은 2023년 10월 기준 348조 원이고 수시입출식저축성예금은 그보다 2배가량 많은 678조 원이기에 시장 상황을 더 잘 대변할 수 있다고 생각하기 때문이다.

요구불예금과 수시입출식저축성예금은 둘 다 언제든 고객이 요청하면 인출할 수 있는 예금계좌이기에 여기에 YoY값이 증가한다는 건 부동산 투자로 들어가기 전 단계인 대기자금이 쌓이고 있다는 것이다. 흔히들 'OTP를 꺼내서 계약금을 넣는다'고 하는 이야기가 바로 이것이다. 그래프에서 빨간색 수시입출식저축성예금을 보면 2016년 1월부터 2019년 2월까지 YoY가 지속적으로 감소했는데 수도권 기준으로는 이때 부동산이 올랐지만 광역시와 지방 8도의 상황은 좋지 않았었다.

반대로 2019년 2월부터 고점인 2020년 10월까지는 YoY값이 0%에서 25.7%까지 상승했었다. 너도나도 투자하기 위해 적금을 깨서 파킹통장으로 돈을 옮겨 놓고 투자에 적당한 시기를 기다렸다는 것이다. 당연히 투자는 돈이 들어올 때 같이 들어와야 한다. 나중에 들어오면 다시 하락세를 보일 때 물릴 가능성이 크고 반등 후 초기에 들어와야 성공한다. 어떤 테마든지 열 사람 중 반 이상이 이미 들어온 상태라면 내가 뒤늦게 들어간다고 해도 먹을 것이 별로 없다.

상승세를 지속해 오던 수시입출식저축성예금YoY값은 2020년 10월부터 2023년 2월까지 급락한다. 시장 참여자들이 앞으로의 투자 성공 가능성을 낮게 보았기 때문에 부동산 투자보다 안전한 적금에 돈을 넣어두는 분위기가 형성된 것이다. 그 이후로 2023년 2월에는 -15.9%까지 바닥을 찍고 10월에는 -7.1%로 반등에 성공했다. 돌이켜보면 2023년 1~2월은 부동산 하락세가 심각했지만 2022년 12월에 기준금리가 동결되고 그다음 달인 2023년 1월 특례보증금자리론으로 인해 매수세가 다시 발생했다. 이와 연결 지어서 생각해 보면 수시입출식저축성예금YoY값이 이미 우리에게 투자 힌트가 되어주었다고 봐야 한다.

대중들의 자금이 어디로 향하는지를 확인하라

이번 그래프는 수시입출식저축성예금YoY와 만기2년미만정기예적금YoY다. 두 개의 데이터를 하나의 그래프에 넣어보면 금리와 유동성의 관계처럼 데칼

수시입출식저축성예금YoY와 만기2년미만정기예적금YoY

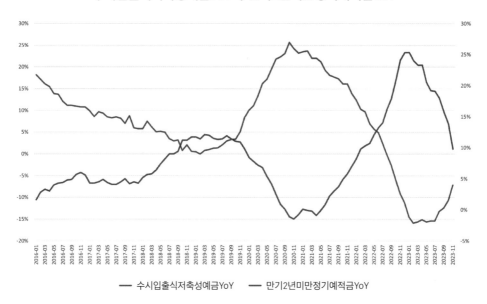

수시입출식저축성예금YoY ── 만기2년미만정기예적금YoY

코마니의 모양을 하고 있다는 것을 알 수 있다.

2016년 1월 만기2년미만정기예적금YoY가 1.6%에서 2019년 3월 12.1%로 지속적으로 증가했다. 사람들이 적금을 들고 있다는 건 투자 상황이 안 좋다는 것을 의미한다. 2019년 4월부터 2020년 11월까지는 적금을 깨고 있는 사람들이 늘어났고 그 돈이 수시입출식저축성예금을 거쳐서 부동산으로 들어갔다. 이 때 초기에 투자를 했다면 성공한 투자가 되었을 것이다.

만기2년미만정기예적금YoY가 2020년 11월 -1.5%에서 2022년 12월 25.3%까지 급등한다. 사람들이 투자가 아닌 적금을 택했다는 의미이므로 이 구간에서는 부동산 같은 실물자산을 적게 들고 있는 편이 수익률 면에서 낫다. 마지막으로 2023년 1월 25.3%에서 10월 9.8%로 급격하게 낮아졌다. 이러한 상황에 대한 해석 역시 동일하다. 사람들이 적금을 깨기 시작했고 그 돈이 부동산이나

수시입출식저축성예금YoY와 만기2년미만정기예적금YoY를 통해 본 투자 타이밍

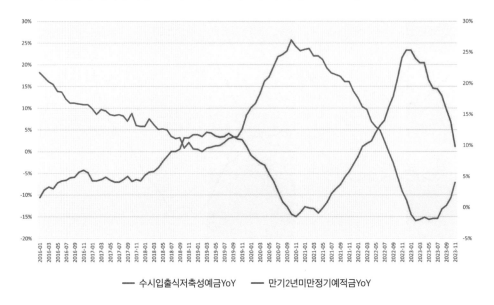

주식 등 투자로 흘러들어 갔을 것이다.

투자의 흐름을 파악하며 가장 먼저 진입하는 집단에 내가 속해 있어야 수익률을 극대화할 수 있다. 이렇게 M2유동성의 지표로는 다 읽어내지 못했던 것을 그 유동성의 구성요소별로 자세하게 따져보면 시장의 흐름을 정확하게 집어낼 수 있다.

투자에 적합한 시기와 적합하지 않은 시기를 한눈에 볼 수 있도록 표시하면 다음과 같다. 앞에서 보았던 그래프에서 투자에 적합한 시기, 즉 수시입출식저축성예금YoY이 증가하는 시기는 초록색으로 표시했고, 투자에 적합하지 않은 만기2년미만정기예적금YoY이 증가하는 시기는 노란색으로 표시했다.

투자에도 사이클이 존재한다. 여러분이 만약 투자로 돈을 잃었다면 그건 단순히 운이 안 좋아서가 아니라 이 사이클의 흐름을 전혀 읽지 못했기 때문이다.

반대로 투자로 돈을 얻었지만 왜 잘되었는지는 몰랐다면 아마 그때가 시중 자금이 적금이 아닌 투자로 흘러들어 간 시기였을 것이다. M2유동성YoY 지표가 매매지수보다 선행하고, 수시입출식저축성예금YoY와 만기2년미만정기예적금 YoY는 M2유동성YoY 지표보다 더 선행하기에 이것을 알아두면 시장의 흐름을 먼저 읽어낼 수 있다.

부동산 가격에
절대적인 영향을 미치는 두 가지

미국과 우리나라를 포함한 선진국들의 부동산 가격에 절대적인 영향을 미치는 요소는 두 가지로 압축된다. 첫 번째는 노동인구이고, 두 번째는 GDP상승률이다. 즉, 부동산을 이용할 인구가 많아져야 하고 그 인구의 소득이 올라야 집값이 우상향할 수 있다는 의미다. 내가 생각하는 가장 넓은 시각으로의 부동산 상승 배경이다.

노동인구를 보면 실질주택가격이 보인다

다음은 유럽 국가인 프랑스와 이탈리아의 실질주택가격과 노동인구(15세~64세) 그래프다. 프랑스의 경우 실질주택가격(파란 선)이 2000년대 들어와서 크게 올랐고 노동인구(빨간 선) 또한 상승세다. 현재 다른 선진국들은 출산율의

프랑스 노동인구와 실질주택가격

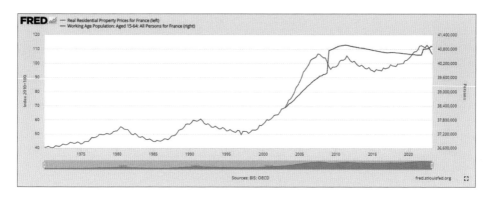

이탈리아 노동인구와 실질주택가격

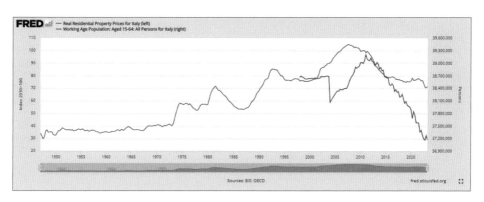

감소로 인해 자연적으로 인구가 줄고 있는데 이민정책이 활발한 프랑스 같은 경우는 그래도 비교적 상황이 나은 편이다.

반대로 이탈리아는 1950년대부터 2007년까지 실질주택가격(파란 선)이 지속적으로 높아졌지만 그 이후 큰 폭으로 감소 중이다. 신기한 것은 이 기간에 노동인구(빨간 선)도 약 3930만 명에서 3720만 명으로 감소했고 지금 현재도 상황이 그리 좋지 않다는 것이다. 그렇다면 앞으로도 실질주택가격의 상승을 기대하기에는 무리가 있어 보인다.

이번에는 미국과 일본의 데이터다. 미국의 노동인구(빨간 선)는 미국의 주가지수처럼 계속 최고치를 달성하고 있지만 일본 노동인구(빨간 선)의 경우 1995년 약 8700만 명에서 현재 약 7400만 명으로 꾸준하게 줄어들고 있다. 당연히 일본의 실질주택가격(파란 선)은 과거 최고치였던 1990년에서 34년이 지난 현재까지도 회복하지 못하고 있다. 첨언하자면 1990년에는 도쿄를 팔아서 미국을 살 수 있다는 말이 있었다. 그만큼 부동산이 강세를 띠려면 인구수가 배경이 되어야 함은 명백하다.

그렇다면 우리나라는 미국에 가까울까 아님 일본에 가까울까? 이 답은 사실 너무 뻔하다. 미국 출산율은 여성 1인당 1.66명으로 이민 없이 인구를 유지하는데 필요한 수치인 1인당 2.1명에 미치지 못한다. 미국조차도 활발한 이민 인구가 없다면 인구전망을 매우 부정적으로 보는데, 2022년 현재 우리나라의 출산율은 0.78명으로 전 세계에서 가장 낮다.

일본이 1995년쯤에 노동인구의 피크를 찍었다면 우리나라는 2017년에 고점을 찍고 내려오고 있는 상태다. 사회구조나 산업구조의 흐름에서 일본과 20년가량 차이가 난다고 말하는 것도 이 때문이다. 잘 알겠지만 아무리 많은 예산을 출산정책에 쏟아도 출산율이 반등하지 않고 있다. 이 때문에 출산율 추세는 되돌리기 힘들다고 보아야 한다. 그리고 시장이 상승기이더라도 모든 지역에서 어느 물건이나 테마가 무조건 오른다고 따라갈 것이 아니라, 수요가 뒷받침되는 지역의 물건을 선별할 수 있어야 한다.

미국 노동인구와 실질주택가격

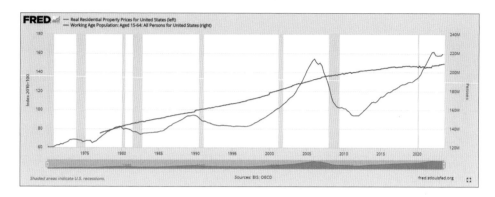

일본 노동인구와 실질주택가격

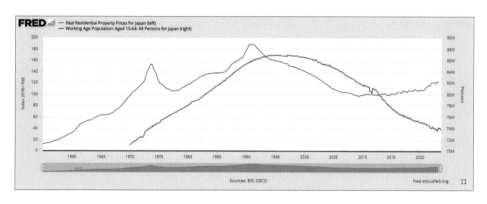

한국 노동인구와 실질주택가격

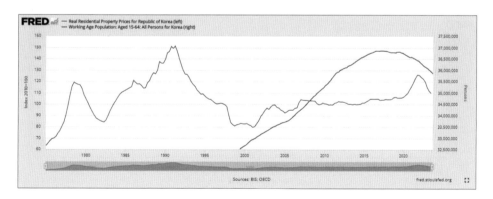

GDP가 올라야 집값도 우상향한다

　지금까지는 가장 넓은 시각으로서의 부동산 상승 배경 중 하나인 노동인구를 보았다. 이제 나머지 하나인 GDP를 확인해 보자. 다음은 스페인과 그리스의 실질주택가격(파란 선)과 실질GDP(빨간 선)의 그래프다. 자세히 보지 않아도 나라마다 주택가격과 GDP의 추이가 매우 비슷하다는 것을 알 수 있다. GDP가 우상향한다면 주택가격도 마찬가지로 오르고, 반대로 하락세라면 주택

스페인 실질주택가격과 GDP

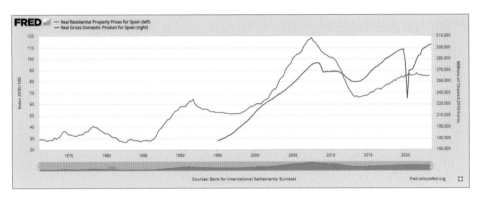

그리스 실질주택가격과 GDP

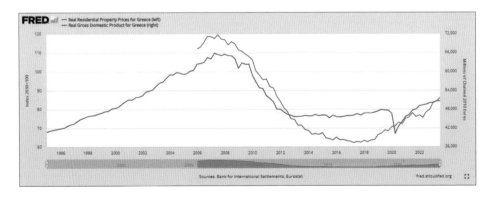

가격도 그 영향을 받아 하락한다.

이제 미국과 우리나라의 실질GDP와 실질주택가격의 그래프를 보겠다. 그런데 앞서 봤던 스페인과 그리스처럼 드라마틱하게 하락하는 지점이 없어서 포맷을 약간 바꾸었다. 실질주택가격은 연간 퍼센트로 놓고(파란 선), 실질GDP는 1년 전과 비교한 퍼센트 변화YoY로 만들었다(빨간 선). 사실 FRED사이트에서 데이터 가공하는 방법을 조금만 배우면 어려운 부분은 하나도 없다.

미국의 자료를 보면 1950년대 이후 실질GDP가 0 이하로 떨어질 때 회색

미국 실질주택가격(연율)과 GDP(YoY)

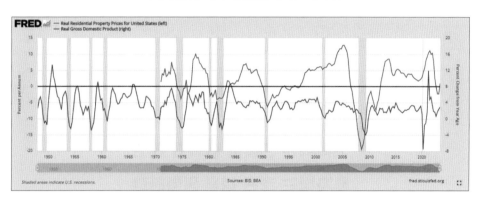

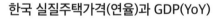

한국 실질주택가격(연율)과 GDP(YoY)

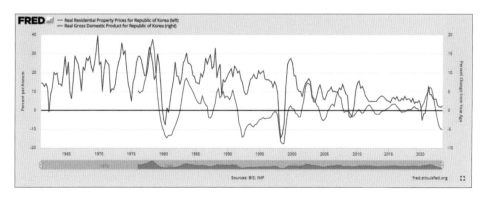

구간으로 표시된 경제위기가 나타났음을 볼 수 있다. 이렇게 실질GDP의 전년 대비증감률이 마이너스가 되었을 때 실질주택가격 또한 큰 영향을 받아서 함께 하락한다. 이건 우리나라 데이터를 봐도 동일하다. 우리나라에서 실질 국내총생산이 마이너스가 되었던 시기는 1980년, 1998년, 2008년, 2020년으로 경제위기 시점이다. 이 시기의 실질주택가격을 보면 동일하게 마이너스가 되었다.

결과적으로 부동산 상승이 유지되기 위해서는 노동인구의 증가와 함께 견고하게 지속적으로 우상향하는 GDP상승률이 필요하다. 하지만 알다시피 이것은 개인 투자자가 노력해 바꿀 수 있는 부분이 아니다. 거시적으로 이미 결정이 되어 있는 사항은 우리에게 좋지 않은 상황이다. 따라서 2020~2021년 상승기처럼 1년에 100~200%까지 부동산 가격이 상승할 수 있다는 기대는 이제 그만 버리는 것이 좋고 적은 소득이라도 안정적으로 투자할 수 있다는 것에 만족하면서 지속적으로 투자할 수 있는 방법을 찾는 것이 핵심이다.

거시적인 흐름을 살피지 않고 투자하는 것은 너무 위험하다

이제 잭파시 톱다운 투자법 1단계를 배웠다. 지금껏 매우 모호하고 불확실했던 부동산 투자가 수학적으로 확실하게 근거를 살펴볼 수 있게끔 바뀌었길 바란다. 물론 이번 장을 쉽게 이해하면서 받아들일 수 있는 독자도 있고, 그렇지 못한 독자도 있을 것이다. 그렇지 못한 독자의 마음은 충분히 이해한다.

이번 장에서 다룬 숫자는 미국의 경우 약 3경 원이고 한국은 약 3800조 원이다. 평상시에 우리가 쉽게 생각할 수 있는 돈의 단위가 아니기 때문에 겁을 먹을 수도 있다. 또한 유동성 말고도 다양한 거시지표와 통계분석방법이 나오기 때문에 아직은 뭐가 뭔지 다 파악하기 어려울 수도 있다. 그러나 애초에 나는 부동산을 쉽게 가르칠 생각이 없다. 쉽게 배워서 성공하기란 무척 어렵기 때문이다. 부동산 투자에 실패했다거나 아직 주택을 보유하지 못했다는 이유로 위로를 받고 싶은 것이라면 내가 아닌 다른 사람을 찾아가야 한다.

내가 줄 수 있는 위로는 내가 알고 있는 모든 부동산 지식을 알려줘서 결국 나처럼 부동산 자산을 만들게 하는 것이다. 자본주의는 준비가 되지 않은 사람들에게 자비를 베풀어주지 않는다. 상위 5%안에 들어가야겠다는 생각으로 철저하게 공부하고 실행해도 성공할까 말까. 그렇기 때문에 두루뭉술하게 누구나 다 알 법한 이야기를 돌려 하면서 소중한 지면을 낭비하고 싶지 않다.

만약 이번 장이 너무 어렵다고 느껴졌다면 다음 장부터는 더 쉬운 내용이 나오니 너무 걱정하지 말기를 바란다. 도 단위, 시 단위 분석은 당장 우리 눈에 보이지 않는 미국, 한국의 거시적인 상황이 아니라 당장 오늘이라도 임장을 가볼 수 있는 지역이기 때문이다.

이번 장의 내용인 세계(미국)·한국 부동산 경기가 너무 어렵다면 도 단위 부동산 흐름 → 시 단위 부동산 흐름 → 구체적인 아파트 단지를 먼저 공부하고 나중에 이 부분을 다시 파헤쳐 보길 바란다. 이 부분을 아예 보지 않고 부동산에 투자하는 것은 너무 위험하다. 아무리 좋은 단지나 물건을 고른다고 해도 가장 상단에 있는 미국, 한국의 움직임이 좋지 않다면 질 수밖에 없는 투자를 하게 되기 때문이다.

전국을 세 그룹으로 나누면 투자가 단순해진다

GLOBAL MACROECONOMIC TRENDS

REAL ESTATE MARKET TRENDS

TOP-DOWN
INVESTMENT

METHOD

도 단위 분석의 핵심은
KB부동산 시계열 자료

　1장에서 언급한 것과 같이 KB주택은행의 전신인 한국주택은행은 서민주택 금융 전담은행으로 '주택금융'이라는 단어에 아주 깊은 의미가 숨어 있었다. 바로 '부동산은 금융이며 돈의 흐름'이라는 것이다. 책에서는 국가별로 돈의 흐름인 M2유동성과 주택매매지수의 상관관계가 매우 높다는 것으로 이 문장을 증명해낼 수 있었다. 또한 물가상승률과 실업률 → 기준금리 → M2유동성 → 부동산 가격 순으로 연결고리를 갖고 움직인다는 것도 배웠다.

　이제는 도 단위 부동산 흐름을 배워보자. 도 단위도 그렇고 다음 장에서 다룰 시 단위 부동산 흐름에서도 가장 중요한 것은 바로 KB주택은행에서 발표하는 KB부동산의 월간·주간시계열 통계 자료다. 1986년 1월부터 집계를 시작해 현재까지 약 38년간 이어진 방대한 통계 자료이고 모든 공공기관, 은행 등에서 담보대출, 전세대출, 보증보험 등의 근거로 삼고 있다.

📥 부동산 필수 자료 다운받는 법

KB부동산 시계열 자료

KB부동산 사이트에 들어가 왼편에 있는 메뉴를 선택하고 'KB통계'를 누르면 팝업창으로 'KB통계 자료실'이 뜬다. '월간주택'과 '주간아파트'에서 각각 월간 시계열과 주간시계열을 다운로드받을 수 있다. 월간시계열은 매월 25일경 등 재되는데 조사기준일은 매월 15일이 포함된 주의 월요일이다. 월간시계열도 많이 늦어지지 않고 집계되고 있다. 주간시계열은 매주 금요일에 등재되고 그 주 월요일의 수치다.

참고로 시계열 자료 밑으로는 워드파일로 된 월간·주간보도자료가 있는데, 이 건 KB부동산플랫폼부에서 매매시장과 전세시장을 리뷰해 주는 것이다. 월간· 주간통계표에서는 주택가격 동향 및 주요 지역별 주택매매·전세가격지수를 파악할 수 있다. 나는 블로그를 운영해 온 약 3년간 주간통계표를 매주 보고 있다. 주간통계표에 담긴 지역별 시황과 전주 대비 아파트매매·전세가격 증감 률을 체크하는 식이다.

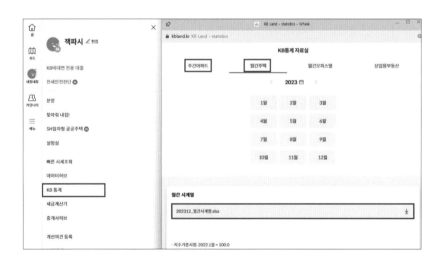

양대 부동산 통계업체라고 볼 수 있는 국토교통부 산하 공공기관인 한국부동산원의 시계열 자료도 있긴 하나 이곳은 아무래도 정부의 눈치를 볼 수밖에 없기에 완전히 신뢰하기에는 다소 무리가 있다. 이에 기본적으로는 KB부동산의 시계열 통계를 가공, 분석하되 여유가 생기면 한국부동산원의 자료까지 크로스체크를 하길 바란다.

KB부동산 시계열 자료로 시장을 파악하라

주간시계열의 지표는 매매증감, 전세증감, 매매지수, 전세지수, 전용면적별 매매·전세지수, 매수자·매도자 동향(매수우위지수), 매매거래동향, 전세수급동향, 전세거래동향 등 총 10개로, 월간시계열의 부분집합이라고 생각하면 된다. 매주 업데이트되는 자료이기에 시장의 움직임을 파악하기에는 이보다 정확한 것이 없다. 요새는 다양한 프롭테크 어플을 사용하므로 부동산 투자 트렌드가 주식처럼 너무 빨라져 월간시계열을 보고 대응하기에는 늦은 감이 있다.

월간시계열에는 주간시계열의 지표뿐만 아니라 아파트 월세지수, 주택가격 및 소득분위별 PIR, 주택구매력지수HAI, KB주택구입 잠재력지수HOI, KB선도아파트50지수, 매매·전세가격 전망지수, 평균매매·전세가격, 중위매매·전세가격, 전월세전환율 등 총 59개 지표가 들어 있다.

임장을 아무리 열심히 다닌다고 해도 일주일 만에 전국에 있는 주요 지역의 시황을 모두 알기는 어렵기 때문에 매주 이 자료로 현장의 분위기를 파악한다. KB부동산에서 매주 나에게 무료로 임장보고서를 올려주는 것이라고 생각하면 귀중한 자료임은 틀림없다.

🦭 필수 데이터 가공법

지난주 대비 아파트 매매·전세가격 증감률 데이터를 엑셀로 자동화해 수도권과 지방의 한 주간 매매·전세가격 시세동향표를 만들고 전국을 기준으로 어떻게 흐름이 변화하고 있는지를 파악한다. '그래 봐야 일주일인데 그동안 부동산시장 흐름이 얼마나 달라지겠어?' 싶을 수도 있겠지만 이 작업을 블로그를 운영해 온 3여 년간 해보니 흐름의 변화가 생각보다 느리지 않았고, 변화하는 흐름도 체계적이었다.

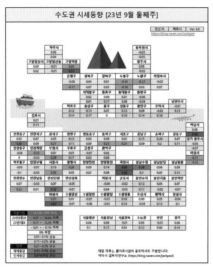

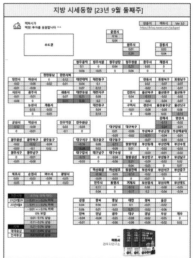

전국을 세 그룹으로 나누면
시장 흐름이 보인다

처음 부동산 공부를 할 때는 복잡한 것을 단순하게 생각하는 습관을 들여야 한다. 너무 처음부터 복잡하게 모든 것을 생각하다 보면 공부하다가 쉽게 지칠 수 있다. 머릿속에서 우리나라의 도 단위를 쪼개서 기억하라. 가장 먼저 고려해야 할 첫 번째 그룹은 서울, 경기, 인천 등 수도권이다. 이곳은 우리나라 인구의 반 이상이 모여 사는 곳으로, 결국 투자로 성공하려면 이 그룹의 자산을 많이 보유하고 있어야 한다. 부동산 투자는 부동산 자체가 아니라 그 부동산을 이용하는 사람을 연구해야 승산이 있다.

부동산이 오르려면 그 부동산을 사용하려고 하는 사람들이 많아져야 하고 또 그 사람들이 양질의 일자리와 높은 연봉을 기대할 수 있어야 한다. 이에 대한 필수조건으로 인구수와 세대수가 증가해야 하며 기업체(법인사업자)수가 증가해야 한다. 기업체 안에서 일하는 근로자수가 많아져야 하며 그들이 내는 국

📈 필수 데이터 가공법

시계열 자료로 그래프로 만드는 법

어떻게 부동산 빅데이터 지표들을 그래프로 만들까? 본격적으로 설명하기 전에 KB부동산 시계열 자료를 가지고 부동산 그래프를 만드는 방법을 알려주려한다. 앞에서 설명한 방법대로 주간시계열 자료를 다운로드한 후 열어서 3번탭의 매매지수로 들어간다. 부동산 데이터를 만질 때 매매지수를 그래프화시키는 경우가 많을 것이다. 사실 매매가격이 가장 중요하다고 생각할 수도 있

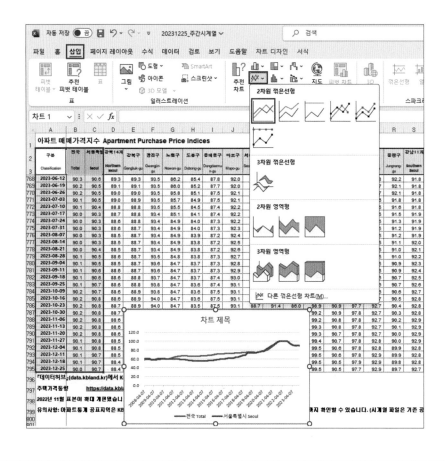

> 지만, 부동산 투자를 오래하다 보면 전세가격이 더 중요하다는 걸 깨닫는다.
> 이 자료에서 A2셀, B2셀, C2셀을 드래그하여 밑으로 쭉 내리면 화면처럼 가
> 장 최근 데이터까지 선택할 수 있다. 그 후에 상단 메뉴에서 삽입 → 2차원 꺾
> 은 선형을 누르면 아래 보이는 것처럼 우리가 선택한 데이터가 그래프로 변환
> 된다. 이게 가장 기본값이다. 그래프를 얼마나 어떻게 다듬는지는 개인의 자
> 유다. 책에서는 처음 해보는 사람도 쉽게 따라할 수 있도록 별도의 꾸밈은 하
> 지 않았다. 또 가장 중요한 것은 데이터의 추세를 확인하는 것이니 기본형으
> 로만 만들어도 충분하다.

민연금 납부금액도 지속적으로 상승해야 한다. 이런 조건이 수도권에 많이 몰려 있다는 것은 어쩔 수 없는 현실이기 때문에 설사 지방에 살고 있다고 하더라도 수도권 물건에 관심을 가지길 바란다.

내가 만든 자료부터 바로 보여주지 않고 데이터를 가공하는 방법부터 알려주는 이유는 남의 자료를 보는 것보다 혼자 스스로 데이터를 찾고 가공하고 분석해야 부동산 실력이 키워지기 때문이다. 이렇게 해야 남의 말에 흔들리지 않고 자기만의 잣대를 가지고 승산이 있는 게임을 할 수 있다.

수도권 그룹: 서울, 경기, 인천

도 단위 그루핑을 하는 이유는 우선 전국을 수도권, 광역시, 지방 7도 이렇게 총 3개로 나눠 복잡한 것을 단순화하고 도마다 가장 상관계수가 높은 지역을 찾아 커플링시키는 데 있다. 상관관계가 높은 지역을 파악하고 있다면 이를

수도권 그룹의 아파트매매지수

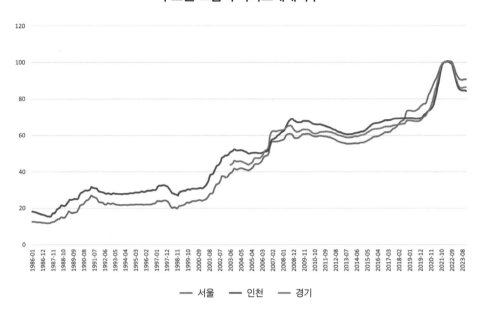

서울 ── 인천 ── 경기

서울, 인천 아파트매매지수

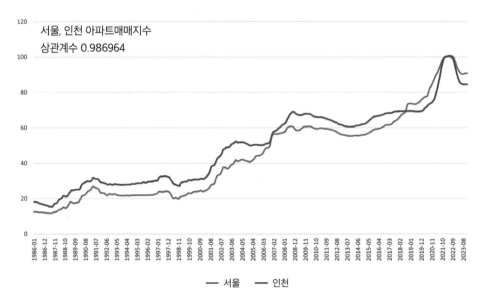

서울, 인천 아파트매매지수
상관계수 0.986964

서울 ── 인천

투자에 이용할 수 있다. A 지역은 오르는데 A와 상관관계가 높은 B 지역은 아직 하락 중이라면 B 지역의 현재 가격이 싸다는 것을 알 수 있다. 그럼 B 지역의 물건을 사놓고 기다리기만 하면 된다. 상관관계가 높은 A 지역으로 인해 앞으로 B 지역이 어떻게 움직일지를 알고 있기 때문이다.

먼저 첫 번째 그룹인 서울, 경기, 인천의 수도권 데이터부터 살펴보자.

KB부동산 시계열 자료에서 서울, 인천의 데이터 시작점은 86년도부터지만 경기는 2003년부터 시작된다. 그냥 눈으로만 봐서는 3개의 지역이 모두 동일하게 움직인다는 것을 알 수 있고 그래프의 변곡점들을 살펴보면 서울이 가장 빠르다는 점도 확인이 가능하다. 서울이 먼저 오르면 경기와 인천은 추후에 따라 오르는 식이다. 사실 서울, 경기, 인천은 광역메트로 권역으로 인구를 전부 합치면 약 2600만 명이고 이는 우리나라 인구의 절반이 넘는다.

눈으로만 보고 유사하다고 그냥 넘어갈 수는 없다. 앞에서 상관계수에 대해 배웠기 때문에 부동산을 수치로 입증하려고 해야 한다. 부동산이 어려운 이유는 막연하다고 느껴서인데 이런 작업을 계속 하다 보면 숫자를 통해 확실한 근거를 가질 수 있기 때문에 막연함이 사라지고 명료하게 느껴질 것이다.

데이터에서 경기를 제외하고 서울과 인천의 매매지수의 상관계수를 구해 보니 0.986964이라는 수치가 나왔다. 상관계수를 구한 시계열이 1986년 1월부터이므로 이 두 가지 지표는 확실히 상관성이 매우 높다고 볼 수 있다. 서울과 경기의 매매지수의 상관계수는 0.979078로, 인천보다는 상관관계가 떨어진다고 볼 수 있지만 이 정도의 수치 차이는 크게 의미가 있진 않다.

결국 서울이 크게 올라가는 중인데 인천이나 경기의 어떤 한 도시는 공급이나 기타 다른 이유 때문에 떨어지고 있다면 이는 큰 기회가 될 수 있다. 언젠가는 상관계수에 맞게 다시 서울을 따라가며 오를 것이기 때문이다. 이렇게 서울, 경기, 인천이 포함된 수도권이 첫 번째 그룹이다.

광역시 그룹: 부산, 대구, 광주, 대전, 울산, 세종, 제주

두 번째 그룹은 광역시다. 5대 광역시인 부산, 대구, 광주, 대전, 울산 외에도 세종특별자시치와 제주특별자치도까지 포함이다. '특별'자가 들어간 것은 체급을 한 단계 업 시켜야 한다. 이들을 지방 8도 그룹에 넣어놓기에는 부동산 가격에서부터 큰 차이가 난다. 그래프를 잘 보면 2004년까지는 모든 지역의 그래프가 동일하게 움직인다. 서울과 커플링되어서 서울이 떨어지면 함께 떨어지고, 오르면 함께 상승하는 구조다.

광역시 그룹의 아파트매매지수

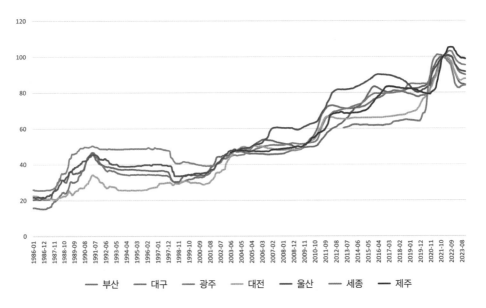

2006년도에 들어서며 서울과 커플링이 깨지고 다른 움직임을 보이는 디커플링의 상태로 넘어온다. 특히 수도권이 큰 하락장을 맞았던 서브프라임 사태 이후 광역시는 큰 상승이 있었는데 미분양이 많았던 지방 아파트에 규제를 많이 완화하고 세제 혜택을 주었기 때문에 분위기가 다른 방향으로 흘러갈 수 있었다.

2020년 3월 코로나19와 2020년 7월 임대차3법이 시행된 이후부터는 다시 서울과 커플링되어 움직이고 있다. 지역마다 공급에 대한 문제는 상이하지만 코로나19로 인한 유동성 확대와 전국적으로 동일한 주택정책이 펼쳐졌기에 이런 현상이 벌어졌다. 고점을 찍고 내려오는 것 또한 유사하다.

부산과 울산의 아파트매매지수 상관계수는 0.983994다. 이 정도 상관계수가 나오면 두 개의 지표는 거의 동일하게 움직인다고 봐도 된다. 먼저 눈으로

부산, 울산 아파트매매지수

서울, 대전 아파트매매지수

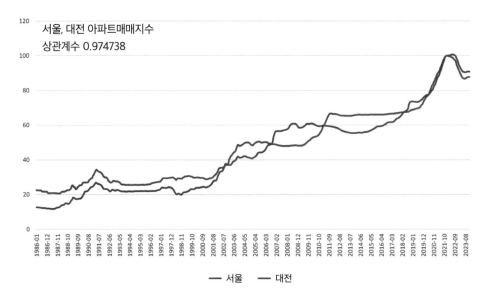

서울, 대전 아파트매매지수
상관계수 0.974738

— 서울　　— 대전

대전, 세종 아파트매매지수

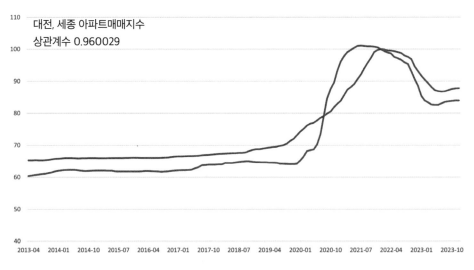

대전, 세종 아파트매매지수
상관계수 0.960029

— 대전　　— 세종

1986년 1월부터 2023년 12월까지 흐름을 살펴봤을 때 방향성이 다른 기간은 부산이 2003년부터 2008년까지 울산에 비해 크게 오르지 않았을 때뿐이다.

기억하고 있는가? 내가 생각하는 유동성의 라인은 미국 → 한국 → 서울(경기·인천 수도권 포함) → 대전·세종이라고 했다. 서울과 대전의 상관계수 그리고 대전과 세종의 상관계수가 높게 나오기 때문이다. 먼저 서울과 대전 아파트매매지수의 상관계수를 구해보면 0.974738로 매우 높다. 그래프를 보면 2006년부터 2011년까지는 상승과 하락이 엇갈린다. 이 부분이 바로 서브프라임 사태 때 수도권은 하락했지만 지방은 반대로 상승했던 시기다.

그리고 대전과 세종의 아파트매매지수의 상관계수를 구해보면 0.960029로 그래프 모양을 봐도 크게 다른 부분을 찾을 수 없다. 물론 세종이 생긴 지 얼마 되지 않았기에 당연히 KB부동산 시계열 자료도 그리 길지 않다. 시계열상으로는 매우 유사하게 커플링이 되어서 움직이는 것을 확인할 수 있다.

아래 표는 광역시 그룹에서 눈여겨봐야 할 핵심 자료다. 엑셀에서 상관계수 함수를 총 30번 대입해 만든 자료다. 지역마다 가장 높은 상관도를 보이는 지역

광역시 그룹의 아파트매매지수 상관계수 표

	서울	부산	대구	광주	대전	울산
서울		0.939464	0.935624	0.896989	0.974738	0.934192
부산	0.939464		0.978707	0.971746	0.973220	0.983994
대구	0.935624	0.978707		0.968822	0.961058	0.972934
광주	0.896989	0.971746	0.968822		0.927987	0.956541
대전	0.974738	0.973220	0.961058	0.927987		0.960998
울산	0.934192	0.983994	0.972934	0.956541	0.960998	

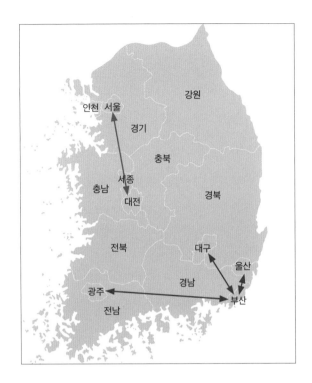

에는 회색으로 표시해 놓았다. 다만 굳이 외우려고 하지 않아도 된다. 위의 그림을 보면 바로 이해가 갈 것이다.

5대 광역시 중 대전은 서울과 가장 높은 상관관계를 보이고, 광주·대구·울산은 서울이 아닌 부산과 가장 높은 상관관계를 보인다. 결국 대구·광주·울산의 주택가격이 오르려면 서울이 아닌 부산이 올라야 한다는 결론이 나온다.

지방 7도 그룹: 강원, 충북, 충남, 전북, 전남, 경북, 경남

마지막으로 확인할 그룹은 지방 7도다. 왜 8도가 아닌 7도냐면 제주도는 지방이 아닌 광역시 그룹에 넣었기 때문이다. 지방 7도 매매지수를 보면 KB부동산에서 지방 7도의 시계열 자료를 만들기 시작한 2003년 6월부터 2023년 12월까지 약 20년 동안 흐름이 매우 유사했다. 참고로 전남의 데이터를 제외하고 지방 6도로 보면 더욱 유사한 것을 느낄 수 있다. 그러니 지역을 분석할 때는 수도권, 광역시, 지방 7도로 그루핑을 해놓고 거기서 더 자세하게 들어가며 살펴보는 것이 좋다.

지금까지 책을 읽으며 이런 생각이 들었을 수도 있다. 많은 자료의 상관계수들이 다 0.8~0.9 이상으로 나오기 때문에 원래 이렇게 높게 나오는 것은 아닌지 의구심이 들 수도 있을 것이다. 하지만 어떠한 데이터를 가져다 넣어도 모두 높게 나온다면 우리가 상관계수 함수를 이용해 분석하는 데 분별력이 생기지 않는다. 이번 자료를 보면 자세하게 확인할 수 있다.

서울과 충북, 전북, 경북의 아파트매매지수를 하나의 그래프로 넣었다. 충북, 전북, 경북의 경우 비슷한 추이를 보이는데 서울만은 다른 움직임을 보인

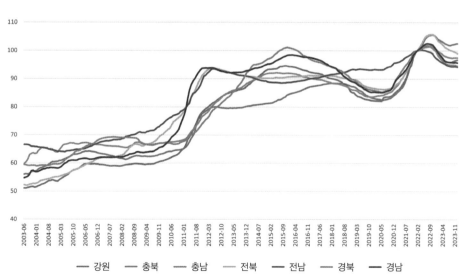

지방 7도 그룹의 아파트매매지수

서울, 충북, 전북, 경북 아파트매매지수

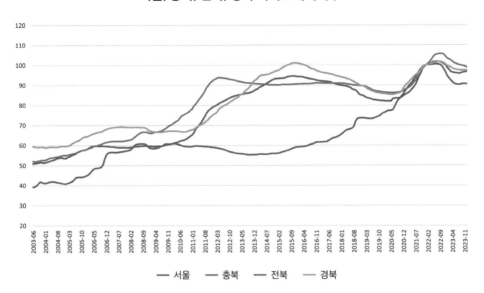

서울, 충북 아파트매매지수

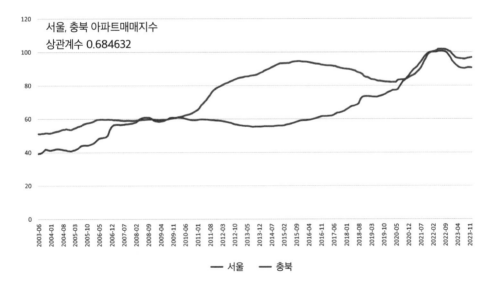

다. 좀 더 자세하게 보기 위해 서울과 충북만 따로 빼서 두 개 지역 아파트매매 지수의 상관계수를 구했더니 0.684632이라는 수치가 나왔다. 어떠한가? 이 정도 수치가 나왔을 때의 데이터를 보면 2010년부터 2014년까지 서울이 내려갈 때 충북은 올라갔고 반대로 2015년부터 2019년까지 서울이 올라갈 때 충북은 내려갔다. 전체 시계열이 약 20년인데 이 중에 절반의 방향성이 다르다.

지방 7도 그룹의 아파트매매지수 상관계수는 아래 표에서 확인할 수 있다. 이 역시 엑셀에서 총 36번의 함수를 구해 도마다 어느 곳과 가장 높은 상관관계를 갖는지 알아보고 회색으로 표시했다. 강원은 충남이 가장 높고 충북도 충남이 가장 높았다. 충남의 경우 같은 도인 충북이 가장 높고 전북은 경남이 가장 높다. 전북의 상관계수가 가장 높은 곳이 경남이라는 점이 좀 특이해 보이는데 뒤에서 좀 더 자세하게 살펴보자. 그리고 전남은 같은 도인 전북이, 경북은 충북이, 경남은 전북이 가장 높게 나타난다. 경북과 경남 역시 같은 도의 상관계수가 제일 높은 것이 아니라는 특징이 있다.

지방 7도 그룹의 아파트매매지수 상관계수 표

	강원	충북	충남	전북	전남	경북	경남
강원		0.953346	0.962927	0.929816	0.919709	0.925204	0.906898
충북	0.953346		0.989455	0.960784	0.942948	0.981475	0.975743
충남	0.962927	0.989455		0.930440	0.922767	0.978945	0.943005
전북	0.929816	0.960784	0.930440		0.973961	0.905582	0.977252
전남	0.919709	0.942948	0.922767	0.973961		0.889464	0.953386
경북	0.925204	0.981475	0.978945	0.905582	0.889464		0.929319
경남	0.906898	0.975743	0.943005	0.977252	0.953386	0.929319	

강원, 충남 아파트매매지수

강원, 충남 아파트매매지수
상관계수 0.962927

— 강원 — 충남

충북, 충남, 세종, 대전 아파트매매지수

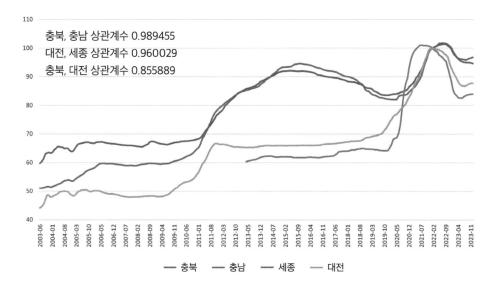

충북, 충남 상관계수 0.989455
대전, 세종 상관계수 0.960029
충북, 대전 상관계수 0.855889

— 충북 — 충남 — 세종 — 대전

강원과 충남 아파트의 매매지수 상관계수는 0.962927이 나오는데 두 가지 그래프를 비교해 보면 충남이 2012년부터 2014년까지 크게 치고 올라갈 때 강원은 보합을 이루다가 늦게 올라간 차이를 제외하고는 전체적으로 유사하다.

강원이 왜 다른 지역들보다 충남에 가장 가까운 상관관계를 보이는지는 정확하게 알 수 없지만 강원은 경기의 오른쪽, 충남은 경기의 아래쪽으로 붙어 있기에 유사성을 띠지 않았을까 싶다. 실제 충남 천안은 1호선 지하철이 다니는 곳이며 강원 춘천은 경춘선으로 접근할 수 있다.

이번에는 2023년 전반적으로 전국에서 가장 흐름이 좋았던 중부권역 도시들을 다 넣어봤다. 청주에 임장을 가서 부동산 중개인과 이야기를 나눠보면 세종이나 대전 사람들이 그 지역 아파트가 너무 비싸서 청주로 넘어오는 경우가 있다는 이야기를 종종 들을 수 있다. 세종이나 대전에서 넘어오는 사람들이 청주의 상급지 대장주들을 거래할 확률은 높으나 전반적으로는 그렇지 않다.

그 이유를 충북과 대전, 세종의 아파트매매지수 상관계수에서 확인할 수 있다. 충북과 충남의 상관계수는 0.989455이고 대전과 세종의 상관계수는 0.960029로 높지만, 충북과 대전의 상관계수는 0.855889로 그리 높지 않다. 즉, 청주가 속한 충북과 대전·세종이 밀접하게 시세를 공유하고 있지 않다. 그러니 광역시 그룹과 지방 7도 그룹은 사이클상 다르게 접근해야 한다.

다음은 전라도 지역이다. 전북, 전남, 광주를 하나의 그래프로 넣어봤다. 확실히 전북과 전남은 상관계수가 0.973961로 굉장히 유사하다. 광주와의 상관계수를 보면 굉장히 재미있는 지점을 발견할 수 있는데, 광주광역시는 지리적으로 전북이 아니라 전남에 포함이 되어 있다. 그래서 전북과 광주의 상관계수는 0.913907에 불과하지만, 전남과 광주는 0.937328로 더 밀접하다. 전북은 2012

전북, 전남, 광주 아파트매매지수

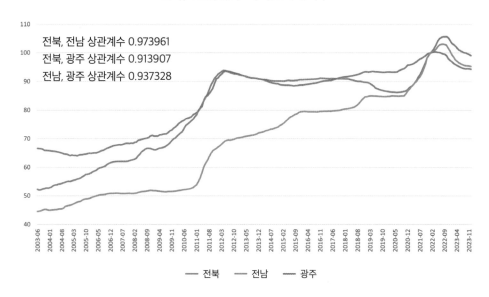

전북, 전남 상관계수 0.973961
전북, 광주 상관계수 0.913907
전남, 광주 상관계수 0.937328

— 전북 — 전남 — 광주

년부터 2019년까지 부동산시장이 그리 좋지 않았던 반면 광주는 지속적으로 상승했었다.

그런데 신기하게도 전북을 기준으로 가장 상관계수가 높은 지역은 경남이며, 경남을 기준으로 따져도 전북이 가장 상관계수가 높다. 또한 동일하게 전북과 경남처럼 양 옆으로 나란히 자리하고 있는 경북과 충북(충북을 기준으로는 충남)도 상관관계가 가장 높다. 같은 경상도인 경북과 경남의 상관계수는 0.929319지만 경북 기준으로 충북과 상관계수는 0.981475로 훨씬 더 높다. 이런 이유로 우리는 남·북도를 우선하여 살피되 옆으로 나란히 붙어 있는 지역도 그루핑해야 한다.

전북과 경남의 아파트매매지수의 상관계수는 0.977252이고 충북과 경북 아파트매매지수의 상관계수는 0.981475다. 두 개의 지역 모두 눈으로만 봐도 매우 유사한 것처럼 보이는데 그중에서도 충북과 경북은 크게 변곡점이 다른

전북, 경남 아파트매매지수

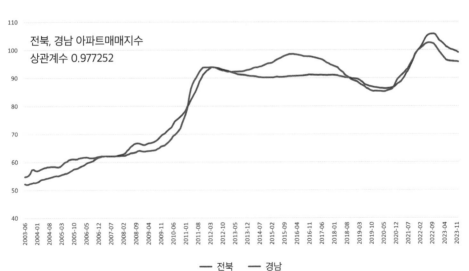

전북, 경남 아파트매매지수
상관계수 0.977252

— 전북   — 경남

충북, 경북 아파트매매지수

충북, 경북 아파트매매지수
상관계수 0.981475

— 충북　　— 경북

구간을 찾기가 어렵다. 충북이 좋아지면 경북도 좋아지고 반대로 충북이 안 좋아지면 경북도 안 좋아진다.

이 지점에서 투자 힌트를 얻을 수 있다. 이중에서 반드시 먼저 올라가는 지역이 생길 것이고 약 20년간의 상관계수가 거의 동일하게 나오기 때문에 아직 올라가지 않은 지역을 찾아 매수하면 된다. 충북의 인구수 1위 도시인 청주가 오르면 경북의 인구수 1위 도시인 포항을 사야 하고 반대로 청주가 떨어지면 포항을 팔아야 한다. 수학적 수치를 믿으면 당연히 이렇게 논리적인 투자를 할 수밖에 없다.

마지막으로 지방 7도 그룹에 속해 있지 않았던 나머지 지방 1도 제주를 확인해 보자. 제주를 기준으로 부산, 전남, 경남 가까운 지역들의 아파트매매지수

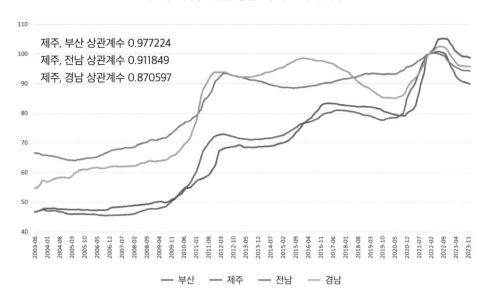

부산, 제주, 전남, 경남 아파트매매지수

제주, 부산 상관계수 0.977224

제주, 전남 상관계수 0.911849

제주, 경남 상관계수 0.870597

— 부산 — 제주 — 전남 — 경남

를 함께 넣었다. 먼저 상관계수가 가장 낮은 지역은 경남으로 0.870597이고 그 다음은 전남으로 0.911849다. 마지막으로 상관계수가 가장 높은 지역은 부산으로 0.977224로 꽤 높다.

부산과 제주의 그래프만 따로 잘 보면 두 개의 곡선이 그리 다르지 않은 걸 알 수 있다. 그렇다. 제주의 투자는 부산이 올라가는 걸 보고 투자해야 한다. 제주가 뒤따라 오를 것이다. 물론 이 상관계수는 반대의 경우도 동일하다. 부산이 떨어진다면 제주도 시차를 두고 떨어진다.

매수우위지수를 파악하면 미래의 매매가격을 알 수 있다

도 단위 분석의 핵심은 바로 매수우위지수를 파악하는 것이다. 매수우위지수만 알면 매매지수와 매매가격증감률을 알 수 있다.

매수우위지수란 집을 팔고자 하는 사람이 많은지 집을 사고자 하는 사람이 많은지를 측정한 지수다. 지수는 0~200 사이에 분포하고, 매수자가 많을수록 200에 가까워지고, 매도자가 많을수록 0에 가까워진다. 매수우위지수는 도 단위 지표이고 시 단위는 KB부동산에서 제공하지 않는다. 그러나 우리가 투자하는 시 단위는 보통 도에서 인구수 1~3위 이내인 지역일 것이므로 도 단위의 흐름만 알아도 충분히 유추가 가능하다. 먼저 미시적으로 접근하여 매수우위지수와 주간 매매가격증감률의 관계를 살펴보고 그다음 거시적인 접근으로 매수우위지수와 월간 매매지수를 살펴보도록 하겠다. 전자는 주간 단위의 매매가격향방을 파악할 때 사용하고 후자는 월간·연간 단위의 매매가격향방을 파악할 때 사용한다.

🔘 부동산 필수 자료 확인하는 법

매매가격지수와 매매가격증감률

매매가격지수(줄여서 '매매지수')는 시세 조사 가능한 전국의 약 6만 2000개 아파트 단지의 면적(평형)별 가격을 조사해, 2022년 1월 가격을 100으로 기준 삼아 지수화시켜 놓은 것으로 KB부동산의 주간시계열자료 3번 탭에 있다. 매매가격증감률은 주간시계열 자료 1번 탭에 있으며 매주의 가격증감률을 나타낸다.

🔢 주요 데이터 산출 공식

매매가격증감률(변동률)

매매지수를 사용해 특정 기간 동안의 매매가격증감률을 직접 구할 수도 있다. 증감률(변동률)을 계산하는 방법은 다음과 같다. 예를 들어 서울 아파트매매지수가 2019년 12월 20일 대비 2020년 10월 5일에 얼마나 변동했을지를 구하려고 한다.

2019년 12월 30일 서울 아파트매매지수는 76.1, 2020년 10월 5일 서울 아파트매매지수는 83.1이었다.

변동률(%) = (2020년 10월 5일 지수) / (2019년 12월 30일 지수) – 1
= 83.132 / 76.087 -1= 9.3%

매수우위지수와 매매가격증감률은 동일하게 움직인다

동일한 시계열 기간을 가지고 만든 서울의 매수우위지수와 매매가격증감률 그래프다. 매수우위지수가 약간 더 빨리 움직이는 것이 보인다. 이건 생각해 보면 사실 당연한 것이다. 매수우위지수가 높으면 매수자가 많다는 뜻도 되기 때문에 추후 거래가 일어날 확률이 높다. 이렇게 많아진 매수자들로 인해 거래가 지수로 나타나는 데까지 걸리는 물리적인 시차가 존재하고 그게 위 그래프에서 볼 수 있는 움직임의 차이다.

결론적으로 매수우위지수가 높아지면 매매가격증감률도 높아지고 반대로 매수우위지수가 낮아지면 매매가격증감률도 낮아진다. 뒤에서 다시 자세하게 설명하겠지만 매수우위지수를 기준으로 약 60보다 높으면 매매가격이 증가하고 낮으면 매매가격이 감소한다. 그래서 내가 투자를 원하는 도 단위의 매수우

서울 매수우위지수와 매매가격증감률

위지수가 60선 위에서 유지될지, 아니면 60선 밑에서 올라오지 못할지를 파악하는 것도 중요하다.

다만 이때는 평균적인 가격의 아파트를 기준으로 생각해야 한다. 상위 입지에 있는 아파트들은 먼저 매수되기 때문에 매수우위지수가 낮더라도 매매가격 증감률이 높아진다. 이 부분은 앞으로 잭파시 톱다운 투자법 2~3단계에 거쳐서 꾸준하게 언급이 되는 사항이라 당장은 이해가 가지 않는다면 넘어가도 좋다.

매수우위지수는 매매지수에 선행한다

이번에는 조금 더 거시적으로 매수우위지수와 월간 매매지수를 살펴보도록 하겠다.

🖩 주요 데이터 산출 공식

매수우위지수

매수우위지수는 매수자와 매도자 동향을 살펴볼 수 있는 자료이고 표본 중개업소를 대상으로 매수자 많음, 비슷함, 매도자 많음 3개 중 택 1을 조사해 수치를 취합한다. 그 수치에서 비슷하다고 적어낸 건 제외하고 매수자 많음 비중과 매도자 많음을 적어낸 것을 아래처럼 공식화하여 매수우위지수를 구한다. 지수 범위는 0~200이며 지수가 100을 초과할수록 '매수자가 많다'를, 100 미만일 경우 '매도자가 많다'를 의미한다.

매수우위지수 = 100 + '매수자 많음' 비중 - '매도자 많음' 비중

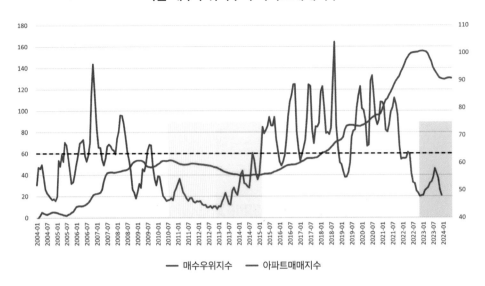

서울 매수우위지수와 아파트매매지수

■ 매수우위지수 ■ 아파트매매지수

　　앞에서 설명한 매수우위지수와 매매지수증감률은 2020년 1월부터 2023년 12월까지 약 4년의 데이터이고, 매수우위지수와 매매지수는 2000년 1월부터 2023년 12월까지 약 24년의 장기 데이터다. 물론 광역시 그리고 지방으로 올수록 KB부동산에서 데이터를 제공하는 시계열 기간이 짧아지긴 한다.

　　수도권, 광역시, 지방 8도에서 지역을 하나씩 골라 매수우위지수와 아파트 매매지수와의 관계를 살펴보도록 하겠다. 수도권에서는 서울, 광역시에서는 대전, 지방 8도에서는 강원으로 그래프를 만들고 내가 어떤 기준을 가지고 분석을 하는지 알려주겠다. 책 지면의 한계로 인해 전국을 분석하기에는 무리가 있어 다 싣지 못했으니 배운 내용을 토대로 꼭 지역들에도 적용해 보길 바란다.

　　위 그래프는 서울의 매수우위지수와 아파트매매지수를 함께 넣은 것이다. 중요한 포인트는 매수우위지수가 약 60선(검은색 점선) 위에 있다면 장기적으로 시세는 상승하고, 반대로 약 60선 밑에 있다면 시세는 하락한다. 또 중요한 것은 매수우위지수가 매매지수에 선행한다는 점이다. 매수우위지수가 저점에서 올라오고 난 뒤에 매매지수도 반등에 성공해서 상승하고, 매매지수가 고점에서 꺾이기 전에 매수우위지수가 먼저 60선 밑으로 떨어지는 것이 보인다.

그래프에서 현재 시점을 회색으로 표시했고 과거의 두 지점을 별도로 노란색과 초록색으로 표시했다. 2023년 12월 기준 매수우위지수는 20.7이다. 만약 앞으로 서울 매수우위지수가 초록색 구간처럼 저점에서 상승해서 60선을 뚫고 그 위에서 움직인다면 매매지수도 상승할 것이다. 하지만 노란색 구간처럼 더 내려가거나 혹은 이 정도 수치에서 크게 움직이지 않는다면 앞으로 매매지수는 하락할 것이다. 즉, 매수우위지수의 추이를 통해서 미래의 매매가격을 알 수 있다.

부동산 거래에서는 매수우위지수 즉, 매도자보다 매수자가 더 중요하다. 물건을 사주는 사람이 아무도 없다면 거래량 자체가 생길 수 없기 때문이다. 물론 매도자들도 아무도 팔 생각을 하지 않고 자산을 지키고 있다면 금액이 지속적으로 올라갈 것이나 이런 건 상급지 고가 단지들에 한정되어 있다. 보통은 시세차익이 생기면 매도자들이 생겨날 수밖에 없는 구조다.

왜 상급지 고가 단지들에는 매도자가 많이 나오지 않을까? 이미 사회적으로 이 물건 자체가 필요한 사람들이고 그런 사람들이 만족하면서 갈아탈 수 있는 상위 입지는 많이 생겨날 수 없다. 오랜 기간 만들어진 입지는 그렇게 쉽게 변하지 않기 때문이다.

매수우위지수가 약 60선에 다다르면 매매지수의 변곡점이 생기는데 매매지수가 변화한다는 건 138쪽 표처럼 구분별로 1만 개 이상의 표본이 움직였다는 뜻이다. 이때는 중·하위 단지들까지 움직이기 때문에 구축에 투자한다면 매수 타이밍이 맞을 수 있다. 하지만 상위 단지들은 투자, 실거주 수요가 많기 때

KB부동산 표본 수

구분	표본 수	아파트	단독	연립
전국	67,720	62,220	3,000	2,500
서울	13,250	11,700	710	840
인천·경기	19,758	18,350	638	770
5개 광역시	16,502	15,070	922	510
기타 지방	18,210	17,100	730	380

문에 표본 수 전체가 움직이기 전에 먼저 움직인다. 이미 앞에서 했던 설명이지만 중요한 부분이라 다시 한 번 언급한다.

이런 이유로 항상 상위 단지들이 먼저 움직인 것을 보고 우리는 '이번에도 한발 늦었네'라고 생각하게 되는 것이다. 상위 단지들을 매수하는 포인트는 알려준 대로 매수우위지수가 60선에 닿을 때까지 기다려야 하는 것이 아니라 가장 저점에서 반등을 시작했다면 그때 들어가야 한다. 여기가 바로 가장 빠른 선진입자 시점이며 과거 데이터로 볼 때 8~15 사이이다. 지속적인 하락장에서 매수한다는 것은 분명 리스크가 있지만 원래 자본주의에서는 리스크가 크면 이익도 크다. 리스크가 작으면 이익도 작을 수밖에 없는 구조다.

광역시 중에서 대전을 한번 보자. 서울의 경우를 보고 왔으니 이제 그래프가 눈에 더 잘 들어올 것이다. 매수우위지수가 60선 위에서 움직이면 그 기간에 매매지수는 상승한다. 반대로 60선 밑에 있으면 보합이거나 하락이다. 이 그래프에서는 검은색 세로 점선을 매수우위지수와 매매지수에 표시했다. 잘 보면 매수우위지수의 저점과 고점에서의 변곡점이 있던 다음 뒤따라서 시차를 두

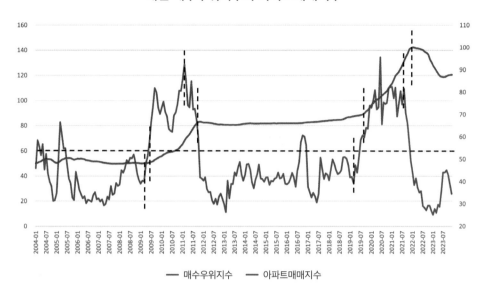

대전 매수우위지수와 아파트매매지수

고 매매지수가 움직였다. 더 정확하게 표시해 보면 2009년 3월 → 2009년 6월, 2011년 2월 → 2011년 11월, 2019년 3월 → 2019년 9월, 2021년 8월 → 2022년 2월로 약 반년 정도의 시차가 존재한다.

투자는 이런 변곡점을 이용하는 것이다. 매매지수만을 봤을 때는 앞으로 시장이 어떻게 진행될지 알 수 없기 때문에 부동산 매매지수에 선행하는 지표들을 공부하려는 것이다. 그래야 투자가 좀 더 명확해진다. 만약 이러한 선행지표를 한두 개가 아닌 열 개 이상 가지고 있고, 그 지표들이 거의 다 상승을 가리키고 있다면 어떨까? 그냥 감이 아니라 수학적으로 충분히 근거있는 투자를 할 수 있게 된다. 난 여러분들이

강원 매수우위지수와 아파트매매지수

— 매수우위지수   — 아파트매매지수

　이런 지표들을 열심히 공부하고 익혀서 실전에서 꼭 써먹을 수 있길 바란다.

　마지막으로 지방 8도 중 강원이다. 참고로 수도권, 광역시가 아닌 지방 8도의 경우 부동산 데이터로 매매지수를 판단하기에 좀 더 심플하다. 지방의 경우 공급량에 따라 부동산 데이터가 변화하기 때문에 기본적으로 공급량과 관련된 지표들을 우선시 보면 된다. 대표적으로 공급물량과 미분양 데이터인데 이런 부분들은 제 3장 시 단위 부동산 흐름에서 자세하게 설명할 예정이다.

　검은색 가로 점선이 매수우위지수의 60선 기준을 나타낸다. 매수우위지수가 그 위에 있다면 매매지수는 상승하고, 그 아래에 있다면 매매지수는 하락하는 것을 볼 수 있다. 그리고 검정색 세로 점선을 보면 약 1년의 시차를 두고 매수우위지수와 매매지수의 고점, 저점의 변곡점이 움직인다. 매수우위지수가 매매지수보다 정확하게 약 1년 선행하여 움직이는 것을 볼 수 있다.

그럼 여기서 앞으로의 방향을 추측할 수 있다. 2023년 12월 현재 매수우위지수가 37.9인데 앞으로 이 지수가 60선 위로 올라간다면 매매지수도 바닥을 찍고 상승을 지속할 것이다. 하지만 지금처럼 60선 아래로 떨어진다면 매매지수 또한 반등하지 못하고 지속적으로 하락할 것이다.

📈 데이터 분석 예제

지방 8도의 매수우위지수와 아파트매매지수를 몇 개 더 보여줄 테니 지금까지 배운 대로 눈으로 두 개의 그래프를 읽어보면서 분석해 보라. 사실 지방의 경우 매수우위지수의 변곡점만 잘 활용해도 앞으로 흐름 예측이 충분히 가능하다.

경남 매수우위지수와 아파트매매지수

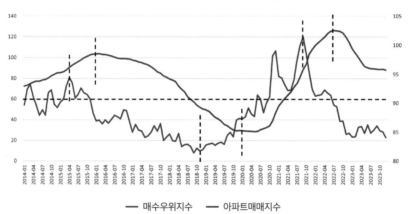

충남 매수우위지수와 아파트매매지수

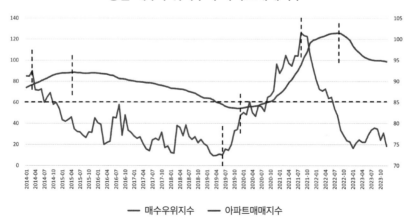

💲 잭파시의 투자 인사이트

1. 매수우위지수가 고점에서 찍고 내려오면서 60선을 뚫고 내려가면 매도 타이밍
   이다. 하지만 이 시기에는 이미 시장의 분위기가 매도자 우위 시장에서 매수자
   우위 시장으로 반전이 되었기에 내놓았다고 해서 팔리지 않을 수도 있다. 그러니
   매수우위지수가 가장 고점이지만 매매지수는 어깨쯤 될 때(지역마다 다르지만
   약 반년에서 1년 정도 선행한다고 볼 때) 매도하는 것이 더 수월할 수 있다.

2. 매수우위지수가 지속적으로 떨어지고 있는 칼날에는 고점 대비 많이 내려온 것
   같아도 투자하지 않는다. 지방의 경우 여러 가지 매수 시그널이 존재하는데 미
   분양 수치가 고점에서 떨어지는 것과 외지인거래량이 바닥에서 크게 치고 올라
   가는 것 등이다. 이런 수치들을 함께 보면서 매수우위지수가 하락하는 것을 지
   켜보아야 한다.

3. 지역마다 다르지만 보통 0~20 사이에서 바닥을 찍고 반등한다. 매수우위지수
   가 한 자리까지 내려가는 경우는 거의 없다. 당연히 이 수치가 낮을수록 더 싸게
   매수할 수 있으니 매수자 입장에서는 나쁠 것이 없다. 그 시점이 되면 매도자 입
   장에서는 공포감이 크기 때문에 패닉셀(가격 하락에 대한 공포심에 투자자들이
   가지고 있던 물건을 매도하는 현상)이 오는데 이런 물건이 돈이 된다.

4. 상위 입지라면 바닥을 찍고 반등하면 매수해야 하고 중/하위입지라면 좀 더 지
   켜보다가 반등 시점에서 약 반년~1년 뒤(해당 지역의 이전 연관성에 따라 시차
   가 다름)에 매수하면 가장 저점에 매수할 수 있게 된다. 당연히 이런 선택을 내리
   기 위해서는 매수우위지수가 지속적으로 우상향을 그리며 올라가는지가 중요하
   다. 그렇지 않으면 장기상승이 어렵다.

전세매물증감 데이터는
부동산 투자의 핵심이다

지금까지 도 단위 매수우위지수가 매매지수에 약 6개월에서 1년 정도 선행하면서 움직이는 것을 확인했다. 좀 더 자세하게 데이터를 분석해 보면 매수우위지수와 매매가격증감률의 관계도 아주 미세하게 매수우위지수가 앞서는 걸 알 수 있다.

전세가격은 어떻게 형성될까

이번에는 매매가격이 아니라 전세가격이 만들어지는 메커니즘을 확인해 보려고 한다. 전세의 경우 매물의 증감이 가격에 영향을 미친다. 보통 전세만기일 3~4개월 전에 임대인이 전세를 내놓는데, 시중에 전세물량이 많으면 경쟁적으로 가격을 내린다.

즉, 전세매물이 많아지면 자연스럽게 공급과 수요의 법칙에 따라 전세가격은 내려간다. 반대의 경우도 동일하다. 전세매물이 적으면 가격을 내리지 않고 오히려 올려서 시장에 내놓으므로 전세가격은 올라간다. 그래서 전세매물증감 → 전세수급지수 →전세가격증감률의 순서로 진행된다.

그런데 좀 이상하지 않은가? 왜 매매지수를 따질 때는 매매매물증감을 먼저 확인해 보지 않았는지 말이다. 그 이유는 매매와 전세의 성격이 달라서 그렇다. 전세는 무조건 정해진 데드라인에 맞춰서 경쟁적으로 임차인을 구해야 하지만 매매는 굳이 그렇게 하지 않아도 괜찮기 때문이다.

물론 매매로 나온 물건들 중에는 무조건 처분을 원하는 매도인도 있겠지만 꼭 처분하지 않고 시장의 상황에 따라 가격을 올리는 경우도 생긴다. 매매물량에는 기축이 아닌 신축 분양권의 숫자도 포함되는데 이것 또한 데드라인이 정해진 것은 아니다. 그래서 매매매물이 많아지면 공급과 수요에 따라 매매가격이 하락할 수도 있고 아니면 아예 상관없이 매매매물이 많아지더라도 매매가격이 오를 수 있다.

그렇기 때문에 매매가격을 유추할 때 매매매물증감을 선행지표로 두고 판단한 게 아니라 매수우위지수를 놓고 판단한 것이다. 하지만 전세의 경우는 전세매물증감에 따라 전세수급지수가 변하고 전세가격증감률이 변화한다. 여기에서 우리가 부동산 가격을 파악할 때 참고할 수 있는 선행지표가 나온다. 재건축이 활발했던 경기도 과천시 같은 곳을 제외하고 보통의 지역은 전세지수와 매매지수의 상관계수가 거의 1에 가깝다. 전세가격이 변화하는 만큼 매매가격도 변화한다는 것이다.

결과적으로 전세매물증감 → 전세수급지수 → 전세가격증감률까지 살피고 전세가격증감률은 매매가격증감률과 유사하니 전세매물증감 지표로 매매와 전세가격 추이를 살필 수 있는 것이다. 개인적으로 전세매물증감 데이터는 부동산 분석의 핵심 중의 핵심이라고 생각한다.

전세매물물량을 알면 전세가격을 예측할 수 있다

2020년 6월 1일부터 2024년 1월 1일까지의 서울 아파트 전세매물증감추이 그래프다. 단순히 그래프가 상승하고 하락하는 것에 대한 의미를 파악해도 되긴 하지만 더 정확하게 분석하려면 검은색 점선처럼 평균값을 넣어서 비교해 보아야 한다. 만약 전세매물이 평균치보다 많이 없는 상황이라면 전세가격이 상승할 것이고, 반대로 평균치보다 많다면 전세가격이 떨어질 것이다.

그래프를 자세히 보면서 해석해 보자. 2020년 7월 31일 임대차3법이 시행되고 약 세 달 만에 전세매물이 약 4만 개에서 8300개까지 줄었다. 당연히 이 기간에 전세가격이 폭등했다는 사실도 이 그래프만 보고 판단할 수 있다. 그 이후 전세매물이 2022년 초반엔 평균치 정도까지 회복되었고 2022년 말에는 약 5만 4000개로 급등했다.

서울 아파트 전세매물증감 추이

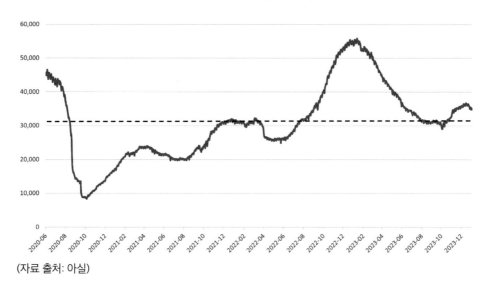

(자료 출처: 아실)

2021년 8월 기준금리가 0.5%에서 0.75%로 상승하기 시작하더니 2022년 11월에 3.5%까지 급등하면서 당시에는 기준금리 인상의 끝이 어디일지 예측할 수 없는 공포감에 휩싸여 있을 때였다. 급격하게 올라가는 전세대출금리로 인해 은행이자보다 더 싸게 거주할 수 있는 월세를 찾는 사람들이 늘어났고 때마침 대규모의 전세사기 피해자가 속출한 빌라왕 사태가 일어나며 전세 기피 현상까지 벌어졌다.

서울의 월평균 전세거래량은 약 9400건인데 2022년 11월에는 약 8000건밖에 거래되지 않았고 반대로 월평균 월세거래량은 약 4000건이었으나 동월 약 6300건의 거래가 있었다. 2022년 12월부터는 전세매물이 다시 크게 줄어들고 있다. 게다가 정부는 2023년 1월부터 기준금리를 3.5%로 올려 은행권 가산금리에 대해 압박을 시작했다. 그로 인해 부동산 경기가 꺾이자 경착륙을 막기 위해 특례보금자리론을 통해 시중에 40조 원을 공급해 집값을 반등시키며 시

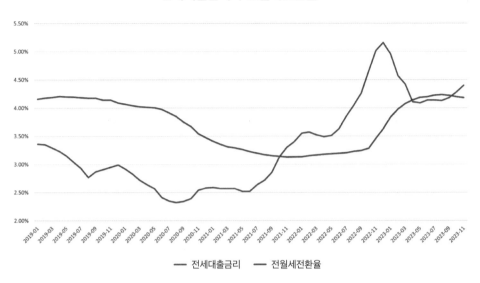

전세대출금리와 전월세전환율

장의 공포심을 해소해 주기도 했다.

　전세매물증감 추이에 대해 더 설명하자면 전세대출금리 그래프는 전세매물증감 추이 그래프와 닮아 있다. 그만큼 전세대출금리가 높으면 전세매물이 잘 빠지지 않는다. 임차인 입장에서 생각해 보면 전월세전환율보다 전세대출금리가 더 높다면 굳이 높은 금리를 부담하면서까지 전세로 살기보다 월세를 내며 사는 것이 더 합리적이기 때문이다. 과거에는 월세 → 전세 → 매매라는 공식적인 테크트리가 있었다면 지금은 삶의 방식에 따라 자유롭게 선택하는 경향이 있다.

전세매물증감 지표는 전세가격증감률에 선행한다

　이제 전세매물증감 추이가 어떻게 전세수급지수와 전세가격증감률에 영향

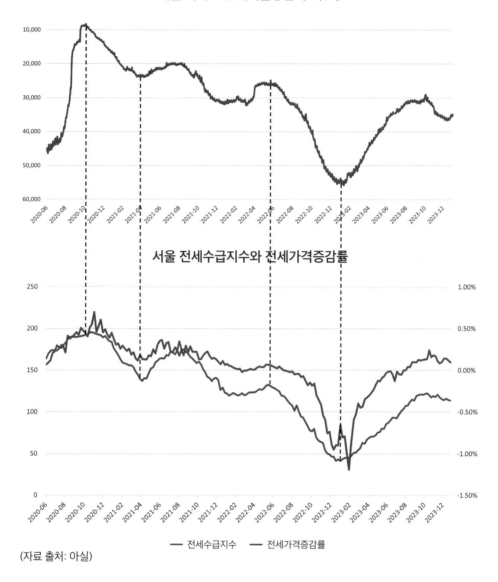

서울 아파트 전세매물증감 추이(역)

서울 전세수급지수와 전세가격증감률

전세수급지수 ── 전세가격증감률

(자료 출처: 아실)

을 미치는지 보자. 위의 전세매물증감 추이는 147쪽에 있는 그래프에서 왼쪽 축의 값을 거꾸로 해서 만든 그래프다. 축을 반대로 했으니 이제 매물이 줄어드는 것이 상승이고 매물이 증가하는 것이 하락이 된다. 이렇게 변형해서 보여주는 이유는 이 그래프가 전세수급지수와 거의 유사하기 때문이다.

잘 생각해 보면 전세매물이라는 것 자체가 바로 공급이다. 전세매물이 줄어드는 것은 공급이 줄어드는 것으로 공급부족 비중이 높아지는 것이다. 공급부족 비중이 높아지면 전세수급지수는 올라간다. 이제 그래프를 다시 읽어보자. 2020년 6월 1일부터 2020년 10월 1일까지 전세매물이 급격하게 줄어들면서 전세수급지수는 높아졌다.

업앤다운은 있지만 추세적으로는 2020년 10월 1일부터 2023년 1월 1일까지 전세매물은 증가했고 전세수급지수는 낮아졌다. 전세매물이 늘어나면서 시장에 전세공급이 충분해진 것이다. 2023년 1월부터 2023년 10월까지는 전세매물이 줄어들고 있는 시기로 전세수급지수도 2023년 1월 2일 41.1로 가장 저점을 찍고 2023년 10월 9일 122.5로 크게 올라왔다. 그 시점 이후에는 다시 매물이 약간 늘어나면서 전세수급지수가 낮아지고 있다.

　이 부분이 매우 중요하다. 전세매물증감 추이 그래프에서 아래 전세수급지수와 전세가격증감률 그래프로 동일 시점에 선을 그어봤다. 전세매물증감추이와 전세수급지수의 고점 및 저점의 변곡점의 시차가 크게 다르지 않고 거의 동일하게 움직이는 것을 볼 수 있다. 그러나 전세가격증감률의 변곡점은 다소 시차가 있다. 바로 여기에서 부동산 가격에 선행하는 지표를 발견할 수 있다.

　몇 구간만 체크해 보자. 2020년 10월 5일은 전세매물이 8313개로 가장 적었을 때다. 그럼 당연히 전세가격증감률은 상승했을 것이고 다시 전세매물이 증가하면서 전세가격증감률이 고점에서 빠져야 한다. 그 고점이 2020년 11월 2일로 최고 상승률 0.7%였다. 약 한 달 정도의 시점 차이가 나는 것을 볼 수 있다.

　또 전세매물이 가장 많았던 시점은 2023년 1월 12일 5만 5882개이고 전세가격증감률이 가장 낮았던 시점은 2023년 1월 30일 −1.19%이기 때문에 여기서의 시점 차이는 20일 정도였다. 이런 부분들을 종합해 본다면 전세매물증감지표는 전세가격증감률에 보름에서 한 달 정도 선행하고 있음을 알 수 있다.

　다만 전세매물증감추이로 도 단위를 분석할 때 인구수가 큰 도시들은 연관성이 높으나 인구수가 작은 도시들은 상대적으로 연관성이 낮게 나타난다. 전세가격의 바운더리 자체가 좁아 변화하는 폭이 그렇게 크거나 빠르지 않기 때문이다. 이것도 직접 다양한 지역의 그래프를 만들어보면서 스스로 판단해 보길 바란다.

📈 데이터 분석 예제

부산 지역의 데이터도 동일하게 살펴보자. 부산 또한 전세매물이 가장 적었을
때인 2020년 10월 1일경 전세수급지수는 고점 부근이지만 전세가격증감률
의 고점은 11월 30일로 꽤 차이가 난다.

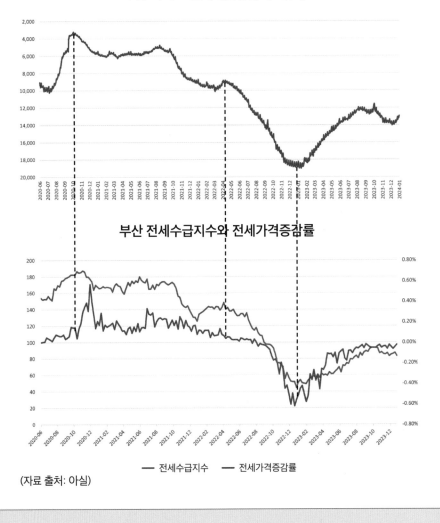

부산 아파트 전세매물증감 추이(억)

부산 전세수급지수와 전세가격증감률

전세수급지수   전세가격증감률

(자료 출처: 아실)

🏠 잭파시의 투자 인사이트

1. 도별 전세매물증감 그래프를 만들고 그 수치들의 평균값을 내어서 선을 그어본다. 평균 전세매물량 수치보다 현재 부족한 상태라면 공급/수요의 법칙에 따라 전세가격이 증가한다. 반대도 동일하게 평균 전세매물량 수치보다 매물량이 너무 많다면 전세가격이 하락한다.

2. 전세매물증감 그래프의 축을 반대로 하면 전세수급지수 그래프와 거의 동일하게 움직이며 전세가격증감률에 약 보름에서 한 달 정도 선행하기에 선행지표로 사용할 수 있다. 쉽게 말하면 전세매물이 많고 적어짐에 따라 시차를 두고 가격에 영향을 미친다는 것이다.

3. 현재 전세매물증감의 추이가 감소하고 있다면 앞으로 전세가격과 매매가격을 긍정적으로 판단해도 되지만 만약 전세매물증감의 추이가 높아지고 있다면 시장을 보수적으로 보고 판단해야 한다. 이에 기존에 있었던 기축 전세물량에 새로운 전세물량인 일반분양분 입주물량이 더해진다면 순식간에 전세가격이 떨어질 만한 요소가 생기는 것이다.

4. 전세수급지수는 전세매물에 대한 수요 대비 공급량 지수다. 전세수급지수가 100을 초과할수록 '공급부족' 비중이 높은 것이고 100보다 작으면 '공급충분' 비중이 높다. 전세 재계약을 할 때, 혹은 매수하고 전세입자를 구해 잔금을 치려고 할 때 이 지수가 100보다 밑이라면 조심해야 한다.

5. 전세수급지수가 100보다 아래에 있는 공급충분 상태라면 현재의 임차인과 재계약하는 것이 유리하기에 철저하게 을의 입장에서 계약에 나서야 한다. 그리고 만약 이 시기에 갭투자를 한다면 매수한 뒤 신규 전세입자를 구해서 잔금을 치르는 방식은 전세입자를 구하지 못할 리스크가 있기에 기존 전세계약을 승계받

는 형식이 유리하다.

6. 전세수급지수가 100보다 아래에 위치하고 있으면 전세가격증감률도 마이너스가 된다. 투자해 보면 느끼겠지만 사실 매매가격의 증감보다 더 신경을 써야 하는 것이 전세가격의 증감이다. 당장 팔 것이 아니라면 매매가격이 떨어지는 것은 추후에 회복할 수 있는 여력이 있지만 전세가격이 떨어지는 것은 역전세의 여파로 현금을 마련해서 내줘야 할 상황이 벌어질 수도 있다. 그러니 전세수급지수가 100보다 위에 있는지를 항상 체크하자.

매매가격증감률의 보합을 이용해 투자 타이밍 잡기

고등학교 물리 시간에 배웠던 위치(변위)-시간 그래프를 기억하는가? 어떤 물체가 처음에는 원점에서부터 양의 방향(156쪽의 그래프상으로는 위쪽)으로 멀어지다가 위치가 0인 지점으로 돌아오고, 그 뒤에는 음의 방향(156쪽의 그래프상으로는 아래쪽)으로 멀어지다가 다시 위치가 0인 지점으로 돌아오는 운동을 반복한다. 부동산의 매매가격도 이와 비슷한 흐름을 보인다.

에너지를 모두 써야 방향 전환이 된다

내가 2012년에 부동산 투자를 시작한 이후로 현재까지 약 200권의 부동산 책을 읽었다. 그중에서 가장 많이 본 문장은 이런 것이다. '부동산은 거대한 항공모함 같아서 한 번 방향을 잡으면 다시 방향을 바꾸기까지 큰 힘이 든다.' 그

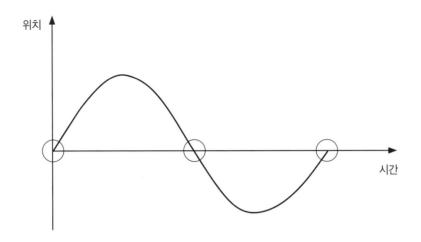

도 그럴 것이 서울을 기준으로 2023년 아파트 매매거래액이 약 35조 원이고 전세의 경우 약 77조 원이다. 이 돈의 힘의 방향을 바꾸기 위해서는 짧은 시간으론 부족하다. 충분히 상승에너지와 하락에너지가 다 쓰인 다음에야 방향을 변경할 수 있는 것이다.

위치-시간의 운동에너지 그래프에서도 힌트를 얻을 수 있다. 양의 방향으로 움직이다가 음의 방향으로 들어가기 위해서는 반드시 위치가 0인 상태를 통과해야만 한다는 것이다. 이건 반대의 경우도 마찬가지다. 음의 방향으로 움직이다가 양의 방향으로 들어가기 위해서도 위치가 0인 상태를 통과해야만 한다.

이 규칙을 이해한 뒤 대구와 경북 아파트 주간 매매가격증감률을 보겠다. 참고로 이 책의 장마다 모든 지역을 설명하기에는 지면에 한계가 있으므로 특정 지역을 골라서 설명하겠다. 나머지 지역들도 동일하게 적용시킬 수 있는지 꼭 추가로 공부해 보기 바란다. 그리고 주간 매매가격증감률 그래프에서 증감률이 0%로 보합인 시점에서는 검은색 원으로 마크를 별도로 추가했다.

만약 매매가격증감률이 마이너스인 상태에서 보합으로 들어온 시점에 매

대구 아파트 매매가격증감률

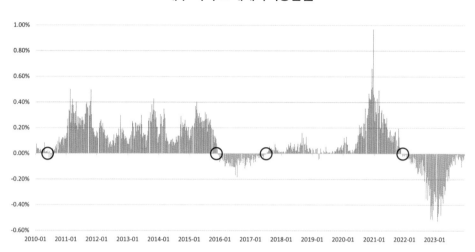

경북 아파트 매매가격증감률

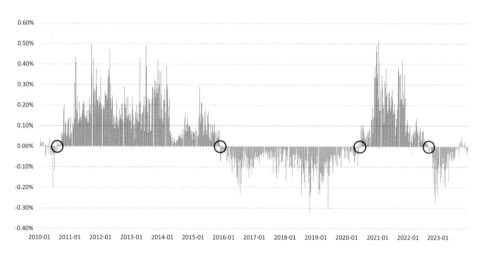

수를 했다면 이후 2년 이상 플러스 기간이 지속되었다는 것을 볼 수 있다. 여기서 2년이라는 기간은 투자자에게 가장 중요하다. 2년은 기본세율을 적용받을 수 있는 보유 기간이기 때문이다. 2023년 12월 기준 주택의 단기 양도세율은 1년 미만 보유 시 70%(지방소득세까지 77%), 1년 이상 2년 미만 보유 시 60%(지방소득세까지 66%)로 어마어마하게 높기 때문에 무조건 2년은 보유해야 한다.

2년 보유라는 제약으로 인해 지방 7도의 시세는 공급량 데이터보다 2년 빠르게 움직인다. 엑시트를 할 시점의 공급량이 매수 여부를 결정하기 때문이다. 지방 7도의 경우 대장주가 아닌 이상 유동성의 힘이 크게 필요하진 않는데 이미 절대가격 자체가 싸기 때문이다. 그래서 지방 7도의 경우 유동성으로 분석하는 것보다 공급량으로 분석하는 것이 더 상관성이 높다. 우리가 앞으로 최소 3년간의 공급물량은 파악할 수 있기에 지방의 경우 투자 포인트를 파악하기 너무 쉽다. 이에 대한 자세한 내용은 3단계인 시 단위 부동산 흐름 중 '공급량'에서 자세히 설명할 것이다.

매매가격증감률이 플러스인 상태에서 보합으로 들어온 시점에 매도했다면 이 또한 괜찮은 타이밍이 된다. 앞의 위치-시간 그래프와 다른 점은 부동산은 상승 기간이 하락 기간보다 더 길다는 것에 있다. 하락 구간에 들어왔다면 여기에서 매수하지 않고 조금 기다렸다가 보합에서 매수하면 이 또한 실패하지 않는 투자가 된다.

물론 매매가격증감률이 보합권인 0에서 지속된다면 이와 같은 판단을 내리기가 쉽지 않겠지만 만약 그렇다고 해도 0은 손해를 보지 않는 숫자다. 투자의 세계에서는 잃지 않는 것만으로도 충분한 성과라고 생각한다.

보합권으로 변경되는 시점에 투자 타이밍을 잡아라

2023년 12월 현재까지는 공급량보다 금리를 비롯한 거시적 매크로 지표가 더 영향을 미치고 있다. 이에 특별하게 다른 지역이 없이 대개는 서울과 커플링이 되어 움직이는 경향이 지속되므로 아파트 매매가격증감률 엑셀표를 최대한 축소해 전국의 흐름을 한꺼번에 보는 것도 도움이 될 것이다. 엑셀 화면의 축소 비율을 25~40%로 하면 160쪽 이미지처럼 한눈에 보기 좋게 들어온다. 혹시나 도움이 된다고 너무 자주는 보지 않기를 바란다. 눈이 나빠질 수 있는 화면이기 때문이다.

아파트 매매가격증감률 자료에는 지역별로 0.2%, 0.4%, 0.6%, 0.8% 이상 상승·하락한 경우 구간별로 빨강, 파랑색 농도가 점점 짙어지도록 음영 처리가 되어 있다. 160쪽 위의 이미지를 보면 2021년 11월부터 빨간색 부분이 점차 하얀색 보합으로 변경되고 있다. 즉, 상승에너지가 다 고갈될 정도로 오랜 기간 상승이 이어진 후 증감률이 하얀색 보합권으로 변경이 된다면 그때는 하락을 준비해서 매도해야 한다.

160쪽 아래 이미지는 반대의 케이스다. 지방 7도 주간 매매가격증감률인데 보통 2015년부터 2019년까지 긴 하락기가 있었다. 위치-시간의 운동에너지 그래프에서 음의 방향에서 0을 거치고 양의 방향으로 가는 것처럼 하락기가 오래 이어진 후 증감률이 하얀색 보합권으로 변경된다면 매수를 준비해야 한다. 좀 더 시각적으로 표현하자면 파란색 농도가 옅어지면서 하얀색으로 변경되어 간다면 이제 빨강이 올 시기가 도래한 것이다.

또한 이건 가능성에 대한 부분인데 만약 이전 단계인 상승-하락 시간이 오래되고 그 폭이 클수록 다음 단계인 하락-상승의 시간과 폭이 클 수밖에 없다.

ⓝ 부동산 필수 자료 확인하는 법

매매가격증감률

KB부동산 주간시계열 자료 1번 탭 아파트에 나와 있는 도 단위(시 단위도 제공)의 변곡점을 파악한다. 주간 매매가격증감률이 상승에서 하락, 하락에서 상승이 되려면 결국 상승률이 0인 구간을 거쳐야 한다. 이 구간을 포인트로 삼아서 매수 매도 타이밍을 잡는다.

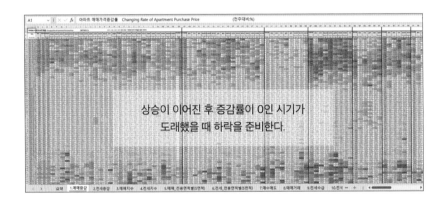

상승이 이어진 후 증감률이 0인 시기가
도래했을 때 하락을 준비한다.

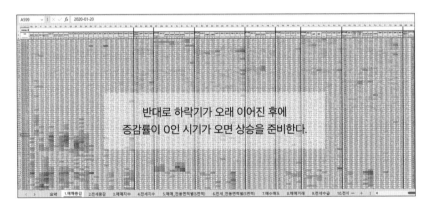

반대로 하락기가 오래 이어진 후에
증감률이 0인 시기가 오면 상승을 준비한다.

이에 상승장 중반이나 후반에 올라타는 게 가장 위험한 결과로 나타날 수 있다. 주식처럼 당일 매수 매도가 아니라 부동산은 최소 2년이라는 기본세율을 보내야 하기 때문에 상승장 중후반에 매수하면 매도 시기에는 하락장이 가속화되고 있을 가능성이 높기 때문이다.

💲 잭파시의 투자 인사이트

1. 도별 주간 아파트매매가격증감률 그래프는 위치-시간의 운동에너지 그래프처럼 움직인다. 상승 → 상승률 증가 → 상승률 감소 → 보합 → 하락 → 하락률 증가 → 하락률 감소 → 보합의 사이클을 반복한다. 우리가 원하는 것은 하락 기간에 투자해서 자산이 줄어드는 게 아니라 상승 기간에 투자해서 자산이 증가하는 것이다.

2. 만약 보합으로 들어오기 전에 상승 기간이 굉장히 길었다면 그만큼 하락의 폭도 클 것이고, 반대로 하락 기간이 길었다면 상승의 폭도 클 것이다. 그러니 이미 상승으로 변경되어 크게 올랐다면 투자가치는 그만큼 사라졌다고 봐야 할 것이고 차라리 현재 하락이 가속화되는 곳을 찾는 것이 더 옳은 판단이다.

3. 과거에는 비교적 정보를 쉽게 얻을 수 없었기에 조금 늦은 타이밍에 투자를 해도 충분히 따라갈 수 있었다. 하지만 지금은 각종 부동산 프롭테크 어플, 카페, 블로그, 유튜브 등을 통해서 실시간으로 정보가 공유되기에 투자 타이밍이 매우 빨라졌다. 특히 각 지역의 대장주 같은 경우 지표가 변화하기 전에 선진입자들의 매수가 시작된다.

4. 만약 2, 3급지의 구축에 투자한다면 이번 장에서 설명한 것처럼 하락에서 보합으로 가는 것을 지켜보고 매수해도 무방하지만, 1급지의 신축이나 분양권에 투자한다고 하면 하락률이 크게 감소하는 구간부터 매수해야 한다. 이 증감률은 지역별 1만여 세대의 평균 시세를 계산한 것이므로 모든 급지에 동일하게 적용하여 판단하면 안 된다.

5. 하락세가 점차 줄어들면서 보합으로 가는 구간에 대장주 급들은 이미 상승을 시작했다. 더 자세히 말하면 대장주 급들의 상승으로 인해 하락률이 감소하고 있는

것이다. 따라서 어떤 투자 대상을 목표로 하느냐에 따라 이 지표를 보고 대처하는 방안이 약간씩 다를 수 있다. 대장주 급의 단지에는 자본이 넉넉한 사람들이 주로 투자하는데, 리스크가 큰 반면 발생될 수 있는 수익 또한 크다.

사분면 매매전세차트로
투자 타이밍 잡기

앞에서 갑자기 고등학교 물리 시간에 배웠던 그래프가 등장해 당황했다면, 이번에는 조금 더 쉬운 내용을 통해 알아보자. 바로 중학교 수학 시간에 배웠던 사분면에 부동산 가격을 대입해보는 방법이다.

지금 보고 있는 그래프는 사분면이다. 사분면은 좌표평면이 두 좌표축에 의해 나누어지는 네 부분으로, 네 부분을 각각 제1사분면, 제2사분면, 제3사분면, 제4사분면이라고 한다.

이 사분면에서 X축을 매매지수의 누적값으로 하고 Y축을 전세지수의 누적값으로 하겠다. 만약 (0, 0)에서 시작해서 제1사분면으로 이동한다면 그 투자는 성공한 것이고 반대로 제3사분면으로 가게 된다면 망한 투자가 된다.

대부분의 지역은 전세지수와 매매지수의 상관계수가 높다고 했다. 전세가격이 오르면 매매가격도 오르고 전세가격이 내리면 매매가격이 내리는 방식이

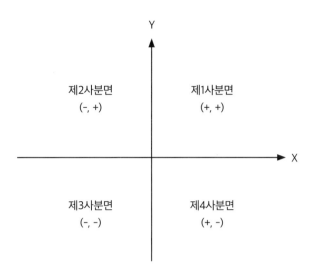

다. 그래서 전세와 매매의 방향성이 다른 제2사분면과 제4사분면은 아주 보기 힘들다. 가끔 매매가는 그대로이나 전세가가 올라가는 경우가 있고, 매매가는 올라가지만 전세가격은 그대로인 경우가 있다. 아주 드물게는 한쪽이 상승하는데 다른 한쪽이 하락하는 경우도 발생하긴 한다. 서브프라임 사태 이후 서울의 매매가격은 하락했지만 반대로 전세가격은 상승했던 상황을 떠올리면 이해가 될 것이다.

만약 앞에서 설명한 '주간 아파트 매매가격증감률의 보합을 이용해 매수 매도 타이밍을 잡는다'는 내용을 100% 이해했다면 굳이 유료로 사분면 매매전세차트까지 볼 필요는 없다. 기존에는 매매증감률로만 설명했다면 사분면 차트는 여기에 전세증감률까지 더한 것뿐이기 때문이다. 내용은 같다. 다만 보이는 방식이 조금 다를 뿐이다.

충북 사분면 매매전세차트

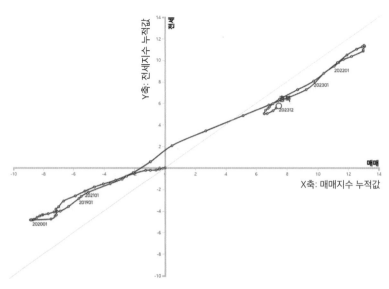

내가 알기로는 이 사분면 매매전세차트를 무료로 제공하는 어플은 없다. 유료로 제공하는 어플은 부동산지인 프리미엄, 손품왕, 아파트차트, 리치고 등이 있는데 여기에서는 손품왕의 자료를 사용하도록 하겠다.

경북 사분면 매매전세차트

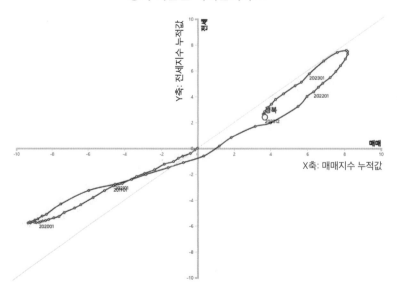

충북과 경북의 사분면 매매전세차트

이 차트는 설정한 기간 시작점이 매매와 전세의 (0, 0)지점이고 가장 마지막에 있는 점이 가장 최근 월의 지표가 된다. 그리고 이 자료는 KB부동산 월간시계열의 매매·전세 증감률을 이용하기 때문에 한 점과 한 점 사이의 기간이 한 달이다. 충북과 경북의 자료를 눈으로 봤을 때 움직임이 크게 다르지 않다는 것을 먼저 확인할 수 있는데 최종 종착지의 누적매매전세증감률로는 경북보다는 충북이 다소 높다. 만약 이 기간에 투자한다면 경북보다 충북이 수익률이 더 좋았을 것이다.

이제 경북의 사분면 자료를 가지고 사분면 매매전세차트 정방향·역방향을 이용한 매수 매도 방법을 알아보겠다. 설명하기에 앞서 제3사분면 방향인 왼쪽 아래로 움직이는 것을 역방향이라고 하고 반대로 제1사분면 방향인 오른쪽 위로 움직이는 것을 정방향이라고 하겠다. 데이터의 시작점을 2018년 1월로 설정했고 2020년 5월까지 점이 역방향으로 움직였다. 매매와 전세가 동시에 떨어졌다는 의미다. 정확한 수치로는 매매지수가 −9.3% 빠졌고 전세지수가 −5.8% 빠졌다.

그리고 2020년 5월부터 상승을 시작해 점이 2022년 9월까지 정방향으로 움직였다. 2022년 8월의 수치가 매매누적 +8.2% 전세누적 +7.3%이었기 때문에 2020년 6월 상승 시작부터 계약했다면 총매매누적 +17.5% 전세누적 +13.1%가 된다. 상승기간이 짧아서 쉽지 않은 타이밍이긴 하지만 만약 2020년 6월에 사서 기본세율 2년을 채우고 2022년 8월에 매도했다고 하면 매매지수상으로는 17.5%의 이익을 봤을 것이다.

지수가 이 정도 상승했다면 개별 단지로 봤을 때는 상승률이 훨씬 더 높았을 것이다. 경기도의 경우 2020년 1월부터 2021년 12월까지 2년 동안 매매지수 상승률은 38.5%였지만 개별 단지로 보면 이 기간에 100%라도 낮은 상승률이었고 200%까지 올라갔던 단지들도 쉽게 찾을 수 있었기 때문이다.

2022년 10월부터 2023년 12월 현재까지는 다시 정방향으로 방향을 변경하지 못하고 역방향으로 움직이고 있다.

🔢 주요 데이터 산출 공식

가격 사이클

가격은 아래와 같은 사이클을 반복하며, 여기에서 매수 매도 타이밍을 잡을 수 있는 게 바로 보합이다.

상승 → 상승률 증가 → 상승률 감소 → 보합 → 하락 → 하락률 증가 → 하락률 감소 → 보합

점이 촘촘해지는 구간에 주목하라

사분면 차트에서 정방향·역방향을 분석해 매수 매도 타이밍을 잡는 방법은 위치-시간의 그래프에서 본 것과 동일하다. 역방향의 움직임에서 정방향의 움직임으로 바뀌거나 정방향의 움직임에서 역방향으로 바뀌기 위해서는 점과 점 사이가 촘촘해지는 구간이 생겨야 한다. 이 구간이 바로 하락률이 감소하거나 상승률이 감소해 보합으로 가는 시기다. 이것을 운동에너지라고 설명한다면 우

리의 일상생활에서도 쉽게 찾아볼 수 있다. 예를 들어 자동차를 타고 가다가 커브를 돌 때는 브레이크를 잡으면서 속도를 줄이며 돌아야 한다. 앞에서 잠깐 언급했던 항공모함 예시 또한 같다. 거대한 항공모함이 방향을 변경하기 위해서는 기존 속도를 크게 줄인 후에 조금씩 방향을 변경해 나가야 안전할 것이다(참고로 나는 매수 매도의 증감률 또한 운동에너지의 일종이라고 생각한다. 지수의 증감률이 생기기 위해서는 거래량이 필요한데 우리가 거래하는 것도 일종의 운동에너지이기 때문이다). 바로 이렇게 속도를 줄이는 구간이 사분면 차트에서 하락 이후 또는 상승 이후에 보이는 점이 촘촘해지는 구간, 바로 보합을 의미한다. 이 보합 구간을 지나가면 방향을 변경해서 다시 나아갈 것이다. 우리는 이 타이밍을 노리면 된다.

하이리스크 하이리턴 방식의 투자라면 점이 촘촘해지면서 보합으로 가는 구간 전에 매수하면 되고 수익이 조금 덜 나더라도 리스크가 있는 투자가 싫다면 보합 이후 점이 다시 거리가 벌어지면서 정방향으로 나가가는 구간에 매수해도 된다. 이건 개인의 성향 차이다. 하지만 이 방법을 배웠으니 이것 하나는 확실히 알았을 것이다. 바로 정방향에서 역방향으로 방향이 변경되려고 하는 구간에는 매수하면 안 된다는 것이다. 이건 그냥 죽겠다고 덤벼드는 것밖에 되지 않는다.

💲 잭파시의 투자 인사이트

1. 사분면 매매전세차트에서 점의 움직임은 대개 매매전세가격이 모두 빠지는 제 3사분면(역방향)쪽이나 매매전세가격이 모두 오르는 제1사분면(정방향)쪽으로 이동한다. 우리는 역방향에서는 해당 지역에 부동산을 보유하고 있으면 안 되고 정방향일 때 보유하면서 시세차익을 봐야 한다.

2. 만약 이 시계열을 20년 이상의 장기로 보았다면 역방향으로 움직이는 구간은 몇 번 있었겠지만 결국 정방향으로 움직이는 구간이 훨씬 많기에 최종 합은 플러스가 될 것이다. 그 오랜 기간동안 M2유동성의 확대로 원화의 가치가 떨어지는 것을 생각하면 자산의 가격은 상대적으로 오를 수밖에 없기 때문이다.

3. 그렇지만 마냥 오래 기다리면서 투자할 시간은 없다. 최대한 짧은 기간 내에 종잣돈을 굴려야 하기 때문이다. 정방향이 나오는 구간에서만 시세차익을 받고 매도하고 또 다른 지역의 정방향을 찾아가는 것을 목표로 해야 한다.

4. 최적의 매수 타이밍은 오랜 기간 사분면 차트가 역방향으로 진행이 되다가 점과 점 사이가 촘촘해지면서 보합으로 나아가는 구간이다. 방향을 변경하기 위해서는 속도를 줄일 필요가 있는데 사분면 차트에서는 그게 바로 점과 점 사이가 줄어드는 구간이라고 생각하면 된다.

5. 오랜 하락 혹은 상승의 추이를 따라가다가 이런 지점이 보인다면 이제 에너지가 고갈이 되면서 방향이 변경된다는 것을 예측하고 대비해야 한다. 이제 우리는 최적의 매도 타이밍 또한 알 수 있다.

6. 점과 점 사이가 큰 폭으로 정방향으로 나아가다가 어느 시점부터 점과 점 사이

가 촘촘해지면서 하나로 모아지고 있다면 매도를 실행해야 한다. 때를 놓치고 이미 역방향으로 바뀌었다면 매수 심리가 이미 죽은 상황이라 매도하기가 어렵다. 그 전에 끝내야 한다.

시장강도를 통해
투자 타이밍 잡기

지금까지는 KB부동산 주간·월간시계열 자료들을 사용해 도 단위 부동산의 흐름을 체크했다. 이번에는 부동산지인이라는 어플을 사용하려고 한다. 이 어플은 약 3년 정도 사용했는데 시장강도 지표가 굉장히 정확하다. 유료였다면 소개하기 망설여졌을 텐데 부동산지인 시장강도는 무료로 확인이 가능하다.

시장강도가 0이 되는 시점이 타이밍이다

부동산지인에서 설명하는 시장강도란 해당 지역의 가격이 움직이는 힘의 정도를 나타낸 것으로, 지역 시세의 값이 아닌 아파트 면적 단위의 시세 변동값을 일정 기간 누적시켜서 생성한다고 한다. 이것을 가지고 지역의 가격 동향을 파악할 수 있는데 만약 시장강도가 0을 기준으로 플러스 구간에서는 가격 상승의 힘이 있는 것이고 반대로 마이너스 구간에서는 가격이 하락하는 힘이 있는 것이다.

이 지표를 만드는 방법에 대해서는 공개되지 않고 있다. 그래서 처음에는 객관적인 지표가 될까 싶었지만 오랜 기간 관찰해 본 결과 시장강도 지표는 매매지수에 선행하는 것을 파악할 수 있었다. 부동산지인에는 없는 개념이지만 여기에서는 쉽게 이해하기 위해 시장강도 +0은 마이너스에서 플러스로 변경되는 과정의 0을 뜻하고 −0은 플러스에서 마이너스로 변경되는 과정의 0을 뜻한다고 가정하고 그래프를 보자.

서울의 경우 2013년 4월 시장강도가 4로 올라가며 플러스 전환이 되었다. 그 이후 헬리오시티 입주장의 여파로 2019년 4월 −11로 딱 한 번 마이너스로 진입했지만 상당히 오랜 기간 기준선 0 위에서 움직였다. 시장강도가 0보다 높은 플러스 구간에서 움직였기 때문에 가격 상승의 힘이 지속되었다고 봐야 한다. 따라서 이 구간에서는 마이너스로 깊숙하게 진입하지 않았기 때문에 매도할 이유가 없고 2022년 2월 시장강도가 −0을 지나 마이너스로 들어오고 난 후에는 지속적으로 높은 기울기 값을 가지고 하락의 힘이 지속되었기 때문에 매도했어야 한다. 시장강도는 매매가격에 선행하기 때문에 그렇다.

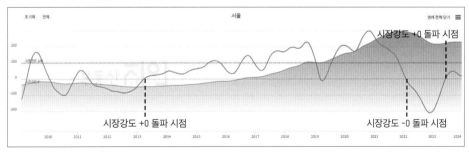

서울의 시장강도 분석(출처: 부동산지인)

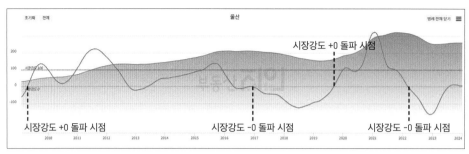

시장강도 +0 돌파 시점

시장강도 +0 돌파 시점

시장강도 -0 돌파 시점

시장강도 -0 돌파 시점

울산의 시장강도 분석(출처: 부동산지인)

　울산의 경우 2009년 5월 시장강도가 플러스로 전환된 후 2017년 1월 마이너스로 크게 떨어지기 전까지 꽤 오랜 기간 기준선 0 위에서 움직였다. 다시 시장강도가 +0을 돌파한 것은 2019년 10월이고 약 2년 반 동안 아주 높은 시장강도를 보였다. 시장강도가 높으면 높을수록 시세 분출이 더 크다고 보면 된다.

　시장강도가 100이라면 2, 3급지를 포함해 전체가 상승장에 돌입한다. 만약 더 높은 300 이상이라면 불장이라고 말할 수 있는 매수자 항시 대기 상태의 과열된 시장이다. 이때 팔았으면 아주 높은 가격으로 매도자 우위 상태에서 매매가 되었을 것이다. 하지만 인간의 심리는 그렇지 않다. 높아지면 높아질수록 거기서 멈추지 않고 우주 끝까지 올라갈 거라고 생각하니 말이다.

　물론 대통령 선거 이후인 2022년 7월부터 다주택자 양도세 중과가 완화되기 시작된 것이라 그 이전에는 아무리 시세차익이 크거나 혹은 추후 매매가격이 떨어질 것을 예상하고 있었다고 하더라도 선뜻 매도하기가 어려웠을 것이다. 중과 주택수가 2주택자인 경우 기본세율에서 20%, 3주택자 이상이면 기본세율에서 30% 추가되고 지방소득세까지 포함해 양도세를 낸다고 하면 실제 세금을 납부하고 남는 돈은 그리 많지 않기 때문이다.

　양날의 검처럼 다주택자 양도세 중과가 없어진 것은 좋지만 이로 인해 매도물량은 낮은 가격으로 나와서 시세를 떨어뜨린다. 변경된 세금을 고려하면 30% 싸게 팔아도 세후수익이 더 높기 때문에 이런 현상이 벌어졌다. 이 부분은 《나는 대출 없이 0원으로 소형 아파트를 산다》에서 다주택자 양도세 완화 시 수익 산출 시뮬레이션 표를 통해 미리 예측한 바 있다.

다시 울산으로 돌아가 보면 2022년 4월 시장강도 -0 돌파 이후 약 1년 4개월간 마이너스 구간에 있었고 2022년 12월에는 -162로 굉장히 크게 하락했다. 2023년 8월부터 다시 +0을 돌파했으나 시장강도가 치고 올라가는 힘이 크지 않다. 여기서 크게 치고 올라가면 추후 매매가격도 올라갈 것이기에 투자하면 된다. 하지만 추이가 그렇지 않으면 보수적으로 지켜보는 게 좋다.

강원은 투자처로 별로 좋지 않은 곳이었을 것 같지만 생각보다 시장강도가 마이너스(매매지수 하락)가 된 기간이 그리 길지 않다. 서브프라임 사태로 인해 수도권 아파트가 크게 하락하고 있을 때 2009년 5월부터 시장강도 +0에 진입해 2018년 1월까지 마이너스 구간이 없었다. 수도권은 2013년이 되어서야 반등을 시작했는데 이전부터 수도권과 지방은 흐름이 달랐다.

서브프라임 사태 파문이 확산되면서 주택거래 관망세가 지속되었는데 정

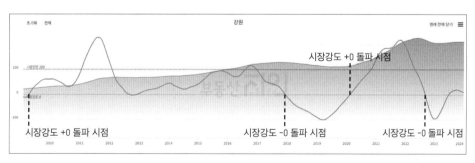

강원의 시장강도 분석(출처: 부동산지인)

부가 '지방 미분양 아파트 활용 방안'을 발표하면서 지방 대도시 투기과열지구 해제 및 지방 건설경기 활성화를 위해 민간건설사의 미분양 아파트를 매입한 후 임대주택으로 쓰는 등 큰 힘을 실어줬기 때문이다. 또한 2008년 6월에는 지방에서 미분양 아파트 문제가 심각해지자 취득세 인하와 양도세 비과세 기간 연장 등의 대책을 내놓기도 했었다.

나 같은 경우 앞에서 말했듯이 투자 지역을 찾을 때 수도권인 유동성 라인과 지방 7도 공급량 라인으로 나누어 생각한다. 강원의 공급량을 보면 2018년에 평균 수요량인 8000세대보다 2배 이상 많은 약 1만 7000세대가 있었고, 2019년에는 그보다 많은 약 2만 세대가 있었다.

이렇게 시장에서 미처 다 소화하지 못한 과대 공급이 2년 연속으로 있었기 때문에 2017년 12월에 −0으로 진입을 시작했고 2020년 3월까지 약 2년 2개월 동안 마이너스가 지속되었다. 이때가 강원에서 가장 크고 길었던 하락기이고 당시 '미분양의 무덤'이라는 소리가 나돌았다.

시장강도의 플러스 구간은 2022년 9월까지 약 2년 반 동안 지속되었는데 지방의 경우 수도권 및 광역시와는 달리 보통 2016~2019년까지 큰 하락 구간

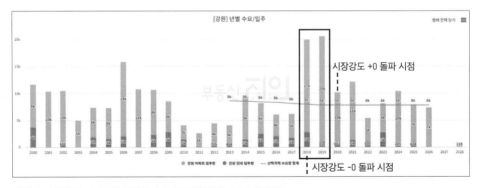

강원의 시장강도 ±0 돌파 시점의 수요·공급량(출처: 부동산지인)

이 있었다. 그래서 상승이 더 지속되었어야 하지만 전에도 말했다시피 현재 부동산 시황은 개별 공급량보다 금리 등 거시적인 매크로 지표가 더 중요한 시기다. 때문에 너무 짧은 상승 구간을 보낸 후 수도권, 광역시와 커플링되어 같이 떨어졌다가 2023년 8월에 다시 시장강도 +0을 돌파하며 상승하고 있다. 하지만 이 또한 앞서 살펴본 울산의 경우와 같이 힘이 좋은 상태는 아니다.

시장강도로 매도 타이밍을 잡을 때 주의할 점

시장강도가 −0이 됐을 때 매도 타이밍을 잡는 방법에는 사실 단점이 있다. 거래를 많이 해본 투자자들은 알 것이다. 시장강도가 고점에서 다시 0이 되었다는 것은 그만큼 시장에서의 힘이 지속적으로 줄어들고 있었다는 것이다. 즉, 이미 분위기상 이전 고점을 뒤로하고 상승률이 빠지면서 하락으로 반전되기 직전이기 때문에 분위기는 이미 매도자 우위 시장이 아닌 매수자 우위 시장이 되어버려 거래하기가 쉽지 않게 된다. 쉽게 말해 이미 매도 타이밍을 놓쳐버리게 되는 것이다.

그러니 조금 손해를 보더라도 시장강도가 0이 될 때까지 기다리는 것이 아

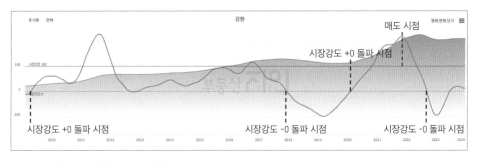

강원의 시장강도 분석(출처: 부동산지인)

니라 아예 시장강도가 고점에서 빠지기 시작해서 기울기가 날카롭게 하락하고 있는 시점에 매도하는 것이 더 나은 선택이 될 수 있다. 시장강도의 고점이 2021년 11월이었고 보통 매물을 내놓은 뒤 거래가 되어 약 세 달 후 소유권이 이전된다고 하면 2022년 1월이 될 것이다.

새롭게 거래된 물건이 매매지수로 형성되기까지 한두 달 걸린다고 가정하면 2022년 2월쯤인데, 강원의 매매지수가 가장 고점이었던 시기가 2022년 6월이다. 이렇게 계산해 보면 충분히 어깨 이상 그리고 꼭대기 바로 밑에서 매도하는 것이 가능하다.

시장강도가 높고 매매지수가 고점으로 올라가고 있는 시기가 바로 매도자 우위 시장이다. 이때 거래를 해야 협상조건을 나에게 유리하게 가지고 올 수 있다. 매수자 우위 시장으로 변경이 되면 그쪽에서 매매가를 후려치려고 하는 폭도 크고 이런저런 조건을 붙이는데, 내 물건을 팔기 위해서는 거기에 끌려갈 수밖에 없다.

📈 데이터 분석 예제

다음은 경북 지역의 시장강도다. 2009년부터 2023년까지 어떻게 매수·매도 했으면 좋았을지 시장강도 +0과 -0을 보며 생각해 보길 바란다. 물론 과거의 데이터를 통해서 미래를 완벽히 예측할 수 있다는 의견에 100% 동의하는 것은 아니지만 책에서 알려주고 있는 선행지표들의 방향성이 동일하다면 확률적으로 이보다 정확한 기준은 없을 것이라고 판단된다.

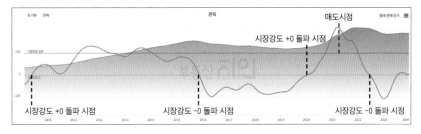

경북의 시장강도 분석(출처: 부동산지인)

💲 잭파시의 투자 인사이트

1. 부동산지인 시장강도 0을 기준으로 플러스 구간에서는 가격 상승의 힘이 있고 마이너스 구간에서는 가격 하락의 힘이 있다. 이걸 이용해서 시장강도 +0 돌파 시점에 매수하고 추후 시장강도가 지속적으로 0 위에서 움직이는지를 체크한다. 만약 그렇다면 이 기간에 굳이 매도할 필요 없이 지속적으로 매매가격이 상승하는 걸 지켜볼 수 있다.

2. 기본세율 2년을 채우고 매도하는 것이 투자금을 굴리기 위한 가장 좋은 판단이다. 그렇지만 만약 시장강도가 몇 년째 플러스를 유지 중이라면 그만큼 기다렸다가 매도하는 것이 가장 큰 수익을 낼 수 있을 것이다. 추후 시장강도가 점차 줄어들어서 -0을 돌파한다면 그때 매도한다.

3. 실제 투자에 적용하기 위해서는 -0으로 진입했다고 해서 바로 매도할 것이 아니라 그 이후 몇 개월 동안의 추이는 지켜봐야 한다. -0으로 들어오고서도 바로 반등해서 +0으로 올라갈 수 있기 때문이다. 이렇게 0 근처 보합에서 움직인다면 섣불리 매도할 필요는 없다. 매매가격이 하락이 아니라 보합만 되더라도 충분히 지켜볼 수 있기 때문이다.

4. 조금 더 자세하게 들어가면 시장강도가 -0까지 빠질 때까지도 매매증감률이 상승은 하기 때문에 그전에 매도하는 게 좀 아깝게 느껴질 수 있을 것이다. 그래서 많은 사람들이 고점에서 매도하지 못하고 다시 가격이 빠지는 걸 눈으로 보면서 저점 때까지 계속 들고 있게 된다. 이것이 나중에는 큰 패착이 된다.

5. 때문에 조금 손해 보는 것 같아도 시장강도 -0까지 기다렸다가 매도하는 것이 아니라 아예 시장강도 고점에서 지수가 급격하게 빠진다면 매도를 하는 것이 더

나은 결과를 불러온다. 매도를 잘하는 방법은 뒷사람에게도 먹을 게 있다는 것을 보여주는 것인데, 시장강도가 고점일 때 그렇다. 하지만 이렇게 되면 매수자는 가격 고점에 물린다.

6. 2, 3급지의 물건에 갭투자를 한다고 하면 시장강도가 0으로 올라올 때까지 기다렸다가 안전하게 투자해도 무방하나 대장주를 노린다면 때는 이미 너무 늦다. 대장주는 시장강도가 가장 바닥에서 상승으로 올라오며 변곡점이 생기는 즉시 베팅해야 좋은 가격으로 매수할 수 있다. 서울의 2022년 12월 시장강도를 참고하기 바란다.

민간아파트 초기분양률로
부동산시장 분위기를 살핀다

민간 아파트 초기분양률은 HUG주택도시보증공사에서 제공하는 지표로, HOUSTA주택정보포털과 KOSIS국가통계포털을 통해 공개된다. HUG주택도 시보증공사의 주택분양보증을 발급받은 주택 사업의 총사업세대 중 상가·오피 스텔·조합원 분양 주택을 제외한 일반 분양세대수의 총합을 신규 분양세대로 보고, 전체 분양(공급)세대수 대비 실제 분양(공급)계약이 체결된 세대수의 비율 이 초기분양률이 된다. 참고로 분양 개시일로부터 6개월 안에 체결한 수치다.

이 자료는 수도권 그리고 5대 광역시 및 세종, 마지막으로 기타 지방으로 나뉘어져 있으며 시 단위가 아닌 도 단위로만 공표된다. 또한 2015년 3분기부 터 데이터를 확인할 수 있고 월간이 아니라 분기 단위 지표다. 그렇기 때문에 매달 자료를 체크해야 할 필요는 없으며 1년에 4번 정도만 체크해서 현재 각 도 단위 지역별 초기분양률이 어떻게 흘러가고 있는지를 보면 된다. 분양률이

🏠 부동산 필수 자료 다운받는 법

민간아파트 초기분양률

KOSIS국가통계포털 → 국내통계 → 주제별통계 → 주거 → 민간아파트 분양시장동향 → 지역별 민간아파트 평균 초기분양률로 들어가서 위와 같은 엑셀파일로 지표를 다운로드 할 수 있다.

참고로 KOSIS국가통계포털에는 우리나라뿐만 아니라 다른 나라의 국제통계도 있고 모든 분야에서의 다양한 데이터가 있다. 잭파시 톱다운 투자법 1단계인 세계(미국)·한국 부동산 경기를 잘 파악하기 위해서는 여기 자료를 취합, 가공, 분석할 수 있어야 한다.

A1	∨ ：× ✓ fx	지역별(1)				
	A	B	C	D	E	F
1	지역별(1)	지역별(2)	2015.3/4	2015.4/4	2016.1/4	2016.2/4
2	전국	소계	87.7	87.1	78.6	70.5
3	수도권	소계	92.1	86.6	78.9	73.6
4		서울	95.7	98.8	95.7	99.9
5		인천	83.3	84.4	89.4	74.2
6		경기	92.4	86.4	76.1	67.8
7	5대광역시 및 세종특별시	소계	95.9	95.9	82.2	77.6
8		부산	90.8	97.1	88.5	76.9
9		대구	100.0	92.8	46.1	93.5
10		광주	97.9	92.4	46.3	67.7
11		대전	87.1	-	96.8	-
12		울산	100.0	100.0	89.0	-
13		세종	100.0	96.9	99.7	-
14	기타지방	소계	77.0	82.6	76.6	66.8
15		강원	58.8	100.0	92.4	91.1
16		충북	49.3	89.3	60.2	69.7
17		충남	76.6	70.1	55.5	44.3
18		전북	83.7	78.7	96.6	82.5
19		전남	79.6	77.0	91.1	83.3
20		경북	92.4	90.0	78.5	47.7
21		경남	79.7	79.0	75.4	68.1
22		제주	100.0	100.0	-	

좋으면 그만큼 매수심리가 살아 있다는 증거다.

민간아파트 초기분양률의 자료를 가지고 그래프를 만들어 보면 오른쪽과 같다. 수도권, 광역시, 지방 8도 아래에 있는 지역별 그래프를 하나씩 만들어서 어디가 좋고 어디가 안 좋은지 보면 더 좋겠지만 투자하기 전 단계에서는 도 단위 그루핑에서 배웠던 것처럼 높은 단계 그룹의 평균만 봐도 충분히 흐름을 잡을 수 있다. 실제 투자할 도 단위를 선택하기 위해서는 더 자세하게 그래프를 만들어서 확인하길 바란다.

민간아파트 평균 초기분양률

'민간아파트 평균 초기분양률' 그래프를 보면 5대 광역시 및 세종부터 2021년 2분기보다 2021년 3분기에 초기분양률이 떨어지고, 2021년 4분기에는 지방이 떨어지고, 최종적으로 2022년 2분기에는 수도권까지 떨어졌다. 이렇게 떨어지기 전에는 해당 지표를 취합한 2015년 3분기부터 2022년 1분기까지 수도권과 광역시는 대개 초기분양률을 80% 이상으로 유지했었다.

이 기간에 KB부동산 월간시계열 자료에서 수도권 및 5대 광역시(인천 제외) 아파트매매지수를 보면 한 번도 떨어진 적 없이 상승하는 것을 볼 수 있다. 수도권과 5대 광역시 및 세종의 초기분양률이 동시에 80% 이하로 빠진 시점이 2022년 4분기이고 매매지수도 이때 크게 하락했다.

따라서 초기분양률이 80% 선 밑으로 떨어지는 걸 보고 매도하거나 아님 더 일찍 2021년 2분기 광역시가 고점인 99%에서 크게 빠질 때, 2022년 1분기 수도권이 고점인 100%에서 크게 빠지기 시작할 때 매도했다면 아주 좋은 시점이었을 것이다.

민간아파트 평균 초기분양률

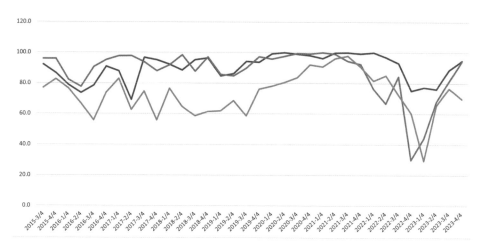

— 수도권   — 5대 광역시 및 세종   — 기타 지방

수도권 및 5대 광역시 아파트매매지수

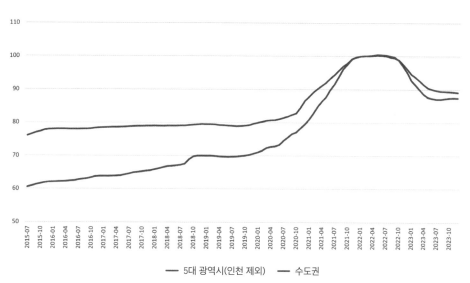

— 5대 광역시(인천 제외)   — 수도권

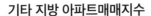

기타 지방 아파트매매지수

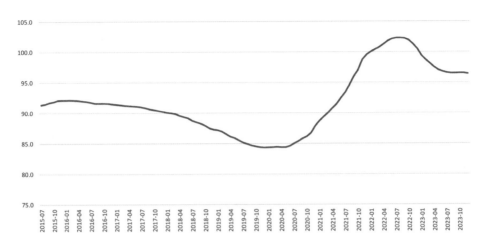

　　지방의 경우 반대로 초기분양률이 80%를 넘은 기간이 2020년 2분기부터 2022년 2분기까지밖에 되지 않았고 실제로 이때가 상승 구간이었다. 기타 지방 아파트매매지수를 보면 정확하게 이 기간에만 상승이 있었음이 확인된다.

　　2023년 4분기 데이터까지 있는데 하락장이 심했던 2022년 4분기에서 2023년 2분기까지의 수치에 비해선 수도권과 5대 광역시 및 세종은 많이 개선되었다. 하지만 지방 8도의 경우 2023년 4분기 69.8%로 민간아파트 평균 초기분양률이 좋지 않은 상황이다.

💲 잭파시의 투자 인사이트

1. HUG주택도시보증공사에서 제공하는 도 단위 지표인 민간아파트 초기분양률을 이용해 시장의 매수심리를 확인할 수 있다. 만약 도 단위 초기분양률이 80% 아래의 수치를 보인다면 시장의 심리가 좋지 않기에 매매지수도 하락할 것이다. 반대로 초기분양률이 80% 위에서 진행되고 있다면 매매지수는 상승 구간이다.

2. 아파트의 분양가격 또한 M2유동성의 추이에 따라 지속적으로 오를 수밖에 없다. 아파트의 가격을 구성하는 요인인 대지가격이 상승하며 건축가격 또한 금융비용, 인건비, 자재비 등의 인상으로 올라갈 수밖에 없기 때문이다.

3. 그렇게 올라간 분양가격에 대해서 수십 대 일, 수백 대 일의 경쟁률이 나오고 있다는 건 시장에서 충분히 받아줄 만한 가격이라는 것이다. 이렇게 체결된 신축 분양권의 가격이 해당 지역에서 주택가격 상위를 차지하고 가격 차이가 큰 구축의 경우 가격 키 맞추기를 하며 올라간다. 이게 매매가격을 올리는 프로세스다.

4. 이와 반대로 초기분양률이 낮다는 것은 그 가격으로 받아줄 수 있는 수요층이 부족하다는 것이고 분양권에 마이너스피가 붙으면서 구축 가격까지도 영향을 받아 가격이 내려간다. 가격이 동일하거나 유사하다면 당연히 상품성이 좋은 신축을 선호하는 게 맞기 때문이다.

거래량과 공급량으로 투자 지역을 선점한다

GLOBAL MACROECONOMIC TRENDS

REAL ESTATE MARKET TRENDS

TOP-DOWN INVESTMENT

METHOD

인구수로 시의 규모를 나눠 투자할 곳을 골라낸다

1장에서 세계(미국)·한국 부동산 경기를 선행하는 M2유동성YoY, 만기2년 미만정기예적금YoY, 미국 FHFA주택지수를 알아봤다. 2장에서는 도 단위 부동산 흐름을 선행하는 매수우위지수, 전세매물증감, 주간 아파트매매가격증감률, 사분면 매매전세차트, 부동산지인 시장강도, 민간아파트 초기분양률 등을 배웠다. 지표의 공표 시기에 따라 투자에 아주 밀접하게 적용할 수 있는 선행지수가 있고, 공표 시기가 늦거나 혹은 월·분기 단위라서 해당 지표의 움직임에 따라 선제적으로 미리 대응해야 하는 선행지수가 있었다.

잭파시 톱다운 투자법에 따라 세계(미국)·한국 부동산 흐름과 도 단위 부동산 흐름을 파악했다면 그 아래에 있는 시 단위 흐름을 분석하는 것은 매우 쉽다. 사실 거시지표로 방향성을 파악하는 것은 도 단위까지만 알아도 무방하다. 우리가 투자로 생각하는 시 단위 지역은 보통 도 단위에서 인구가 많은 지역이기 때문이다. 도 단위의 흐름과 해당 도에서 인구수가 많은 1~3위 정도의 시는 거의 흐름을 같이하고 있다. 만약 도에서 인구가 가장 많은 1위 도시가 그나마 안정적이기 때문에 거래하겠다고 한다면 거의 동일할 것이다. 그래도 도 단위 부동산 흐름에서 배웠던 것처럼 KB월간·주간시계열의 시 데이터를 사용해 체크하길 바란다.

종잣돈이 부족하다면 지방 7도에 주목하라

도 단위 부동산 흐름까지 확인했다면 앞으로 방향성이 좋은 곳을 알아낸 것이다. 그럼 이제 다음 순서로 시 단위로 들어가서 어디를 선택할지를 찾으면 된다. 책에서는 투자하는 지역의 인구수 마지노선을 20만 명으로 잡았다. 오랜 기간 투자하다 보니 인구수 10만 명 정도의 지역은 상승의 높낮이도 그리 크지 않고 추후 엑시트에 대한 부담이 있기에 아예 투자처로 생각하지 않았다.

참고로, 미국 → 서울(수도권) → 광역시의 상급지로 이어지는 유동성 라인은 1장의 세계(미국)·한국 부동산 경기와 2장의 도 단위 부동한 흐름에서 나온 지표를 따라서 투자하는 게 맞고, 이번 3장 시 단위 부동산 흐름은 외지인거래량, 공급량, 미분양 등을 통해 지방 7도를 분석하는 데 집중이 되어 있다(왜 지방 8도가 아닌 제주도를 제외한 7도인지는 이미 제주가 부산을 따라가기 때문이라고 앞서 설명했다).

만약 무주택자나 1주택자라면 취득세 1%로 매수할 수 있는 기회가 있기 때문에 최대한 높은 가격대의 부동산을 매수해야 다주택자보다 11%(12% - 11% = 1%)만큼 절세할 수 있다. 그러니 서울을 비롯한 수도권이나 광역시의 대장주를 노려야 한다. 하지만 나 같은 다주택자는 2023년 12월 기준 다주택 중과 취득세를 12%나 내며 매수하는 것은 손익분기점을 달성하기가 쉽지 않다.

또한 투자금이 넉넉하다면 수도권이나 광역시 대장주를 매수하는 것이 좋다고 보나 종잣돈이 별로 없다면 지방 7도의 부동산으로 눈을 돌려야 하는 것은 어쩔 수 없는 선택이다. 우리는 항상 현재 가진 것으로 최선을 다해야 하는 의무가 있다. 투자금이 넉넉해 몇십 억짜리 물건을 살 수 있는 게 아니라면 낮은 단계부터 차근차근 스텝을 밟아 나아가야 한다. 이 과정에서 너무 무리해서 스스로가 감당할 수 없을 정도까지 간다면 오히려 투자하지 않는 편이 더 낫다.

나 또한 2012년에 부동산 투자를 시작할 당시 가지고 있던 돈은 은행에서 신용대출로 빌린 2000만 원이 전부였기에 투자금이 없어서 조급해지는 마음은 이해한다. 이렇게 현재 가지고 있는 투자금으로는 수도권이나 광역시로 바로 들어갈 수 없다면 두 가지 방법이 있다. 수도권이나 광역시의 물건이 내가 가진 투자금 안까지 떨어지길 기다리는 것과 그 투자금을 지방 7도 물건에 넣어서 불린 후에 더 높은 단계인 수도권이나 광역시를 사는 방법이다. 내 투자 스타일은 후자인데 투자 경험이 없으면 아무리 좋은 시기가 와도 확신이 없어 놓쳐버리고 만다. 아주 좋은 매수 시기는 공포감이 감돌고 있는 때다. 이때 과감히 들어갈 수 있는 강심장은 타고날 수도 있지만 보통은 많은 투자 경험으로 만들어진 경우가 많다.

인구수 20만이 넘는 22개 도시 분석하기

다음 표는 2023년 10월 기준 지방 7도의 인구수 기준 상위 5개 도시를 나열한 것이다. 이전까지는 지역 전부를 놓고 데이터분석을 하지 않았지만 이번에는 지면을 좀 할애하더라도 지방 7도 중 인구수 20만 이상의 도시 총 22개를

도별 인구수

충북 (총 1,594,211명)		
1	청주시	852,448명
2	충주시	207,892명
3	제천시	130,645명
4	음성군	91,339명
5	진천군	85,751명

충남 (총 2,128,563명)		
1	천안시	657,326명
2	아산시	341,953명
3	서산시	176,052명
4	당진시	170,097명
5	논산시	110,833명

전북 (총 1,757,295명)		
1	전주시	643,920명
2	익산시	270,546명
3	군산시	260,407명
4	정읍시	103,755명
5	완주군	97,304명

전남 (총 1,854,618명)		
1	순천시	278,402명
2	여수시	272,151명
3	목포시	214,448명
4	광양시	152,327명
5	나주시	117,179명

경북 (총 2,558,085명)		
1	포항시	492,941명
2	구미시	405,755명
3	경산시	266,843명
4	경주시	248,058명
5	안동시	153,241명

경남 (총 3,255,239명)		
1	창원시	1,010,820명
2	김해시	533,396명
3	양산시	355,136명
4	진주시	341,713명
5	거제시	234,298명

강원 (총 1,529,500명)		
1	원주시	361,426명
2	춘천시	286,645명
3	강릉시	209,843명
4	동해시	88,741명
5	속초시	82,168명

전부 분석해 보려고 한다. 한 번쯤은 각 지역에 대해 배우고 넘어가야 하기 때문이다.

지역별로 우리가 봐야 할 부분은 인구수와 세대수, 총사업장 수와 월평균소득, 사업장 국민연금 납부 가입자 수 이렇게 세 가지다. 내가 투자를 한다면 시 단위 지역에 이 지표들이 지속적으로 좋아지고 있는가를 체크해야 한다. 어딘가 익숙하지 않은가? 그렇다. 바로 1단계 세계(미국)·한국 부동산 경기의 마지막 장이었던 가장 넓은 시각으로의 부동산 상승배경과 동일한 맥락이다. 우리나라를 포함한 다른 나라들의 노동인구와 GDP상승률을 근거로 부동산 매매지수와 비교해 보았었다.

같은 맥락으로 지방 7도 중 인구수 20만 이상의 도시 총 22개를 분석하려고 한다. 도시마다 설명하기 전에 먼저 간단한 표로 인구수와 세대수, 총사업장 수와 월평균소득, 사업장 국민연금 가입자 수를 정리했다. 주의해야 할 점은 이 자료는 특정 시점에 지역별 크기를 평가할 수 있는 자료라는 것이다. 더 중요하게 생각해야 하는 것은 투자로 선택하는 지역의 데이터들이 부정적으로 감소하지 않고 증가하는 추세에 있냐는 것이다. 지방은 신주택보급률의 통계자료로 2021년 기준 가구 수는 1090만이지만 주택 수는 1170만으로 이미 107%였다.

동일하게 2021년 인구 천 명당 주택 수 통계를 보면 수도권이 천인당 주택 수 390일 때 강원 487, 전남 488, 경북 499로 이미 수도권에 비해서 너무 많은 주택이 지어졌음을 파악할 수 있다. 그래서 적은 종잣돈으로 투자할 수 있다는 장점이 있지만 시세차익을 내기에는 수도권보다 지방이 더 어려울 수 있다는 점을 분명하게 파악하고 그만큼 분석을 확실하게 해야 한다. 모든 투자의 기본은 내가 가진 물건이 희귀해야 비싼 가격으로 팔 수 있다는 것인데, 지방 아파트는 이미 많은 주택이 건설되었으며 현재도 많이 지어지고 있다.

인구수·세대수

	도	시	인구수	세대수
1	경남	창원	1,010,820	456,774
2	충북	청주	852,448	399,081
3	충남	천안	657,326	306,707
4	전북	전주	643,920	296,632
5	경남	김해	533,396	231,208
6	경북	포항	492,941	233,619
7	경북	구미	405,755	186,896
8	강원	원주	361,426	171,080
9	경남	양산	355,136	158,258
10	충남	아산	341,953	157,049
11	경남	진주	341,713	160,030
12	강원	춘천	286,645	135,508
13	전남	순천	278,402	126,484
14	전남	여수	272,151	128,782
15	전북	익산	270,546	130,325
16	경북	경산	266,843	129,486
17	전북	군산	260,407	124,040
18	경북	경주	248,058	124,744
19	경남	거제	234,298	104,424
20	전남	목포	214,448	104,394
21	강원	강릉	209,843	103,690
22	충북	충주	207,892	101,991

2023년 10월 기준. 인구수 기준 정렬.

총사업장 수·월평균소득·사업장 국민연금 가입자 수

	도	시	총사업장 수	월평균소득	사업장 국민연금 가입자 수
1	충북	청주	7,878	₩3,470,000	142,516
2	경남	창원	7,540	₩3,741,000	166,631
3	충남	천안	6,557	₩3,584,000	132,038
4	경남	김해	5,763	₩3,280,000	85,977
5	전북	전주	5,069	₩3,182,000	74,589
6	충남	아산	3,947	₩3,771,000	89,207
7	경북	포항	3,906	₩4,275,000	101,759
8	경북	구미	3,546	₩3,775,000	75,447
9	강원	원주	3,031	₩3,600,000	67,186
10	경남	양산	2,918	₩3,554,000	55,739
11	경북	경주	2,737	₩4,021,000	58,032
12	전남	여수	2,701	₩3,867,000	48,861
13	전북	군산	2,554	₩3,369,000	39,062
14	강원	춘천	2,501	₩3,017,000	39,086
15	전북	익산	2,381	₩3,169,000	39,368
16	경북	경산	2,371	₩3,346,000	46,041
17	경남	진주	2,356	₩3,607,000	54,006
18	전남	순천	2,101	₩3,066,000	26,985
19	충북	충주	1,953	₩3,381,000	36,871
20	강원	강릉	1,820	₩3,135,000	25,434
21	전남	목포	1,576	₩2,731,000	19,455
22	경남	거제	1,472	₩3,910,000	46,956

2023년 10월 기준. 총사업장 수 기준 정렬.

💲 잭파시의 투자 인사이트

1. 인구수·세대수

부동산이라는 거주 공간이 필요한 이유가 바로 이 때문이다. 인구수가 많을수록 당연히 그 도시의 부동산 가격이 높을 가능성이 크다. 그러나 안타깝게도 우리나라의 인구수는 낮은 출산율로 인해 2022년부터 자연감소 중이다. 그러나 아직도 주택이 필요한 세대수는 늘어나고 있다. 만약 이 세대수까지 빠진다면 해당 지역의 투자는 위험하다. 만약 인구수와 세대수가 동시에 늘고 있다면 긍정적이지만 반대로 동시에 줄고 있다면 부정적인 의견이다.

2. 총사업장 수·월평균소득

성남, 수원, 용인 등 경부라인 도시들은 강남으로의 접근성도 좋지만 그 자체로도 직원 수가 많고 평균급여도 높은 대기업이 많이 분포하고 있다. 내가 산 부동산 가격이 오르는 방법은 간단하다. 내 뒤에 이 물건을 사람이 더 높은 가격을 치르면 되는 것인데, 더 많은 자산(소득)을 가지고 있든가 아님 돈을 더 쉽게 빌릴 수 있는 신용(DSR, DTI)이 필요하다. 총사업장 수가 많고 인당 평균소득이 높다면 긍정적으로, 반대일 경우에는 부정으로 본다.

3. 사업장 국민연금 납부 가입자 수

한 지역에서 사업장 국민연금 납부 가입자 수가 지속적으로 증가하는 것은 사업장이 증가하거나 혹은 그렇지 않더라도 기존 사업장에서 근로자를 추가로 채용하고 있는 것이다. 물론 지역마다 직장가입자와 지역가입자와의 비율 차이는 있을 수 있지만 2023년 6월 기준 건강보험 자료에 의하면 전체 적용인구 약 5100만 명 중에 지역가입자의 비율이 약 28.4%이기에 직장가입자의 수치로 지역을 평가해도 무난하다고 본다. 이 수치도 증가하는 것이 긍정적이다.

인구수 20만 명 이상인
도시의 투자가치 분석

이제 인구수와 세대수 추이 그래프, 총사업장 수와 월평균소득 및 사업장 국민연금 가입자 수 추이 그래프, 직원 수 500명 이상 사업장 수와 평균급여 순위를 나열한 표 등을 통해 인구수 20만 명 이상 22개 시의 투자가치를 분석해보자.

이 자료들에서 눈여겨봐야 할 점은 인구수가 증가하고 있는지, 줄어들고 있는지의 추이다. 인구가 지속적으로 줄어들고 있는 곳은 리스크가 있다고 판단해야 한다. 아직까지 인구수 20만 명 이상의 시는 인구수가 빠지더라도 세대수는 증가하고 있는 추세이지만, 추후 세대수까지 감소한다면 해당 지역의 구축은 오래되거나 상태가 안 좋은 곳부터 빈집으로 전락할 수 있기 때문이다. 당연한 말이지만 인구수·세대수가 증가하고 있는 곳을 골라야 안전하다.

또한 총사업장 수가 증가하는 곳을 골라야 할 텐데, 만약 총사업장 수가 다소 빠지더라도 사업장 국민연금 가입자 수가 증가하는 추세라면 괜찮다. 그런 경우라면 영세한 사업장은 폐업하는 추세이지만 대기업은 지속적으로 신규직원을 고용하고 있을 확률이 크기 때문이다. 만약 총사업장 수와 가입자 수가 동시에 무너져 내리고 있다면 그 지역의 산업이 매우 악화되고 있다고 보고 투자로서 조심하는 것이 좋다.

인구가 많은 곳이 먼저 오른다

인구수에 따라 50만 명, 30만 명, 20만 명 단위로 도시를 분류해 보면 확실히 인구가 많은 곳일수록 그 지역에 1000명 이상 혹은 500명 이상을 고용하고 있는 대기업의 수가 많다. 대기업이 많이 위치한 지역은 주택가격이 비싸다. 이것이 바로 주택가격의 본질이다.

앞으로 볼 표 상단에는 인구수 20만 명 이상의 도시 22개 중 인구수로 몇 위인지를 적어놓았고, 표 하단에는 월평균소득으로 몇 위인지를 적어놓았다. 인구수 순위보다 월평균소득 순위가 높다면 주택에 돈을 많이 쓸 수 있기에 아파트 가격 상단이 높아질 수 있는 도시라고 볼 수 있고, 반대로 인구수 순위보다 월평균소득 순위가 낮다면 주택에 돈을 쓸 여력이 없을 것이기에 주택가격이 높게 올라가기에는 무리가 있다고 봐야 한다.

참고로 인구수와 세대수에서는 약 10년의 추이를 보고 감소와 증가를 판단했고 총사업장 수와 사업장 국민연금 가입자 수는 최근 3년의 추이를 보고 감소와 증가를 판단했다.

경남 창원(인구수 101만 820명으로 1위)

창원 인구수와 세대수

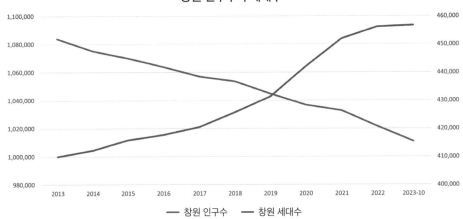

창원 인구수 — 창원 세대수

→ 인구수 감소, 세대수 증가

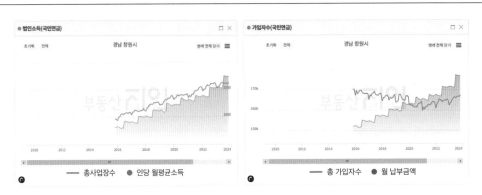

→ 총사업장 수 증가, 월평균소득 증가, 사업장 국민연금 가입자 수 증가

사업장명	직원 수	평균급여	사업장업종코드명
두산에너빌리티(주)	5,009	5,647,596	제강업
현대로템 주식회사	3,626	5,567,832	철도 차량 부품 및 관련 장치물 제조업
현대위아(주)	2,926	5,755,835	그 외 자동차용 신품 부품 제조업
(주)경남은행	2,217	5,505,893	BIZ_NO미존재사업장
효성중공업(주)창원1공장	2,000	5,101,756	전동기 및 발전기 제조업

→ 직원 수 1000명 이상 사업장 수 12개, 500명 이상 사업장 수 27개,
　월평균소득 374만 1000원으로 7위

충북 청주(인구수 85만 2448명으로 2위)

청주 인구수와 세대수

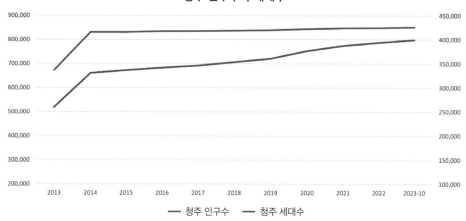

→ 인구수 보합, 세대수 증가

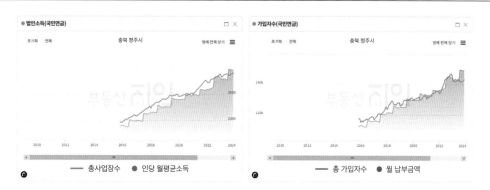

→ 총사업장 수 증가, 월평균소득 증가, 사업장 국민연금 가입자 수 증가

사업장명	직원 수	평균급여	사업장업종코드명
(주)심텍	2,493	4,980,280	BIZ_NO미존재사업장
에이치케이이노엔(주)	1,691	4,625,290	BIZ_NO미존재사업장
자화전자(주)	1,624	3,491,058	기타 반도체 소자 제조업
주식회사 키파운드리	1,595	5,627,164	기타 반도체 소자 제조업
주식회사에코프로비엠	1,441	5,475,278	축전지 제조업

→ 직원 수 1000명 이상 사업장 수 7개, 500명 이상 사업장 수 23개,
월평균소득 347만 원으로 12위

천안 인구수와 세대수

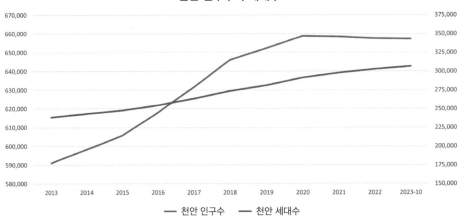

— 천안 인구수 — 천안 세대수

→ 인구수 증가, 세대수 증가

— 총사업장수 ● 인당 월평균소득

— 총 가입자수 ● 월 납부금액

→ 총사업장 수 증가, 월평균소득 증가, 사업장 국민연금 가입자 수 증가

사업장명	직원 수	평균급여	사업장업종코드명
유니투스주식회사	3,080	5,115,444	그 외 자동차용 신품 부품 제조업
세메스주식회사	2,643	5,796,995	동력식 수지 공구 제조업
한국생산기술연구원	2,095	3,963,798	기타
충청남도천안교육지원청(공무직)	1,507	2,452,677	비주거용 건물 임대업(점포 자기땅)
에드워드 코리아 주식회사	1,446	4,578,966	기타 반도체 소자 제조업

→ 직원 수 1000명 이상 사업장 수 7개, 500명 이상 사업장 수 20개,
  월평균소득 358만 4000원으로 10위

전주 인구수와 세대수

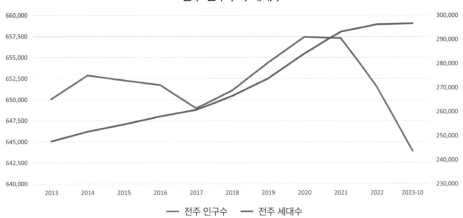

— 전주 인구수 — 전주 세대수

➜ 인구수 감소, 세대수 증가

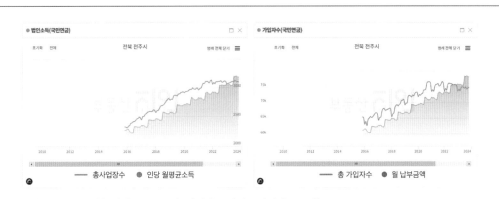

— 총사업장수 ● 인당 월평균소득   — 총 가입자수 ● 월 납부금액

➜ 총사업장 수 보합, 월평균소득 증가, 사업장 국민연금 가입자 수 보합

사업장명	직원 수	평균급여	사업장업종코드명
국민연금공단	5,894	4,815,407	보험 대리 및 중개업
예수병원	1,531	4,225,265	요양병원
국민연금공단	1,235	2,377,226	보험 대리 및 중개업
전북은행(주)	1,134	5,329,706	국내은행
전주교육지원청-재정협력과	960	2,531,036	BIZ_NO미존재사업장

➜ 직원 수 1000명 이상 사업장 수 4개, 500명 이상 사업장 수 9개,
월평균소득 318만 2000원으로 17위

경남 김해(인구수 53만 3396명으로 5위)

김해 인구수와 세대수

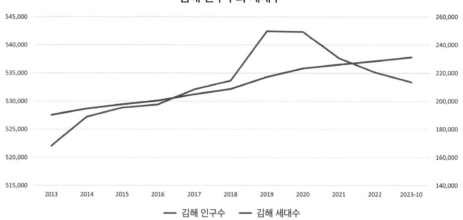

➜ 인구수 증가, 세대수 증가

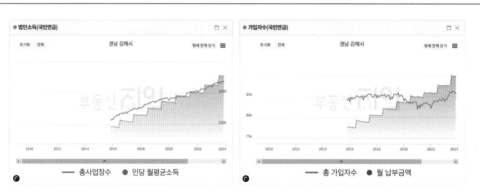

➜ 총사업장 수 증가, 월평균소득 증가, 사업장 국민연금 가입자 수 증가

사업장명	직원 수	평균급여	사업장업종코드명
티케이지태광(주)	844	4,686,409	구두류 제조업
(주)넥센	771	4,512,974	운동 및 경기용품 도매업
(주)대흥알앤티	669	4,304,102	BIZ_NO미존재사업장
(주)유니크	593	4,497,143	BIZ_NO미존재사업장
(주)영일	573	2,477,568	곡물 및 유지작물 도매업

➜ 직원 수 1000명 이상 사업장 수 0개, 500명 이상 사업장 수 7개,
  월평균소득 328만 원으로 16위

포항 인구수와 세대수

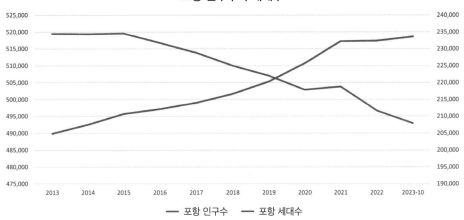

━ 포항 인구수   ━ 포항 세대수

→ 인구수 감소, 세대수 증가

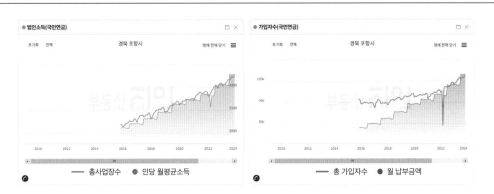

→ 총사업장 수 증가, 월평균소득 증가, 사업장 국민연금 가입자 수 증가

사업장명	직원 수	평균급여	사업장업종코드명
주식회사포스코	16,291	5,690,929	제철업
(주)포스코이앤씨	5,932	5,277,226	기타 토목 시설물 건설업
(주)포스코퓨처엠	2,629	5,288,896	정형 내화 요업제품 제조업
(주)포스코디엑스	2,038	5,615,264	컴퓨터 및 주변장치 소프트웨어 도매업
(의)포항세명기독병원	1,512	3,603,669	요양병원

→ 직원 수 1000명 이상 사업장 수 9개, 500명 이상 사업장 수 17개,
  월평균소득 427만 5000원으로 1위

경북 구미(인구수 40만 5755명으로 7위)

구미 인구수와 세대수

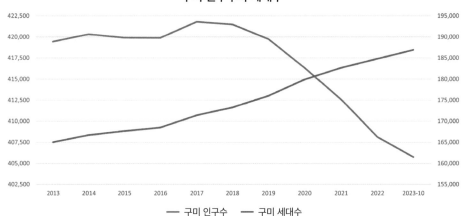

— 구미 인구수   — 구미 세대수

➔ 인구수 감소, 세대수 증가

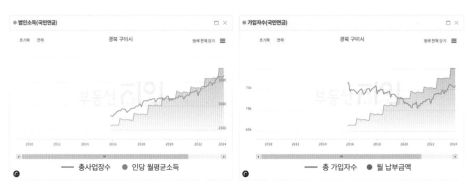

— 총사업장수   ● 인당 월평균소득   — 총 가입자수   ● 월 납부금액

➔ 총사업장 수 증가, 월평균소득 증가, 사업장 국민연금 가입자 수 증가

사업장명	직원 수	평균급여	사업장업종코드명
에스케이실트론주식회사	3,576	5,794,349	기타 반도체 소자 제조업
한화시스템 주식회사	2,955	5,523,343	물질 검사 측정 및 분석 기구 제조업
도레이첨단소재 주식회사	1,910	5,590,345	부직포 및 펠트 제조업
엘아이지넥스원 주식회사	1,428	5,559,698	운송장비용 조명장치 제조업
주식회사원익큐엔씨	1,130	4,978,561	가정용 유리제품 제조업

➔ 직원 수 1000명 이상 사업장 수 6개, 500명 이상 사업장 수 12개,
　월평균소득 377만 5000원으로 5위

원주 인구수와 세대수

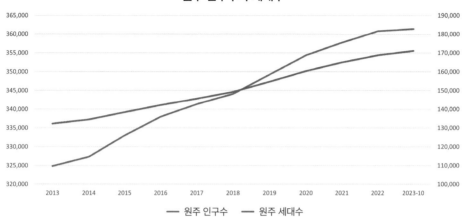

➜ 인구수 증가, 세대수 증가

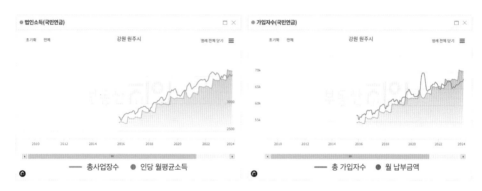

➜ 총사업장 수 증가, 월평균소득 증가, 사업장 국민연금 가입자 수 증가

사업장명	직원 수	평균급여	사업장업종코드명
국민건강보험공단	16,327	4,571,094	보험 대리 및 중개업
건강보험심사평가원	3,819	4,481,062	그 외 기타 분류 안된 전문 과학 및 기술 서비스업
국립공원공단	2,368	3,544,801	자연공원 운영업
강원특별자치도 원주교육지원청	1,036	2,452,730	비주거용 건물 임대업(점포 자기땅)
삼양식품(주)원주공장	945	3,957,067	면류 마카로니 및 유사 식품 제조업

➜ 직원 수 1000명 이상 사업장 수 4개, 500명 이상 사업장 수 7개,
　월평균소득 360만 원으로 9위

양산 인구수와 세대수

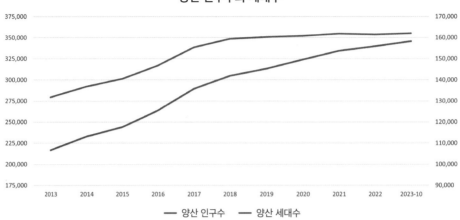

→ 인구수 증가, 세대수 증가

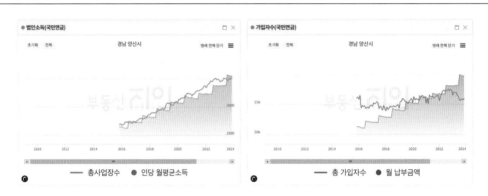

→ 총사업장 수 증가, 월평균소득 증가, 사업장 국민연금 가입자 수 보합

사업장명	직원 수	평균급여	사업장업종코드명
코카콜라음료(주)	2,101	5,332,592	기타 비알코올 음료 제조업
넥센타이어(주)	1,854	5,739,012	자동차 신품 타이어 및 튜브 판매업
성우하이텍소주공장(주)	1,354	5,248,157	그 외 자동차용 신품 부품 제조업
쿠쿠전자주식회사	708	3,866,713	주방용 전기 기기 제조업
(주)화승알앤에이	618	4,675,227	그 외 자동차용 신품 부품 제조업

→ 직원 수 1000명 이상 사업장 수 3개, 500명 이상 사업장 수 6개,
   월평균소득 355만 4000원으로 11위

충남 아산(인구수 34만 1953명으로 10위)

아산 인구수와 세대수

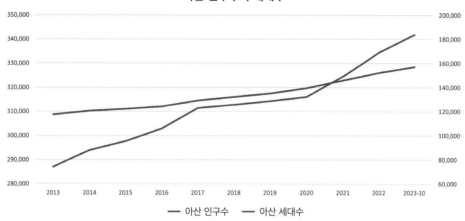

─── 아산 인구수   ─── 아산 세대수

➜ 인구수 증가, 세대수 증가

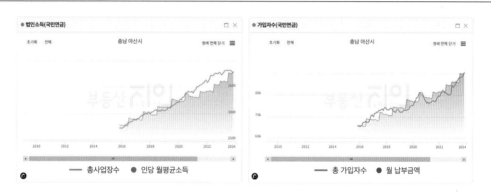

➜ 총사업장 수 증가, 월평균소득 증가, 사업장 국민연금 가입자 수 증가

사업장명	직원 수	평균급여	사업장업종코드명
모트라스주식회사	4,832	4,065,682	그 외 자동차용 신품 부품 제조업
코닝정밀소재(주)	2,570	5,658,279	가정용 유리제품 제조업
하나마이크론(주)	938	4,508,009	기타 반도체 소자 제조업
충청남도아산교육지원청	936	2,400,373	비주거용 건물 임대업(점포 자기땅)
주식회사사이녹스첨단소재	731	4,789,744	컴퓨터 제조업

➜ 직원 수 1000명 이상 사업장 수 2개, 500명 이상 사업장 수 12개,
월평균소득 377만 1000원으로 6위

경남 진주(인구수 34만 1713명으로 11위)

진주 인구수와 세대수

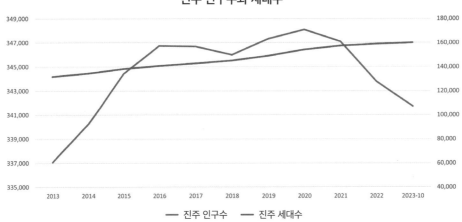

→ 인구수 증가(최근 감소), 세대수 증가

→ 총사업장 수 증가, 월평균소득 증가, 사업장 국민연금 가입자 수 보합

사업장명	직원 수	평균급여	사업장업종코드명
한국토지주택공사	8,573	4,672,314	주거용 건물 건설업
한국남동발전(주)	2,811	5,434,579	태양력 발전업
주택관리공단(주)	2,652	3,430,132	비주거용 부동산 관리업
한국승강기안전공단	1,668	4,120,629	기타 엔지니어링 서비스업
중소벤처기업진흥공단	1,340	4,714,186	국내은행

→ 직원 수 1000명 이상 사업장 수 7개, 500명 이상 사업장 수 12개,
　월평균소득 360만 7000원으로 8위

춘천 인구수와 세대수

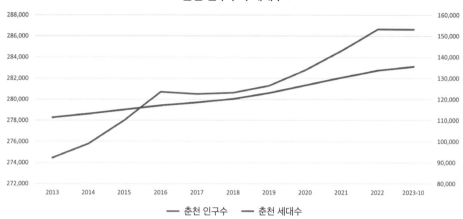

➡ 인구수 증가, 세대수 증가

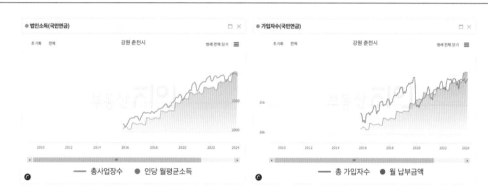

➡ 총사업장 수 증가, 월평균소득 증가, 사업장 국민연금 가입자 수 증가

사업장명	직원 수	평균급여	사업장업종코드명
(주)더존비즈온	1,749	3,993,404	기록매체 복제업
(주)한국고용정보	1,049	2,198,890	광고 대행업
강원도춘천교육지원청 (행정과)	873	2,487,933	비주거용 건물 임대업(점포 자기땅)
주식회사인컴즈	596	3,020,796	그 외 기타 분류 안된 전문 과학 및 기술 서비스업
휴젤(주)	584	4,188,696	의료 기기 도매업

➡ 직원 수 1000명 이상 사업장 수 2개, 500명 이상 사업장 수 6개,
  월평균소득 301만 7000원으로 21위

전남 순천(인구수 27만 8402명으로 13위)

순천 인구수와 세대수

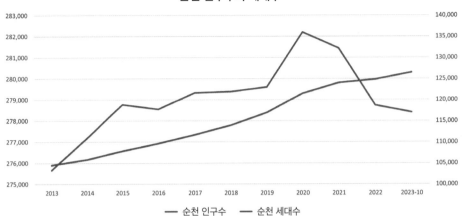

→ 인구수 증가(최근 감소), 세대수 증가

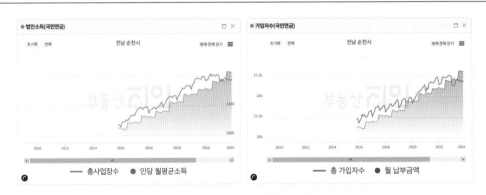

→ 총사업장 수 보합, 월평균소득 증가, 사업장 국민연금 가입자 수 보합

사업장명	직원 수	평균급여	사업장업종코드명
순천교육지원청 (교육공무직원)	566	2,480,929	비주거용 건물 임대업(점포 자기땅)
순천시청(총무과)	542	2,891,512	비주거용 건물 임대업(점포 자기땅)
현대제철 순천공장	501	5,727,040	그 외 기타 1차 철강 제조업

→ 직원 수 1000명 이상 사업장 수 0개, 500명 이상 사업장 수 3개,
　월평균소득 306만 6000원으로 20위

전남 여수(인구수 27만 2151명으로 14위)

여수 인구수와 세대수

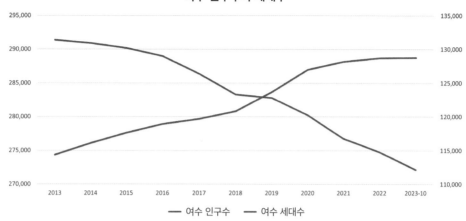

— 여수 인구수   — 여수 세대수

➜ 인구수 감소, 세대수 증가

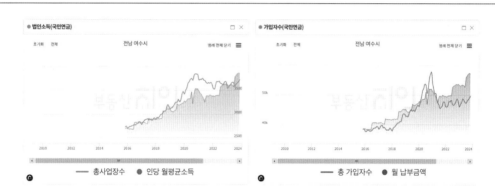

➜ 총사업장 수 보합, 월평균소득 증가, 사업장 국민연금 가입자 수 보합

사업장명	직원 수	평균급여	사업장업종코드명
롯데케미칼(주) 여수공장	1,146	5,283,280	석탄화학계 화합물 및 기타 기초 유기화학 물질제조업
한화솔루션(주) 여수	1,111	5,491,642	기타 기초 무기화학 물질 제조업
한국바스프(주)	1,035	5,587,357	석탄화학계 화합물 및 기타 기초 유기화학 물질제조업
한화에어로스페이스(주) 여수사업장	855	5,107,392	유인 항공기 항공 우주선 및 보조장치 제조업
롯데케미칼주식회사 -롯데케미칼(여수2)	550	5,448,559	석탄화학계 화합물 및 기타 기초 유기화학 물질제조업

➜ 직원 수 1000명 이상 사업장 수 3개, 500명 이상 사업장 수 7개,
　월평균소득 386만 7000원으로 4위

전북 익산(인구수 27만 546명으로 15위)

익산 인구수와 세대수

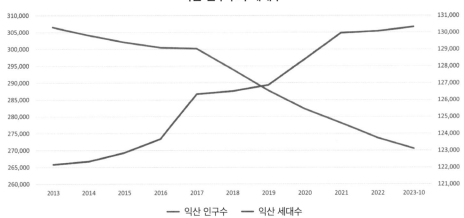

범례: ── 익산 인구수 ── 익산 세대수

→ 인구수 감소, 세대수 증가

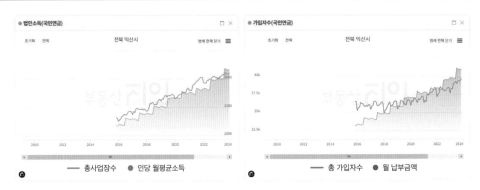

범례: ── 총사업장수 ● 인당 월평균소득 / ── 총 가입자수 ● 월 납부금액

→ 총사업장 수 증가, 월평균소득 증가, 사업장 국민연금 가입자 수 증가

사업장명	직원 수	평균급여	사업장업종코드명
(주)하림	2,167	3,718,213	육류 도축업(가금류 제외)
광전자주식회사	771	3,310,003	기타 반도체 소자 제조업
주식회사 하림산업 함열식품공장	610	3,045,896	기타 자연과학 연구개발업
익산시청(행정지원팀)	607	2,826,772	비주거용 건물 임대업(점포 자기땅)
롯데에너지머티리얼즈 주식회사	526	5,279,035	기타 반도체 소자 제조업

→ 직원 수 1000명 이상 사업장 수 1개, 500명 이상 사업장 수 5개,
  월평균소득 316만 9000원으로 18위

경산 인구수와 세대수

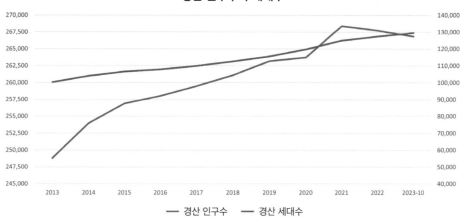

── 경산 인구수   ── 경산 세대수

➜ 인구수 증가, 세대수 증가

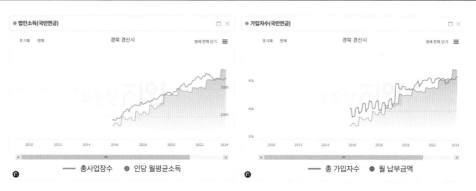

● 법인소득(국민연금)   경북 경산시
── 총사업장수   ● 인당 월평균소득

● 가입자수(국민연금)   경북 경산시
── 총 가입자수   ● 월 납부금액

➜ 총사업장 수 증가, 월평균소득 증가, 사업장 국민연금 가입자 수 보합

사업장명	직원 수	평균급여	사업장업종코드명
에스엘 주식회사 진량공장	2,232	5,331,913	그 외 자동차용 신품 부품 제조업
타이코에이엠피 주식회사	1,304	4,268,702	배전반 및 전기 자동제어반 제조업
영남대학교	602	2,214,524	
아진산업(주)/1공장	595	5,311,313	그 외 자동차용 신품 부품 제조업
경산시청	591	2,948,256	비주거용 건물 임대업(점포 자기땅)

➜ 직원 수 1000명 이상 사업장 수 2개, 500명 이상 사업장 수 7개,
　월평균소득 334만 6000원으로 15위

전북 군산(인구수 26만 407명으로 17위)

군산 인구수와 세대수

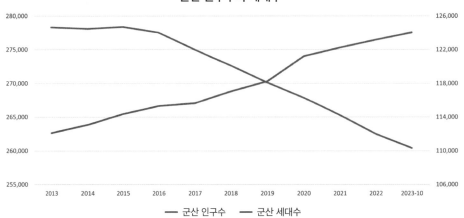

→ 인구수 감소, 세대수 증가

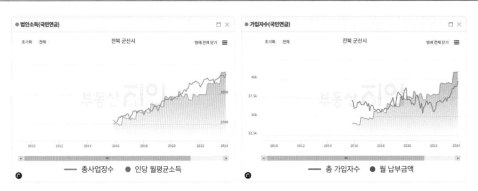

→ 총사업장 수 증가, 월평균소득 증가, 사업장 국민연금 가입자 수 증가

사업장명	직원 수	평균급여	사업장업종코드명
타타대우상용차 주식회사	1,242	5,714,644	화물 자동차 및 특수 목적용 자동차 제조업
이스타항공주식회사	635	2,712,858	기타 항공 운송지원 서비스업
(의료법인)오성의료재단동군산병원	615	3,283,309	요양병원
전라북도 군산의료원	528	4,332,713	요양병원

→ 직원 수 1000명 이상 사업장 수 1개, 500명 이상 사업장 수 4개,
  월평균소득 336만 9000원으로 14위

경주 인구수와 세대수

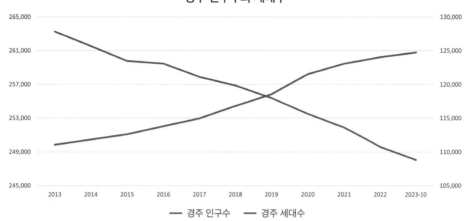

→ 인구수 감소, 세대수 증가

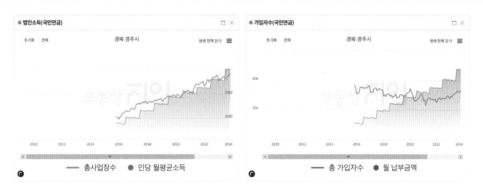

→ 총사업장 수 증가, 월평균소득 증가, 사업장 국민연금 가입자 수 증가

사업장명	직원 수	평균급여	사업장업종코드명
한국수력원자력(주)	12,809	5,441,471	태양력 발전업
(주) 풍산 안강사업장	1,423	5,622,858	기타 비철금속 제련 정련 및 합금 제조업
(주)다스	1,311	5,506,515	그 외 자동차용 신품 부품 제조업
에코플라스틱(주)	567	5,587,737	그 외 자동차용 신품 부품 제조업
발레오전장시스템코리아(주)	563	5,764,993	

→ 직원 수 1000명 이상 사업장 수 3개, 500명 이상 사업장 수 6개, 월평균소득 402만 1000원으로 2위 한국수력원자력 본사(직원 수 1만 2809명, 평균급여 544만 1471원)가 경주에 위치해 수치가 잡혔으나 실제 직원은 전국에서 근무한다. 이 수치로 인해 경주 전체의 월평균소득이 높게 잡혀 통계의 오류가 발생했다.

거제 인구수와 세대수

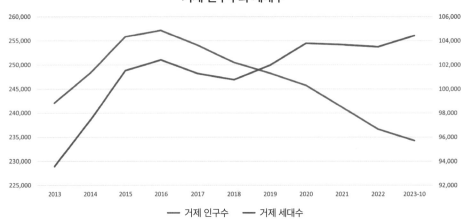

— 거제 인구수   — 거제 세대수

➜ 인구수 감소, 세대수 증가

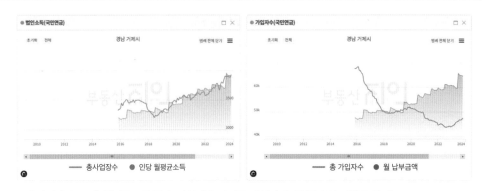

— 총사업장수   ● 인당 월평균소득   — 총 가입자수   ● 월 납부금액

➜ 총사업장 수 증가, 월평균소득 증가, 사업장 국민연금 가입자 수 큰 폭의 감소(최근 증가)

사업장명	직원 수	평균급여	사업장업종코드명
한화오션(주)	8,432	5,391,392	강선 건조업
삼성중공업(주)거제조선소	8,278	5,484,980	선박 구성 부분품 제조업
웰리브에프앤에스주식회사	610	3,121,933	그 외 기타 분류 안된 사업 지원 서비스업

➜ 직원 수 1000명 이상 사업장 수 2개, 500명 이상 사업장 수 3개,
월평균소득 391만 원으로 3위

전남 목포(인구수 21만 4448명으로 20위)

목포 인구수와 세대수

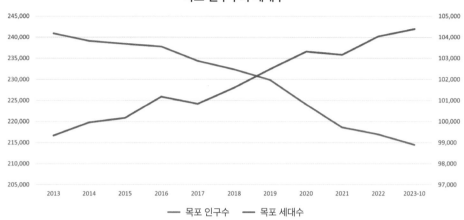

범례: 목포 인구수 — 목포 세대수

➜ 인구수 감소, 세대수 증가

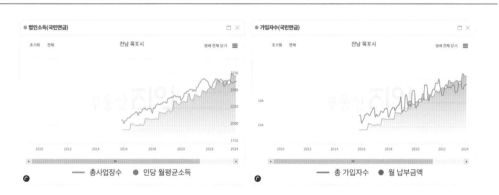

➜ 총사업장 수 보합, 월평균소득 증가, 사업장 국민연금 가입자 수 보합

사업장명	직원 수	평균급여	사업장업종코드명
목포시청	422	3,694,447	기타 부동산 임대업
전라남도목포교육지원청 (학교 비공무원)	399	2,553,974	BIZ_NO미존재사업장
의료법인목포구암의료재단	396	3,228,398	요양병원

➜ 직원 수 1000명 이상 사업장 수 0개, 500명 이상 사업장 수 0개,
　월평균소득 273만 1000원으로 22위

강원 강릉(인구수 20만 9843명으로 21위)

강릉 인구수와 세대수

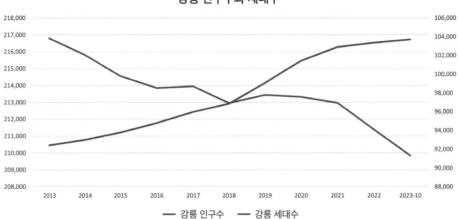

— 강릉 인구수　— 강릉 세대수

➔ 인구수 감소, 세대수 증가

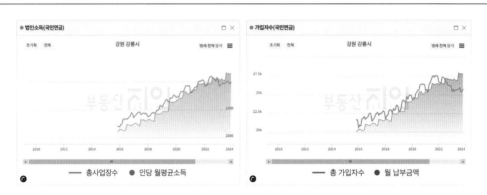

➔ 총사업장 수 보합, 월평균소득 증가, 사업장 국민연금 가입자 수 보합(최근 감소)

사업장명	직원 수	평균급여	사업장업종코드명
강릉아산병원	1,622	4,793,079	요양병원
강원특별자치도 강릉교육지원청	687	2,520,997	비주거용 건물 임대업(점포 자기땅)

➔ 직원 수 1000명 이상 사업장 수 1개, 500명 이상 사업장 수 2개,
월평균소득 313만 5000원으로 19위

충북 충주(인구수 20만 7892명으로 22위)

충주 인구수와 세대수

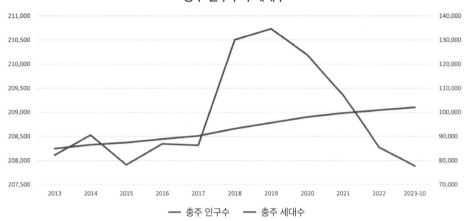

➜ 인구수 보합(최근 감소), 세대수 증가

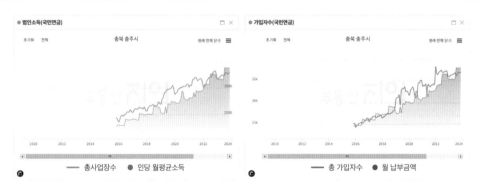

➜ 총사업장 수 증가, 월평균소득 증가, 사업장 국민연금 가입자 수 증가

사업장명	직원 수	평균급여	사업장업종코드명
현대엘리베이터(주)	2,727	5,338,976	기타 물품 취급장비 제조업
중앙경찰학교(신임)	2,215	1,417,845	비주거용 건물 임대업(점포 자기땅)
에이치그린파워주식회사	1,354	3,851,735	BIZ_NO미존재사업장
더블유씨피(주)	1,063	3,823,628	축전지 제조업

➜ 직원 수 1000명 이상 사업장 수 4개, 500명 이상 사업장 수 4개,
  월평균소득 338만 1000원으로 13위

인구수 순으로
상승세가 전달된다

　시 단위의 부동산 시장 흐름은 도 내에서 인구수가 많은 시부터 차례대로 움직인다. 그래서 도별로 인구수가 가장 많은 시의 움직임을 체크하는 것이 중요하다. 만약 바로 인구수 1위 시를 투자한다면 쉽지 않겠지만 인구 2위, 3위시를 투자하는 건 너무나 쉽다. 인구 1위저의 움직임을 보고 미리 매수하거나 혹은 매도하면 되기 때문이다.

　물론 우리는 2장 도 단위 부동산 흐름에서 도 단위 그룹핑을 배웠기에 인구수 1위 시도 충분히 타이밍을 맞춰서 투자할 수 있다. 상관계수가 높은 2개의 도 단위의 지역을 보고 있다가 먼저 상승하는 도가 있으면 따라서 매수하면 된다. 시 단위 부동산 흐름을 도 단위 그룹핑과 접목한 투자 방법은 뒤에서 설명하겠다. 불확실한 것에 리스크를 걸지 말고 수치로 계산이 되는 확실한 것에 투자하라.

🌐 잭파시의 데이터 분석법

'시'의 인구수에 따른 상승흐름

| 충북 | 청주 (85만) → 충주 (20만) |

| 충남 | 천안 (65만) → 아산 (34만) → 서산 (17만) → 당진 (17만) |

| 전북 | 전주 (64만) → 익산 (27만) = 군산 (26만) |

| 전남 | 목포 (21만) → 무안 (9만) |
| | 여수 (27만) → 순천 (27만) → 광양 (15만) |

| 경북 | 포항 (49만) → 구미 (40만) → 경주 (24만) → 안동 (15만) |

| 경남 | 창원 성산 의창 (45만) → 창원 마산 (35만) = 창원 진해 (19만) |
| | 진주 (34만) → 사천 (10만) |

| 강원 | 원주 (36만) → 춘천 (28만) → 강릉 (21만) |

| 제주 | 제주 (49만) → 서귀포 (18만) |

(편의를 위해 천 단위부터 절삭)

충남 인구수 1, 2위 도시의 부동산 흐름

시 단위 부동산 흐름을 확인해 보자. 먼저 충남이다. 인구수 1위 도시 천안 (65만 명)과 2위 도시 아산(34만 명)의 인구수 차이는 크지만 KTX·SRT천안아산역을 기준으로 서로 붙어 있다. 이렇게 시 단위가 붙어 있는 경우에는 투자심리가 생기면 동시에 달아오르기 때문에 시차가 생기기는 다소 어려운 구조다.

그러나 3위 도시 서산(17만 명)을 생각하면 천안·아산과는 인구수의 차이가 크고 위치가 서로 동떨어져 있어 시차 또한 크게 벌어지므로 흐름을 파악해 투자하기에 매우 좋은 요건이다. 각 지역의 매매가격 증감률을 보면 천안과 아산이 2019년 12월 23일로 상승의 시점이 동일했다.

📊 주요 데이터 산출 공식

아파트 종류별 가격 상승 흐름

신축 → 준신축 → 32평 계단식 구축 → 25평 계단식 구축 → 25평 복도식 구축 → 21평 이하 복도식 구축

만약 상승에너지가 큰 상황이라면 가장 끝에 있는 21평 이하 복도식에도 상승이 미치겠으나 상승에너지가 그리 크지 않은 상황이면 상승하다가 중간 어디쯤에서 멈춘다. 안타깝지만 상대적으로 투자 선호도가 없는 물건이기에 어쩔 수가 없다. 이런 이유 때문에 나의 경우 지방 7도에 투자할 때는 25평 계단식 구축까지만 매수한다.

천안 아파트 주간 매매가격증감률

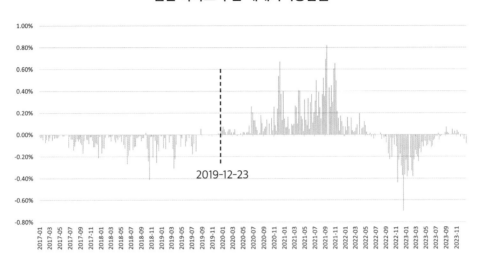

2019-12-23

아산 아파트 주간 매매가격증감률

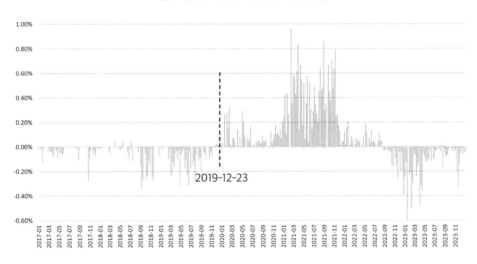

2019-12-23

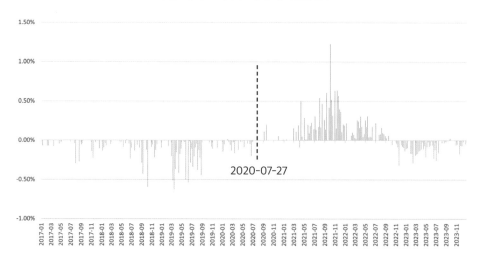

서산 아파트 주간 매매가격증감률

2020-07-27

그런데 아산에 한 번의 상승이 있었던 뒤 2020년 1월 20일까지는 보합 상태가 유지되어서 실제 상승 시기를 그 이후로 보아도 무방하다. 만약 그렇다면 약 한 달간의 시차가 존재한다. 서산의 경우 상승 시작점이 2020년 7월 27일이기 때문에 1, 2위 도시보다 약 반년 뒤에 상승했다.

인구수가 적은 도시들의 매매가격 증감의 특징은 인구수가 높은 도시들보다 상승 시작이 늦지만 만약 상위 도시가 하락을 시작한다면 바로 같이 떨어져 실제 상승구간은 짧다는 것이다.

전북과 경북 인구수 1, 2위 도시의 부동산 흐름

동일한 방법으로 이번에는 전북 인구수 1, 2위 도시와 경북 인구수 1, 2위 도시를 살펴보겠다. 전북 인구수 1위 도시는 전주(64만 명)이고, 2위 도시는 익

전주 아파트 주간 매매가격증감률

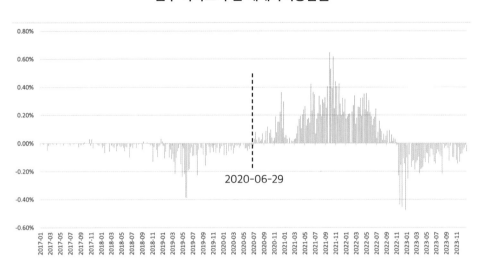

2020-06-29

익산 아파트 주간 매매가격증감률

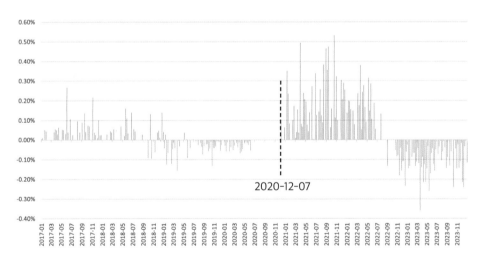

2020-12-07

포항 아파트 주간 매매가격증감률

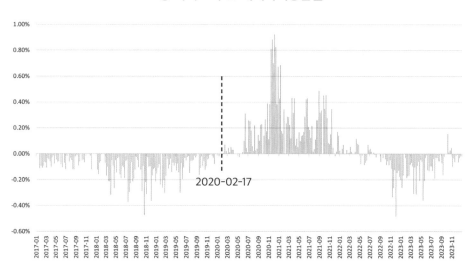

2020-02-17

구미 아파트 주간 매매가격증감률

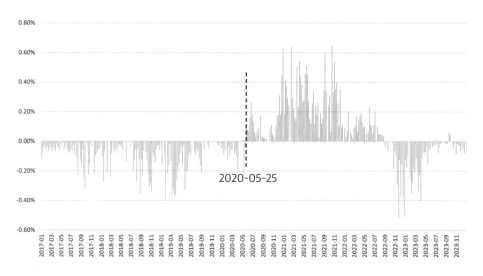

2020-05-25

산(27만)이다. 또한 경북 인구수 1위 도시는 포항(49만 명)이고 2위 도시는 구미 (40만 명)다. 전주의 지난 상승 시점은 2020년 6월 29일이고 익산은 그보다 약 반년 정도 늦은 2020년 12월 7일에 처음 상승이 시작되었다. 1위 도시와 2위 도시 간에 매매가격증감률의 상승시차가 꽤 있기에 2위 도시의 매수 타이밍을 맞추기가 수월하다.

포항은 2020년 2월 17일에 상승이 처음 시작되었고 구미의 경우 그보다 3 개월 늦은 2020년 5월 25일에 상승이 시작되었다. 물론 지역마다 공급량과 미 분양의 차이가 있기 때문에 인구가 더 많은 상위도시라고 하더라도 부동산 흐름이 더 늦게 올 수도 있다. 하지만 기본적으로 동일한 컨디션이라면 같은 도에 있는 도시 중 인구가 큰 곳부터 먼저 상승이 시작되고 그 뒤에 도시들은 시차를 두고 따라가는 게 보통이다. 여기에서 1위 도시와 물리적인 거리가 크고 인구수의 차이가 크면 시차가 더 크게 발생한다. 우리는 이 시차를 노려서 조금 더 안전한 투자를 하면 된다.

시 단위 부동산시장 흐름에 도 단위 그루핑을 접목하는 법

잭파시 톱다운 투자법 2단계인 도 단위 부동산 흐름에서 도 단위 그룹핑을 배웠다. 충북과 충남은 0.989455의 상관계수를 가지고 있기 때문에 약 20년간의 시계열에서 변곡점이 다른 구간을 찾기 어려울 정도로 거의 동일하다. 아직도 이 상관계수가 의심된다면 아래 충북과 충남의 아파트매매지수의 변곡점을 잘 살펴보길 바란다.

바로 앞에서 도 인구수 1위 도시부터 2, 3위 도시로 부동산 시장의 상승흐름이 전달된다고 배웠는데, 이때 이런 의문이 들 수 있다. 2, 3위 도시의 투자 타이밍은 파악할 수 있겠지만 1위 도시는 투자의 기준점이 되기 때문에 이것만 봐서는 1위 도시까지 모두 파악하기는 어렵다는 점이다. 그래서 기존에 배웠던 도 단위 그룹핑과 접목하여 이 점을 보완할 수 있다. 상관계수가 높은 2개의 도 중에서 하나가 먼저 상승한다면 나머지 도의 인구수 1위 도시도 당연히 상승할 것이라는 점이다.

2024월 1월 현재 2023년 12월까지의 충북과 충남의 아파트매매지수로 보았을 때 충북의 경우 반등에 성공했지만 충남은 아직 하락 중이다. 현재 떨어지고 있는 충남의 아파트를 사는 것이 무서울 수 있지만 약 20년이 넘는 시계열의 상관계수가 0.99에 가깝게 나온다면 충북의 지수를 보고 베팅해 볼 수 있다. 이런 분석은 충분히 수학적인 접근이고 근거를 확보하는 투자다. 다만, 상관계수가 높게 나온다는 것은 무조건 A가 오를 때 B가 따라 오른다는 뜻이 아니라 A가 내릴 때 B도 따라 내린다는 의미도 된다. 즉, 충남이 하락 중인 것에 충북이 따라올 확률도 계산해서 투자해야 하는 것이다. 그러니 상관계수를 보고 투자할 때에는 이 책에서 안내한 다른 선행지수들을 함께 보고 종합적으로 판단하길 바란다.

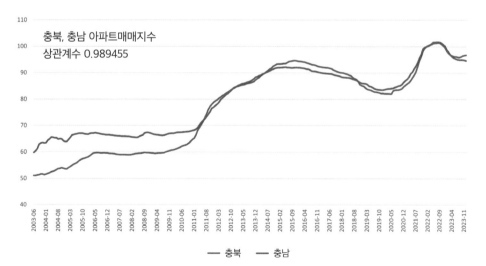

충북, 충남 아파트매매지수

충북, 충남 아파트매매지수
상관계수 0.989455

— 충북   — 충남

도 단위 흐름을 알면
인구수 1위 도시의 투자 타이밍도 알 수 있다

충북과 충남이 0.989455의 높은 상관계수 가지고 있는 가운데 충북의 인구수 1위인 도시는 청주이고 충남의 인구수 1위인 도시는 천안이다. 만약 이 둘 중 하나가 상승한다면 나머지도 뒤따라 상승할 것이다. 이전 상승기 시기의 데이터를 보면 천안의 상승 시기는 2019년 12월 23일이었고 청주는 그보다 6개월이나 늦은 2020년 5월 11일이었다. 즉, 우리에게는 천안이 상승한 뒤 청주에 투자하기까지 약 6개월이라는 시간이 주어졌던 것이다. 참고로 나는 이 시기에 청주 25평형 계단식 구축 아파트 3채를 무피로 매수했다.

또 다른 예를 들어보자. 전북과 경남의 상관계수가 0.977252로 상당히 높았다. 여기서 우리가 알아야 할 점은 남북도가 아니라 오히려 양옆의 도들이 더 많은 상관관계를 많이 가지고 있다는 것이었다. 그럼 전북의 인구수 1위인 전

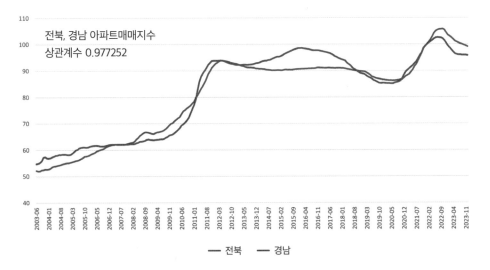

전북, 경남 아파트매매지수

창원 아파트매매지수

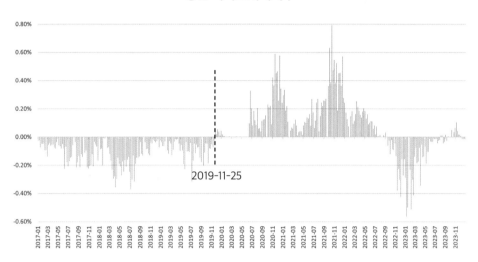

2019-11-25

전주 아파트매매지수

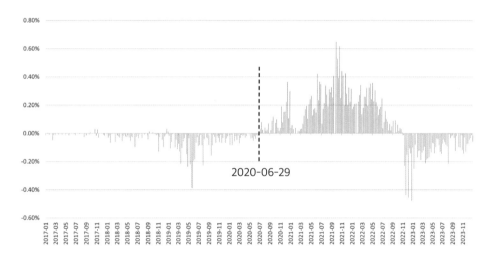

2020-06-29

주와 경남의 인구수 1위인 창원의 아파트 매매가격증감률 그래프는 어떨까?

경남 창원이 2019년 11월 25일부터 상승하기 시작했고 전북 전주의 경우 2020년 6월 29일부터 상승을 시작했다. 그렇다면 창원이 상승하는 것을 확인하고 전주 아파트를 매수하기까지 약 7개월의 시간이 있다. 그 기간 동안 전주는 하락장이었지만 두 도의 상관계수가 거의 1에 가깝다는 것을 알고 있었다면 하락장임에도 확신을 가지고 베팅할 수 있었을 것이다.

경북과 충북의 상관계수도 0.981475로 남북도가 아니라 나란히 위치한 양 옆의 도시의 유사성이 높다고 나왔다. 경북의 인구수 1위인 포항의 상승 시작일은 2020년 2월 17일이고 충북의 인구수 1위인 청주의 상승 시작일은 2020년 5월 11일로 약 3개월의 차이가 나는 것을 볼 수 있다.

이렇게 우리는 도마다 상관계수를 구할 수 있기에 1위 도시의 매수 타이밍도 맞출 수 있다. 1위 도시의 타이밍을 알면 자연스럽게 2, 3위 도시의 매수 타이밍까지 알 수 있다.

지금까지는 상승을 기준으로 이야기했는데, 상관계수는 하나의 변량이 증가 혹은 감소할 때 다른 변량의 움직임을 보는 것이기 때문에 하락의 움직임도 파악해 볼 수 있다. 상관계수가 높은 두 개의 도가 있고 그중에 인구수 1위인 도시가 먼저 하락을 시작했다면? 그리고 나머지 도의 인구수 1위인 도시를 내가 만약 들고 있다면? 고민할 것 없이 바로 매도해야 한다. 따라서 하락이 시작될 것이기 때문에 그렇다. 도 단위 그룹핑의 상관계수는 도시별 하락을 확인하고 매도 타이밍을 잡을 때도 선행지수로 사용할 수 있다.

거래량이 평균값 이상이면
부동산 매매지수는 상승한다

  2012년 경매로 처음 부동산 투자에 발을 들인 이후 현재까지 약 13년째 투자를 이어오고 있다. 주식 투자는 고등학교 때 사이버 모의주식부터 시작했기 때문에 그 기간이 부동산보다 훨씬 길다. 오랫동안 투자해 보니 실제로 우리가 원하는 가격보다 더 중요한 것은 거래량이라는 걸 알았다. 자본주의에서는 사람들의 관심이 곧 돈으로 이어진다. 즉, 관심이 없으면 거래량도 없기에 자산 가격이 오를 거라고 기대할 수 없다. 이것이 바로 주식을 오랜 기간 하면서 느낀 기본원리다. 부동산 투자의 원리도 동일하다. 이 기본원리는 지방 7도 외지인거래량에서 더 자세하게 설명하도록 하겠다. 중요한 부분이라서 먼저 언급하고 넘어가고 싶었다. 지금은 우선은 이번 장의 제목처럼 거래량이 평균값 이상이면 부동산 매매지수는 상승한다는 것만 알아두자.

거래량으로 가격을 유추할 수 있다

다음에 나오는 그래프는 서울아파트거래량과 매매지수를 넣어 만들었으며 검은색 선은 2006년 1월부터 현재까지 거래량의 평균값인 6500을 검은색 점선으로 그었다. 가장 먼저 알 수 있는 것은 이 평균값인 6500선보다 거래량이 크게 나오는 구간이라면 아파트매매지수는 상승하고 반대로 평균값 이하라면 가격이 하락한다는 것이다. 생각보다 부동산 가격은 굉장히 심플하게 움직인다.

2021년 1월부터 거래량이 평균보다 아래로 떨어졌지만 그 후로 약 1년 동안 매매지수가 상승했던 것은 상승장의 마지막으로 매도호가가 높아져서 매수가 따라붙기가 어렵지만 이따금 나오는 신고가 거래로 인해 벌어진 현상이다. 주식과 부동산의 다른 점이 바로 이것이다. 둘 다 선진입자들이 저렴한 가격에

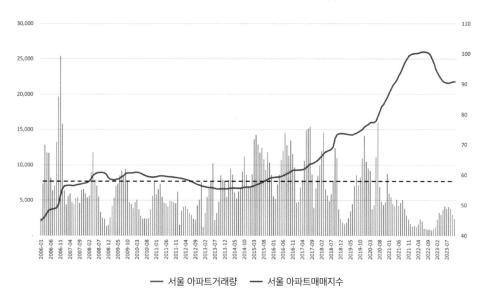

서울 아파트거래량과 아파트매매지수

— 서울 아파트거래량　— 서울 아파트매매지수

매집하는 것은 동일하지만 주식은 최고점에서 대량거래로 선진입자들이 털고 나가는 반면 부동산은 최고점에서 대량거래가 나오지 않는다. 상승 사이클 말기로 갈수록 매도자는 매매지수가 상승하고 있으니 높은 호가를 포기하지 않지만 매수자는 고가경계감으로 그 호가에 따라붙지 않아 매도·매수호가의 간극이 벌어진다. 그러다가 매도자 우위의 시장이 매수자 우위의 시장으로 변경되면 매도자가 슬슬 가격을 낮추기 시작하는데 여기서부터가 바로 매매지수의 하락 시점이다.

이 그래프는 이전에 보았던 서울아파트거래량과 매매지수를 다소 변형한 것이다. 먼저 서울아파트거래량을 5구간(5개월) 이동평균선으로 만들었고 매매지수 대신 월간매매증감률을 넣었다. 앞에서 살펴봤던 서울아파트거래량과 매매지수는 과거 거래량의 평균인 6500 이상이라면 상승이었다. 거래량 이동평

서울 아파트거래량 이동평균선과 월간 매매증감률

균선 5구간(5개월)으로 따졌을 때는 5000으로 보면 된다.

그래프를 봤을 때 거래량 이동평균선 값이 5000 밑으로 빠지면 월간매매 증감률이 마이너스가 되고 반대로 5000 이상에서 움직이면 플러스로 나타나기 때문이다. 물론 거래량 이동평균선 자체가 높으면 높을수록 매매상승률이 높게 나온다. 다만 여기에서도 기억해야 할 점은 단순히 거래량이 많다 적다가 아니라 이 거래량의 흐름이 감소하고 있는가 증가하고 있는가다. 거래량 이평선이 감소하고 있는 기간에는 매매상승률이 감소하면서 보합을 거쳐 하락으로 간다.

우리가 투자해야 할 시기도 이 그래프로 알 수 있다. 거래량 이평선이 바닥에서 상승을 시작해 올라가고 최종적으로 평균 5000 이상에서 움직인다면 매매지수는 지속적으로 상승할 것이다. 러프하게 서울아파트거래량으로 매매지수를 판단하려면 평균값 6500을 기억하고, 타이트하게 판단하려면 5000을 기억하면 좋다. 또한 이 거래량이 10000이 넘는다면 큰 폭의 상승시기가 될 것이다. 이렇게 매매지수를 알지 못하더라도 거래량만을 가지고 가격을 유추할 수 있다. 따라서 실제로 중요한 것은 가격이 아니라 거래량이다.

다른 지역도 같은 움직임을 보이는지 확인해 보자. 대구의 2006년부터 현재까지 거래량 평균은 약 2680이며, 검은색 점선으로 표시했다. 이 선을 기준으로 2009년 3월부터 2020년 12월까지 거의 12년 동안 2015년 말에서 2017년 중순까지를 제외하고는 거래량이 평균치보다 높았고 매매지수 상승률은 50에서 거의 100에 달할 정도로 굉장히 컸다. 이렇게 너무 오랜 기간 높게 상승한 부분도 리스크였지만 2021~2024년에는 공급량이 수요량보다 너무 많았기에 하락폭이 더욱 컸다.

대구는 2021년 12월부터 매매지수가 하락하기 시작했는데 그보다 먼저

대구 아파트거래량과 아파트매매지수

— 대구 아파트거래량   — 대구 아파트매매지수

2020년 12월에 거래량 6359에서 2021년 1월 2099로 1/3토막이 난 후 지속적으로 거래량이 감소하며 평균값인 2680에서 크게 멀어졌다. 이렇게 거래량이 먼저 떨어지고 그 뒤에 매매지수가 떨어진다. 물론 반대의 경우도 성립하는데, 매매거래량이 크게 올라온 이후 매매지수가 상승하는 식이다. 거래량을 선행지수 삼아서 투자해도 무방하다는 뜻이다. 외지인거래량에서 다시 자세하게 설명하도록 하겠다.

매매·전세거래량으로 시장의 방향성을 판단한다

　만약 전세를 살고 있는 임차인에게 왜 전세로 살고 있는지 물어본다면 아마도 앞으로 부동산 가격이 떨어질 것 같아서 자산가치에 손해를 보지 않는 전세(인플레이션을 고려하면 손해지만)를 택했다고 답하는 이들이 있을 것이다.

　시장 참여자의 대다수가 이런 생각을 가지고 있다면 전세거래량은 많지만 매매거래량은 적을 것이고 매매거래량이 적으면 매매지수가 낮아질 것이라 판단할 수 있다. 이 상관관계는 앞에서 이미 배웠다. 그런데 만약 대다수의 임차인이 앞으로 부동산 가격이 올라갈 것 같아서 전세가 아닌 매매를 선택한다면 상대적으로 매매거래량이 크게 높아지면서 매매지수는 따라서 오를 것이다. 지금까지 설명한 부분을 그래프로 한번 살펴보자.

　서울의 매매거래량과 전세거래량 그리고 매매지수를 하나의 그래프로 만들었다. 2013년 이전에는 매매거래량 그래프인 파란색보다 전세거래량 그래프

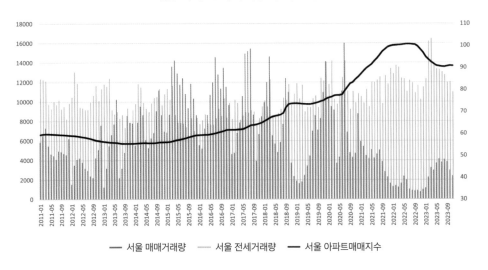

서울 매매·전세거래량과 매매지수

인 옅은 빨간색이 약 2배 정도 더 많아 보인다. 하락의 시기였기 때문에 매매거래보다는 전세거래가 더 많았기 때문이다. 그리고 점차 파란색 매매거래량이 높아지면서 2015년 3월부터는 옅은 빨간색 전세거래량보다 더 많아진다. 당연히 이렇게 전세보다 매매를 택하는 거래가 증가하면서 매매지수는 상승한다.

다시 큰 하락장이 진행되던 2023년 2월에는 전세거래량이 16219였지만 매매거래량은 2286에 불과했었다. 이렇게 매매와 전세거래량으로 하락의 시기인지 상승의 시기인지 판단할 수 있다.

가장 큰 시세차익을 남길 수 있는 투자 타이밍

이번 그래프는 앞서 본 데이터를 약간 변형시켰는데 매매거래량과 전세거래량을 알고 있으니 그 두 개를 나누어서 매매/전세거래량비율을 구했다.

매매/전세거래량비율이 검은색 선으로, 비율이 아주 낮을 때는 2013년 1월 10.3%, 2022년 11월 7.4%가 나왔다. 이제는 이것을 보고 그냥 넘어가서는 안 된다. 가장 많은 시세차익을 남길 수 있는 투자 타이밍은 바로 이때다.

오랜 기간 큰 폭의 하락세를 보였기 때문에 아무도 매수를 하지 않는 공포의 시간이며, 매도자들이 패닉셀을 하기 때문에 매수자가 우위에서 큰 폭의 가

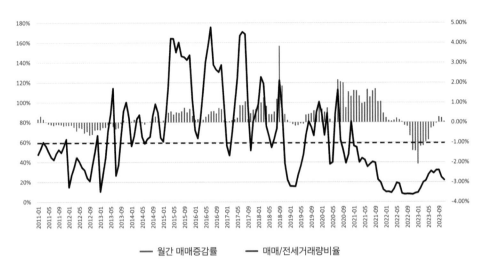

서울 매매/전세거래량비율과 월간 매매증감률

월간 매매증감률 ——— 매매/전세거래량비율

격 네고를 하는 것도 가능하며 계약 조건도 유리하게 설정할 수 있다. 하지만 막상 이 내용을 알고 있다고 하더라도 다시 그 시점으로 간다면 역시나 매수를 결정할 수 없을 것이다. 이때는 사실 아무런 지표의 개선도 보이지 않는 껌껌한 시기이므로 감각에 의지해 베팅해야 한다.

"해가 뜨기 직전이 가장 어둡다" 동이 트기 전이 가장 어둡다는 자연현상에 빗대어 나온 표현으로 '어떤 일이 풀리기 직전이 가장 힘들고 어렵다'라는 뜻으로 사용한다. 딱 이런 어려운 순간이 바로 매매/전세거래량비율이 가장 저점을 찍었을 때다. 앞으로도 위기의 순간이라고 느껴진다면 이 그래프를 한번 만들어보길 바란다.

매매/전세거래량비율 그래프에서 눈여겨봐야 할 수치가 있다. 바로 매매거래량이 전세거래량의 60%가 되는 지점인데 검은색 점선으로 표시해 두었다. 매매/전세거래량비율 그래프가 이 점선 밑에 있다면 하락 시기이고 반대로 위에서 움직이고 있다면 상승 시기다. 쉽게 표현하자면 전세거래량의 약 60%정도만 매매거래량으로 나와 준다면 시장의 상승심리가 살아 있다는 것으로 봐야 한다. 물론 이 비율이 100%를 넘겨서 유지된다면 큰 폭으로 오랜 기간 상승을 유지할 것이다.

이 서울 매매/전세거래량비율 그래프를 통해서 앞으로 서울 아파트 매매가격이 과거 2009~2013년처럼 다시 떨어질지 아닐지 판단할 수 있다. 이전 사이클 하락장 초기인 2008년 서브프라임 사태 직후 급격한 주택가격의 하락을 막고자 LTV대출규제를 풀어서 2009년에 다시 고점을 찍었다. 그다음 다시 대출규제를 막았고 수도권의 부동산은 2013년까지 지속적으로 하락했다.

2023년 12월 현재의 상황이 딱 이전 하락장과 유사해 보인다. 2023년 1월에 주택가격 연착륙을 위해 특례보금자리론으로 유동성 40조 원을 풀었다가 9월 부부합산 연소득이 1억 원을 넘거나 6억 원 이상 주택을 대상으로 하는 일반형 특례보금자리론 공급을 중단했다. 또한 50년 주택담보대출 상품도 유동성이 크게 증가하는 것을 고려해 시장에서 강제로 퇴출시켰다. 2024년 2월부터는 DSR산정 때 대출금리에 최대 3%를 더 얹어 대출한도를 줄이는 스트레스 DSR도 시행될 예정이다.

윤석열 정부에서 정당이 바뀐 계기 중 하나가 문재인 정부의 부동산 대책 실패로 인한 가격 폭등이었다. 이 점을 잘 알고 있는 현정부 입장에선 2024년 4월에 치러지는 국회의원 선거 이전까지는 가능하면 유동성을 증가시키는 대책은 시행하지 않을 것이라 예상한다.

서울 매매/전세거래량비율을 통해 예상해 보자면 2022년 11월 7.4%에서 2023년 9월 32%까지 지속적으로 올라왔다가 11월에 다시 21.9%까지 빠졌기 때문에 2011년 1월부터 2013년 1월까지와 같이 60%를 넘기지 못하고 현재처럼 낮은 비율로 움직인다면 하락장은 더 길게 이어질 것이다. 그러나 앞으로 이 데이터가 좋아지면서 60% 선을 뚫고 그 위로 올라가서 유지되며 우상향한다면 사실상 하락장이 끝나고 다시 새로운 상승 사이클이 시작되었다고 봐도 된다.

지방 7도 분석은
외지인거래량을 체크하면 끝난다

아무래도 도 내에서 매수했다면 실거주 목적이라고 보는 것이 타당하고, 해당 도의 사람이 아닌 서울이나 기타 도에서 매수했다면 투자 목적일 가능성이 크다. 물론 직장 등의 이유로 완전히 타지역으로 옮기는 것은 투자가 아닌 실거주 목적이겠으나 이렇게까지 자세하게 파악할 수는 없기에 관할시도외 서울과 관할시도외 기타를 묶어서 외지인거래라고 하겠다.

이제 그래프를 살펴보자. 먼저 전주와 천안의 외지인거래량비율과 아파트 매매지수를 넣었다. 각 그래프의 왼쪽 축을 보면 전주는 2022년 3월 63.9%까지 올라가고 천안은 2021년 3월 165%까지 고점이 만들어졌다. 참고로 서울과 부산의 경우 외지인거래량비율의 범위는 약 10~30% 사이지만 지방의 경우는 이렇게 투자수요가 몰리면 외지인거래량비율이 높게 올라갈 수 있다.

2023년 전주의 아파트거래총액은 약 1조 8000억 원이고 천안 아파트 거래

전주 외지인거래량비율과 아파트매매지수

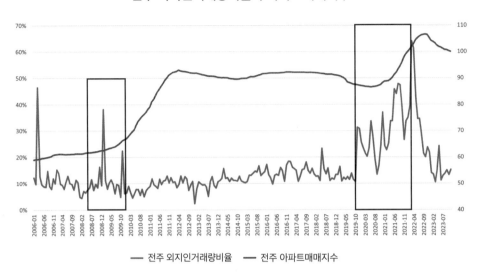

전주 외지인거래량비율 ——— 전주 아파트매매지수

천안 외지인거래량비율과 아파트매매지수

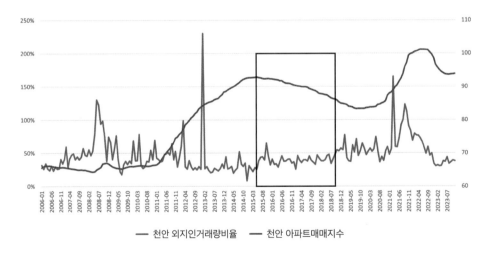

천안 외지인거래량비율 ——— 천안 아파트매매지수

총액은 약 2조로, 상대적으로 작은 시장이기 때문에 외지인거래가 많이 들어왔을 때 시세에 영향을 줄 수 있다. 반대로 서울의 2023년 아파트 거래총액은 약 34조 원으로, 외지인거래 약 20%가 들어온다고 해도 시세를 쥐고 흔들 수 있는 시장이 아니다. 주식에서 대형주를 생각하면 이해가 좀 더 잘 될 것이다.

전주와 천안의 외지인거래량비율과 아파트매매지수를 보자. 상승이 일어나기 전 이미 외지인거래량이 크게 증가하는 모습을 볼 수 있다. 그리고 외지인거래량이 아주 낮게 유지되는 구간에는 시세가 하락한다. 외지인 투자자들은 실거주와는 상관이 없이 투자수익만으로 접근하기 때문에 시세가 떨어지는 구간에서는 매수하지 않기 때문이다.

외지인거래량이 급증할 때를 노려라

이번에는 외지인거래량비율이 아닌 원주의 외지인거래량과 매매지수다. 검은색 네모 박스 부분을 보면 매매지수가 오랜 기간 하락을 지속한 뒤 보합을

원주 외지인거래량과 아파트매매지수

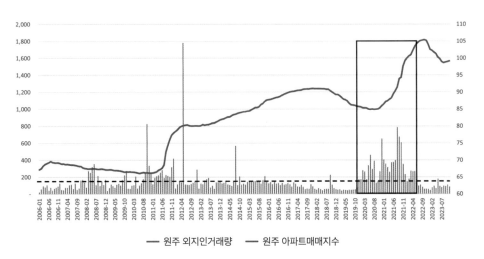

원주 외지인거래량 ——— 원주 아파트매매지수

원주 현지인거래량과 아파트매매지수

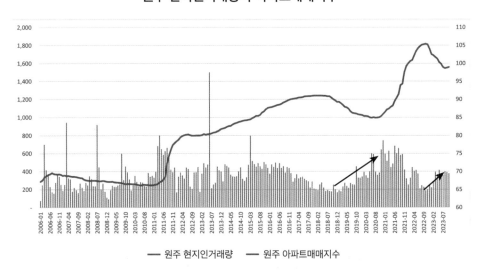

원주 현지인거래량 ——— 원주 아파트매매지수

이루고 있을 때 외지인들의 거래가 크게 발생했다. 평균적으로 약 160건의 외지인거래가 있었는데 이것이 약 800건까지 뛴 것이다. 우리가 투자해야 할 시점은 바로 외지인거래량 평균값 이상으로 외지인거래량이 몇 개월째 급증할 때다. 이런 상황은 보통 긴 하락장이 끝이나고 바닥을 다지려고 하는 보합 시기에 발생한다. 지금 이 설명은 도 단위 부동산 흐름 '주간 아파트 매매가격증감률의 보합을 이용해 매수 타이밍 잡기' '사분면 매매전세차트 정방향을 이용한 매수 방법'과 정확하게 일치하는 내용이다.

이런 데이터를 보고도 머뭇거린다면 사실상 투자로 돈을 버는 것은 어렵다고 본다. 또한 이렇게 외지인거래량이 뚜렷하게 나타난 이유는 과거와는 달리 2020년 이후 호갱노노, 아파트실거래가, 부동산지인 등 부동산 프롭테크가 등장했기 때문이라고 생각한다. 이전 사이클에서는 오프라인 정보만을 통해 진행되었다면 현재는 그렇지 않다. 어떤 이슈가 등장하면 실시간으로 거래되며 주식과 같은 거래형태가 이루어지고 있다.

현지인거래량 그래프로 보면 매수 타이밍을 잡기가 어렵다. 지수가 상승하는데 거래량이 크게 올라가지 않거나, 지수가 하락하고 있는데 거래량이 높아지기도 한다. 외지인거래량 그래프를 보면 매매지수의 하락 이후 보합쯤이 되어서 거래량이 올라오는 걸 볼 수 있는데 현지인 거래량의 경우 2018년 8월 고점부터 거래량이 늘기 시작했다. 가장 최근의 고점이었던 2022년 11월에도 마찬가지다.

바로 이것이 포인트다. 현지인은 투자를 염두에 두더라도 실거주적인 측면이 강하다. 그러니 하락을 예측하더라도 당장 내 가족이 살 집이 필요하기에 거래량이 발생한다. 외지인거래는 100% 투자가 목적이기 때문에 오를 자리에만 거래량이 늘어난다. 그러니 지방 7도 투자의 핵심은 외지인거래량의 상승을 보고 따라가는 것이다. 수도권과 광역시의 경우 왜 외지인거래량이 아닌 전체 거래량을 봐야 하는지는 이미 설명했다.

만약 지방의 어떤 지역으로 임장을 갔을 때 부동산 사장님이 외지인 투자자를 상대하는 전화로 바쁘다면 그건 매수하기 좋은 시그널이지만, 현지인 실거주자를 상대하는 전화로 바쁘다면 그건 이미 늦었다는 소리다. 현지인들과 같이 상투 잡히기 딱 좋은 타이밍이다.

외지인거래량 분석법의 4가지 포인트

232쪽에서 '주식거래량과 가격으로 본 투자의 기본원리'를 써놓기만 하고 자세하게는 설명하지 않았는데, 오른쪽 그래프와 함께 설명하려고 했다.

포항 외지인거래량과 아파트매매지수 그래프를 보면, 숫자 ①로 표시된 부분의 거래량이 가격보다 앞선 선행지표임을 알 수 있다. 여기에서 가격은 매매지수다. ② 하락장 이후 외지인거래량이 급등하는 것은 투자자들이 상승 시점이라 여기고 들어왔다는 것이다. 하락장 끝에는 공포감이 서려 있기 때문에 나 혼자 깃발 들고 나서지 못 한다. 사람인 이상 혼자 행동하는 것에 매우 두려움을 느낄 수밖에 없기 때문이다. 하지만 이미 다른 사람들이 투자에 나서고 있다면 두려울 것이 없다. 그래서 거래량이 폭증하는 것이다.

③ 하락추세에서는 외지인거래량이 늘어나지 않고 매우 낮은 상태를 유지한다. 외지인들은 투자 관점으로만 살피기 때문에 절대 떨어지는 칼날을 잡지 않고 보합권으로 떨어질 때까지 기다린다. 그리고 상승 전환이 될 때 거래량이 급증하는 것을 볼 수 있다. 마지막 ④에서 상승으로 전환된 후 지속적인 상승이 나오기 위해서는 이전의 거래량보다 더 큰 거래량들이 계속 실려 줘야 한다. 이것이 바로 외지인거래량과 매매지수 그래프에서 살펴봐야 할 사항들이다.

포항 외지인거래량과 아파트매매지수

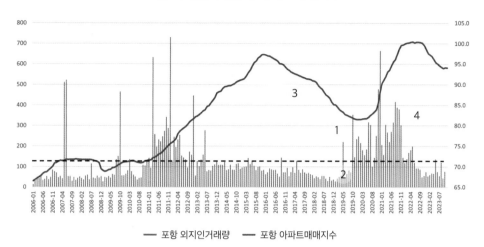

— 포항 외지인거래량　— 포항 아파트매매지수

🌐 **잭파시의 데이터 분석법**

외지인거래량 분석법

1. 거래량은 선행지표로 매매지수보다 앞선다.
2. 매매지수가 하락에서 상승으로 변환될 때 선제적으로 외지인거래량이 들어온다.
3. 하락 추세에서는 외지인거래량이 낮으며 변화가 없고 상승전환이 될 때 급증한다.
4. 상승 전환 후 지속적인 상승이 되기 위해서는 지속적인 거래량도 실려야 한다.

📈 데이터 분석 예제

앞에서 알려준 대로 직접 분석을 해볼 수 있도록 창원의 외지인거래량과 아파트매매지수 그래프를 추가했다. 1번부터 4번까지 포인트를 확인해 보길 바란다. 이렇게 공부하고 나면 투자가 명확해진다고 느낄 것이다.

창원 아파트 외지인거래량과 매매지수 그래프를 보고 기본세율에 대한 설명을 조금 더 해보겠다. 잘 생각해보면 저점에서 거래량이 크게 들어오는 이유는 앞으로 2년 뒤 기본세율을 적용받는 시점에도 상승이 충분히 유지될 것이라 예상했기 때문이다. 그래서 큰 고민 없이 투자할 수 있는 것이다. 앞에서 살펴보았던 것처럼 매매증감률이 한 번 바뀌면 상당 기간 유지되기도 하고, 2년이 지나 기본세율을 적용받는다면 좋은 금액으로 매도할 자신이 있는 투자자들이 늘어난다. 그러나 점차 시세가 올라갈수록 이에 대한 확신은 줄어들기 때문에 거래량은 고점 대비 점점 줄어드는 것이다.

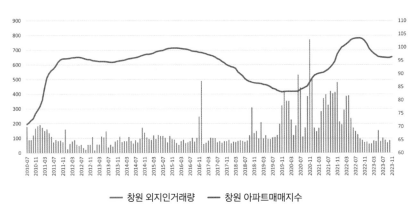

창원 외지인거래량과 아파트매매지수

지방투자는 유동성보다
공급량을 더 유심히 파악해야 한다

　수도권 투자는 유동성을, 지방 투자는 공급량을 먼저 살펴야 한다고 설명했다. 물론 하나의 지표로만 해당 지역을 평가하고 판단하려는 자세는 매우 잘못되었고 우리는 가능한 많은 거시적인 데이터를 취합해서 분석하며 그 지표의 방향성이 어디를 향하는가를 봐야 한다.

　과거에는 지방의 공급량에 따라 매매지수가 움직이는 연관성이 매우 높았으나 최근에는 금리라는 거시적인 지표가 너무 크게 작용하는 탓에 서울을 중심으로 커플링이 되어 있다. 2024년부터 금리가 인하되고 이 리스크가 줄어든다면 그 후에는 지역별 수요·공급량에 따라 시세가 움직일 것이다.

공급량이 많으면 매매지수가 떨어진다

아래는 대구의 공급량과 매매지수를 하나의 그래프로 만든 것이다.

2006~2009년까지는 적정수요량인 12000세대보다 매년 공급량이 많았기 때문에 매매지수는 하락했다. 2010~2015년까지는 적정수요량보다 매년 적거나 혹은 평균 정도였기 때문에 아주 오랜 기간 상승을 유지했다. 이렇게 인구수 대비 적정수요량과 실제 입주 물량과의 차이를 살펴보면 왜 언제는 상승했고 또 언제는 하락했는지 알 수 있다. 그래프에서 적정 수요량보다 공급량이 높으면 파란색 네모 칸으로, 공급량이 적으면 빨간색 네모 칸으로 표시해 두었다.

2021~2024년에는 대구의 공급량이 많아도 너무 많았다. 2023년의 공급량은 적정수요량의 약 3배인 37000세대가 넘기도 했다. 내 판단으로는 2020년부터 매년 초과공급을 했고 2022~2023년에 너무 많은 공급량이 계획되어 있었

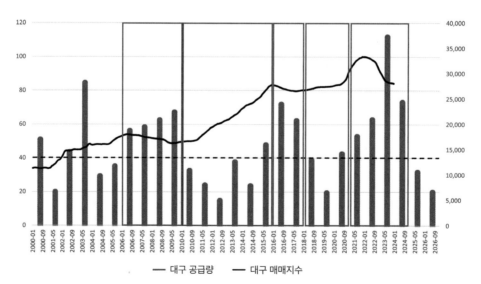

대구 공급량과 매매지수

기에 2020년부터 매매지수가 하락했어야 한다. 하지만 2020년부터는 2020년 3월 코로나19, 2020년 7월 임대차 3법으로 인해 전국이 동시에 급등했다. 원래 내려가야 할 자리에 추가로 시세가 올라갔기 때문에 2022~2023년 대구의 매매지수 하락폭이 더욱 컸다고 생각한다.

이번에는 경남의 인구수 1위인 창원이다. 역시나 공급량이 적정 수요량보다 아래에 있을 때는 상승했고 위에 있을 때는 하락했다. 적정 수요량만큼 공급했던 2014~2016년은 매매지수로 봤을 때 보합에 가깝다. 다행인 건 2024년부터 2027년까지 공급량이 적정수준이고 지방 7도로 봤을 때는 거의 유일하게 재건축 사업성이 있기에 약 15개 사업장 총 12000세대로 진행 중이다. 재건축은 택지분양과는 달리 기존에 살던 조합원의 비중이 높아 일반 분양분이 크지 않다. 이런 점을 고려했을 때는 오히려 공급량이 부족하다고 봐야 한다.

창원 공급량과 매매지수

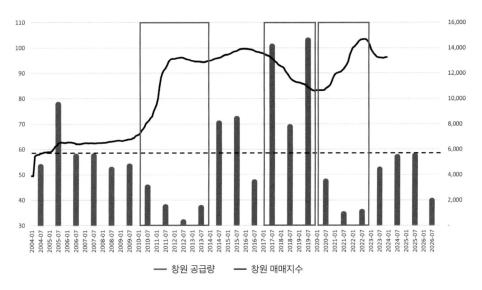

지역별 적정수요량

윤석열 정부의 국토부 주택공급계획이 연간 54만 호다. 2023년 12월 기준 우리나라 인구수가 약 5100만 명이니 인구수의 약 1%를 공급 계획으로 잡은 것이다. 신규 주택 중 아파트가 차지하는 비율이 절반 정도라고 계산하면 0.5%라는 결론이 나온다. 여기서 인구수가 증가하는 수도권은 이 수치보다 높게 잡고, 반대로 인구가 빠지는 지방이라면 이 수치보다 약간 덜 잡아야 한다. 다만 부동산 프롭테크 앱에서 공급량을 구할 때도 0.5%로 일괄 계산하므로 간단하게 살펴볼 경우엔 각 지역의 인구수에 0.5를 곱하면 된다.

적정수요량 = 지역 인구수 × 0.5%

2년 뒤 공급량을 확인해야 하는 이유

'주간 아파트 매매가격증감률의 보합을 이용해 매수 매도 타이밍을 잡는다', '지방 7도 분석은 외지인거래량으로 체크하면 사실상 끝이다'에서 공급량을 2년 앞당긴 지표가 매우 중요하다고 언급했었다. 당장 올해 공급량이 많다고 해서 매도하거나 반대로 공급량이 없어서 매수하는 것이 아니다. 이 공급량의 시점보다 2년 빠르게 매수 매도 타이밍이 움직인다. 이미 설명했지만 이건 기본세율 때문이다. 법인이나 매매사업자가 아닌 이상 개인은 당장의 시세 흐름보다는 2년 뒤의 시세 흐름이 더 중요하다. 어차피 2년 동안은 단기 양도세율이 60~70%이기 때문에 팔 수 없기 때문이다.

투자자 입장에서 2년 뒤에 공급량이 많지 않아서 내가 지금 매수하고 2년 뒤에 기본세율로 팔고 나올 수 있다고 한다면 매수할 것이다. 하지만 2년 뒤에 공급량이 많이 잡혀있다면 그때 입주장을 고려해 전세·매매가격이 떨어질 테니 내 물건을 제대로 팔고 나올 수 있을지 자신하기 어렵다. 그래서 매수할 수 없는 것이다.

또한 매도 관점에서 보면 공급량이 많이 계획된 시기보다 앞서 내 물건을 팔고 나올 생각을 한다. 만약 내 지인이 나보다 더 먼저 판다고 하면 내 매도시기도 더 빨리 당길 것이다. 이런 메커니즘을 생각했을 때 공급량 데이터를 2년 빨리 당기면 매매지수와 상관성이 있을 것이다. 그래서 그래프를 만들어보았다. 공급량을 2년 앞당긴 데이터에서 이동평균선을 매겼는데 2010년부터 잘 보면 이동평균선의 움직임과 매매지수의 움직임이 상당히 유사함을 알 수 있다.

이제 공급량 데이터를 볼 때 이 지표를 2년 앞당겨서 매수 매도 포인트를

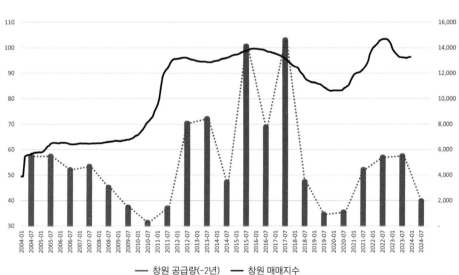

창원 공급량(-2년)과 매매지수

— 창원 공급량(-2년)   — 창원 매매지수

잡는 연습을 하면 큰 도움이 될 것이다. 지방 투자의 핵심이니 잘 이용하기 바란다. 사실 생각해 보면 당연하다. 서울과 같이 비싼 아파트 가격은 유동성(신용 창조 활발)이 늘어나지 않으면 매매가 불가능하지만 지방 아파트는 가격이 저렴해서 유동성이 굳이 필요 없기 때문에 공급량과 그에 따른 미분양이 절대적인 영향을 미친다. 이제 뒷장에서 미분양에 대해 살펴보자.

미분양의 값을 뒤집으면 매매지수에 선행한다

　부산 아파트 미분양과 매매지수를 하나의 그래프로 만들었다. 파란색 미분양 추이를 보면 만약 미분양이 높아지는 구간이라면 매매지수는 떨어지고 반대로 미분양이 낮아지는 구간이나 저점에서 유지한다면 매매지수는 상승한다. 그렇다면 미분양이 증가하고 있는 시기는 투자를 하기 적당한 시기는 아니기 때문에 미분양이 고점에서 떨어지는 것을 보고 투자하는 게 좋다. 미분양의 가장 고점을 숫자로 표시해 놓았는데 이 시기가 조금 지난 후에 시세 저점을 형성하기 때문이다.

　미분양 지표가 매매지수에 선행한다는 것을 알지만 데이터로 직접 확인해 보겠다. 이번 장의 제목대로 기존 미분양 데이터의 값을 거꾸로 했다. 그럼 이제 해석도 반대가 되는 것이기 때문에 파란색 미분양 그래프가 높아지는 것은 미분양이 줄어드는 것이고 낮아지는 것은 미분양이 늘어나는 것이다. 이렇게

부산 아파트 미분양과 매매지수

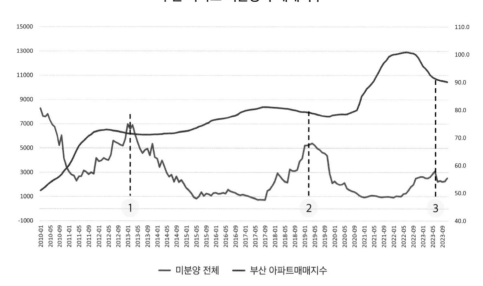

부산 아파트 미분양(역)과 매매지수

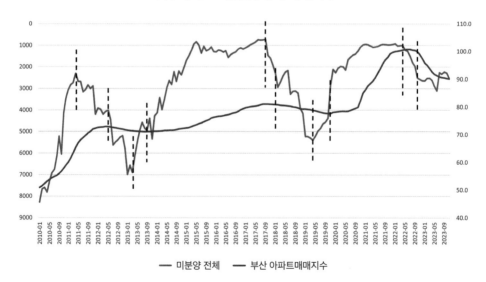

미분양 그래프를 상하 반전시켜서 보면 매매지수에 선행한다는 것을 더 쉽게 확인할 수 있다. 이렇게 데이터를 반전시켜서 확인하는 방법은 2단계 '전세매물증감 데이터는 부동산 투자의 핵심이다'에서 배웠다.

2011년 4월 미분양이 저점에서 증가하면서 2012년 5월에 매매지수도 하락하기 시작했다. 2013년 3월에는 미분양이 고점에서 하락하면서 매매지수도 2013년 9월 바닥에서 반등하기 시작했다. 2017년 9월 다시 미분양이 저점에서 증가하면서 2018년 1월 매매지수가 다시 하락했고, 2019년 4월 미분양이 고점을 찍고 하락하면서 2019년 11월 매매지수도 반등에 성공했다. 마지막으로 2021년 2월에서 2022년 4월까지 미분양이 역대급으로 적은 수준을 유지했지만 2022년 5월부터 다시 급증했고, 매매지수는 2022년 10월부터 급락했다.

이 그래프는 2010년부터의 시계열이니 약 14년 동안 부산 아파트의 미분양과 매매지수와의 시차를 따져보면 평균 반년 정도로 볼 수 있다. 미분양 데이터의 저점 혹은 고점에서 변곡점이 발생한다면 약 반년 뒤에 매매지수도 변곡점이 생긴다는 의미다. 그렇다면 만약 미분양이 줄어들기 시작한 지점에서 매수를 한다면 약 반년 뒤에서는 매매지수가 보합에서 상승으로 움직일 것이고, 이렇게 추세가 바뀌기 전에 들어간다면 기본세율을 적용받는 2년 동안 충분히 버틸 수 있기에 시세차익을 얻을 수 있는 것이다.

이 또한 어쩌면 당연한 결과인데 미분양이 고점에서 줄어든다는 것은 신축 분양권의 매수세가 생겼다는 의미다. 하나의 지역에서 아파트 가격이 오르는 순서는 신축 → 준신축 → 32평 계단식 구축 → 25평 계단식 구축 → 25평 복도식 구축 → 21평 이하 복도식 구축 순이기에 가장 빠른 선진입자들은 신축이나 분양권을 매수한다. 흔히 미분양이라고 하면 인식이 좋지 않지만, 입지가 안 좋거나 가격이 비싸거나 또는 시장심리가 좋지 않아서 아직 팔리지 않은 신축이다. 신축의 매수세가 생겼다는 건 시간이 갈수록 준신축, 구축으로도 매수세가 들어온다는 것이고 그럼 시차를 두고 매매지수는 상승한다.

미분양의 데이터와 매매지수의 데이터는 도와 시에 전부 있기 때문에 잭파시 톱다운 투자법 2단계인 도 단위 흐름에서 현재 투자하기 괜찮은 지역을 먼저 체크하고 3단계인 시 단위 흐름에서 구체적인 시를 결정하면 된다. 인구가 상대적으로 적은 시 단위는 미분양 지표가 고점에서 하락한다고 해도 매매지수가 반등하기까지 1년 이상의 장기 시차가 발생할 수 있다. 그러니 바닥을 찍고 올라가고 있으면 앞으로 매수 타이밍으로 괜찮겠다라는 정도로만 체크해놓고 다른 데이터들을 이용해 구체적인 시기를 잡으면 된다.

충남과 경북 포항의 아파트 미분양과 매매지수

도 단위 흐름으로 본 충남 미분양과 매매지수와 시 단위 흐름으로 본 경북 포항 미분양과 매매지수 데이터를 보자. 미분양의 값을 거꾸로한 그래프의 흐름과 매매지수의 흐름을 서로 번갈아가면서 변곡점과 시차를 따져보면 미분양(역)의 그래프가 매매지수의 선행지표가 되는 것을 확인할 수 있다.

이때 이 그래프를 보고 이런 부분을 캐치해야 한다. 바로 도 단위 그룹핑에서 배웠던 지방 7도의 상관계수다. 충남과 경북의 상관계수는 0.978945로 매우 유사한 흐름을 가지고 있기에 경북의 인구수 1위 도시인 포항과 비교하면 당연히 두 그래프가 유사점을 보인다.

충남 아파트 미분양(역)과 매매지수

포항 아파트 미분양(역)과 매매지수

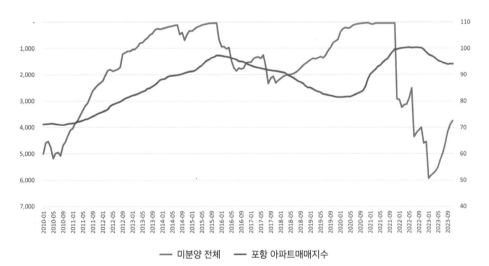

4단계 구체적인 아파트 단지

급매물을 구하는 노하우는 따로 있다

GLOBAL MACROECONOMIC TRENDS

REAL ESTATE MARKET TRENDS

TOP-DOWN
INVESTMENT

METHOD

지방의 너무 싼 아파트는
유동성을 따라가지 못한다

잭파시 톱다운 투자법에서 1단계 세계(미국)·한국 부동산 경기 흐름 → 2단계 도 단위 부동산 시장 흐름 → 3단계 시 단위 부동산 시장 흐름까지 살펴봤다. 이제는 마지막 4단계인 구체적인 아파트 단지와 매물을 분석하는 방법이다.

만약 앞서 설명한 3단계까지 확실하게 배웠다면 사실 4단계는 큰 의미가 없을 수도 있다. 시 단위 흐름까지 맞추었다면 그 안에 있는 아파트들은 다 동일한 움직임을 보이기 때문이다. 물론 실거주자나 투자자들이 외면하는 시장에서 소외된 단지들을 고르지만 않는다면 말이다. 시 단위 흐름으로 상승이 이어졌다면 1급지 대장주부터 2급지, 3급지까지 상대적인 상승률의 차이는 있어도 흐름은 다 똑같을 수밖에 없다.

필수 데이터 가공법

M2유동성과 전국 5분위 평균 아파트 가격

KB월간시계열 53번에 있는 5분위 평균 아파트 가격과 한국은행 M2유동성 자료를 함께 넣었다. 전국 5분위 평균 아파트 가격은 아파트를 가격순으로 5개로 나눈 분위별 평균주택가격을 의미한다.

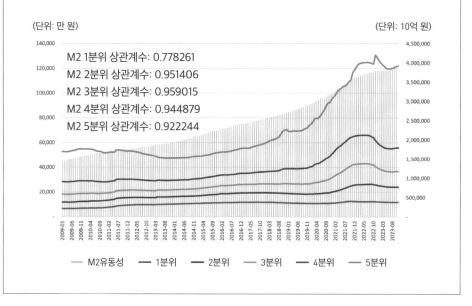

(단위: 만 원)　(단위: 10억 원)

M2 1분위 상관계수: 0.778261
M2 2분위 상관계수: 0.951406
M2 3분위 상관계수: 0.959015
M2 4분위 상관계수: 0.944879
M2 5분위 상관계수: 0.922244

— M2유동성　— 1분위　— 2분위　— 3분위　— 4분위　— 5분위

5분위 데이터와 M2유동성의 상관계수

M2유동성과 분위별 상관계수를 하나씩 정리해 보니 하위 20%인 1분위의 경우 상관계수가 0.778261로 다른 분위보다 현저하게 낮은 수치를 보인다.

이번에는 가장 상관계수가 높은 3분위를 따로 확인해 보자. 3분위는 주택 가격을 5등분한 것 중의 세 번째로 40~60% 구간이다. 이것의 평균 아파트 가

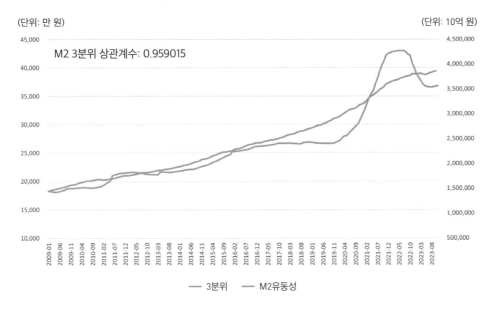

M2유동성과 전국 3분위 평균 아파트 가격

(단위: 만 원)   (단위: 10억 원)

M2 3분위 상관계수: 0.959015

─ 3분위   ─ M2유동성

격이기에 전체 중 50% 구간에 있는 중간값을 의미한다. 여기에서 우리가 알 수 있는 건 M2유동성의 흐름과 가장 연관성이 높게 움직이는 건 딱 평균 가격의 아파트라는 것이다. 오히려 가장 상위 5분위는 상관계수가 0.92로 다소 떨어지는데 실수요 및 투자 수요가 많아서 변동성이 크기 때문이다. 수요가 몰렸을 때는 M2유동성의 상승보다 더 과하게 상승하고 수요가 빠졌을 때는 이미 과하게 오른 전적이 있기에 더 빠지는 구조다.

　KB월간시계열 53번에 있는 5분위 평균 아파트 가격 자료는 2008년 12월부터 시작이라 유동성과의 상관계수 시계열을 16년 정도밖에 만들 수 없다. 그래도 이 기간 동안 상관계수값이 0.96 정도 나온다는 것은 전국의 평균 주택은 유동성 확대에 따라 가격이 상승하는 구조를 가지고 있다는 것이다. 그래프를 잘 보면 2017년 초에서 2020년 초까지 유동성이 올라가지만 3분위 평균 아파트

가격은 보합이었다.

26쪽 'M2유동성과 서울·전국 아파트매매지수'에서 확인했듯 M2유동성 그래프보다 아파트매매지수가 아래에 있다면 매수를 해야 하고, 반대로 M2유동성 그래프보다 아파트매매지수가 위에 있다면 매도를 해야 한다. 이처럼 그래프를 해석하면 3분위 평균 아파트 가격 그래프가 M2유동성보다 아래에 있는 2017년 초에서 2020년 초까지가 좋은 매수 시기인 것이고, 반대로 3분위 평균 아파트 가격이 유동성 그래프보다 너무 높게 올라가버린 2022년에는 매도해야 하는 시기가 된다. 2024년 1월 현재는 유동성 그래프보다 밑에 있기 때문에 상대적으로 나쁘지 않다.

이번에는 전국 1분위(하위 0~20%)인 가장 싼 금액대의 아파트다. 2023년 12월 기준으로 1억 1836만 원인데 1분위 아파트 가격 그래프는 유동성에 크게 구애받지 않는다는 것이 확연히 나타난다. 그래프를 잘 보면 2011~2012년에 크게 오른 후 거의 제자리다. 2013년 1월에 약 1억 원이었는데 2023년 12월이 1억 2000만 원이 안 된다. 참고로 10년 동안 유동성은 1800조 원에서 3800조 원으로 2배 이상 상승했다.

즉, 1분위는 유동성의 상승만큼 따라갈 수 없는 종목이라고 보면 된다. 그런데 전국 1분위라는 것은 서울이나 기타 광역시 등등 비싼 지역의 물건이더라도 1분위라면 같이 포함되어 데이터가 나온다. 서울이나 수도권 그리고 광역시의 경우 1분위라도 수요가 존재하기 때문에 투자 대상이 될 수 있다. 그래서 전국 5분위 데이터가 아니라 지방 5분위 데이터로 변경해 보겠다.

처음 상관계수를 소개하며 음의 상관계수를 보기는 어려울 것이라 설명했는데, 여기에 처음이자 마지막으로 음의 상관계수가 나온다. 바로 M2유동성과

M2유동성과 전국 1분위 평균 아파트 가격

(단위: 만 원)   (단위: 10억 원)

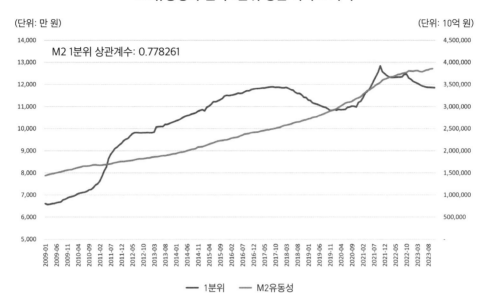

M2 1분위 상관계수: 0.778261

— 1분위   — M2유동성

M2유동성과 지방 5분위 평균 아파트 가격

(단위: 만 원)   (단위: 10억 원)

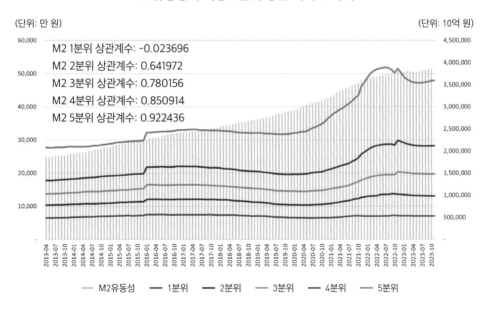

M2 1분위 상관계수: -0.023696

M2 2분위 상관계수: 0.641972

M2 3분위 상관계수: 0.780156

M2 4분위 상관계수: 0.850914

M2 5분위 상관계수: 0.922436

— M2유동성   — 1분위   — 2분위   — 3분위   — 4분위   — 5분위

지방 1분위의 가장 저렴한 아파트의 상관계수가 −0.023696으로 음수다. 이미 상관계수를 공부한 상태이니 아마 이 숫자를 보고 소름이 끼쳤을 수도 있다. 저렴한 지방 아파트는 유동성의 영향을 받지 않는 것을 수학적으로 증명한 것이다.

또한 수도권은 유동성으로, 지방은 공급량으로 양분해서 생각하되 광역시나 지방 8도의 대장주 급들은 키 맞추기를 통해서 올라간다고 설명했던 이유는 M2유동성과 지방 5분위의 가장 비싼 아파트의 상관계수가 0.922436으로 높기 때문이다. 이렇게 수치를 통해서 근거를 찾으며 부동산을 공부할 수 있다.

차라리 지방 2분위 아파트를 공략하라

이제 이 장의 본론으로 들어가자. 지방의 5분위 평균 아파트 가격 데이터는 2013년 4월부터 집계되었다. 그렇다면 지금까지 약 10년간 지방 1분위 부동산을 보유했다면 어떤 결과가 나왔을까? 약 6400만 원에서 현재 7000만 원 정도까지 올랐지만 취득세, 등기비, 복비, 세금 등을 고려한다면 오히려 마이너스일 수도 있다. 물론 이렇게 저가 아파트들은 매매가 대비 월세가가 높아서 수익형으로 들고 있는 사람들도 많다.

그러나 수익형이 아닌 시세차익형으로 보면 결과가 매우 좋지 않다. 유동성이 급하게 올라가는 시기라도 매매가의 상승이 크지 않았고, 수도권의 상승이 돋보였던 시기에도 지방의 경우 구축 저가 아파트의 하락률이 심했다. 물론 저가 아파트에 투자하는 데 돈이 별로 들어가지 않기 때문에 종잣돈이 많이 없는 상황이라면 솔깃할 수는 있지만, 차라리 지방 1분위보다는 2분위에 투자하길 바란다. 지방 2분위(하위 20~40%)의 평균 아파트 가격은 2023년 12월 기준 1억 3116만 원이다.

M2유동성과 지방 1분위 평균 아파트 가격

지방 1분위, 2분위 평균 아파트 가격

지방 1분위와 2분위의 평균 아파트 가격을 한 그래프에 넣어봤다. 1분위의 과거 고점보다 이번 고점이 더 낮은 반면 2분위는 과거 고점 그리고 저점과 비교했을 때 이번에는 꽤 높게 상승했다. 저점으로 보면 매매가격이 약 1억 원에서 약 1억 4000만 원까지 올랐었다. 2020년 8월 12일 지방세법 개정으로 공시가격 1억 원 이하 주택이 1%의 취득세를 적용받으면서 지방에서 이 금액대의 물건에 투자하는 사람들이 늘어났기 때문인데, 이 부분에 대해서는 뒤에서 다시 자세하게 설명하겠다.

지방 2분위 아파트는 지역별 공급량에 따라 상승과 하락의 움직임이 있는 편이지만 1분위의 경우 거의 변화가 없다. 그래서 나는 지방 1분위 아파트처럼 매매가격이 7000만 원 이하의 너무 싼 아파트나, 복도식, 나홀로 아파트, 21평형 이하, 입지가 외진 곳, 연식 30년 이상(개발성이 있는 5층 이하 제외), 인구수 10만 이하 소도시 등은 아예 매수로 접근하지 않는다. 하지만 매매가 대비 상당한 안전마진이 있고 또 갭 금액도 거의 없기에 한번 해보고 싶다는 생각이 들수 있다. 그럴 때는 거래량을 꼭 따져야 한다. 사겠다는 사람이 없어 나중에 매도하지 못하는 경우가 생길 수 있다. 그러나 거래량 마저 높지 않다면 내가 수익을 낼 수 있으면서도 다른 사람들이 혹할 만한 금액이어야 한다. 또한 지방에서는 전세를 놓고 싶어도 사용가치가 0에 수렴하는 빈집이 될 가능성도 존재하니 유의해야 한다.

인구 10만 명의 소도시라도
5분위는 우상향한다

잭파시 톱다운 투자법 3단계인 시 단위 부동산 흐름에서 인구 20만 이상의 지방 도시 22개를 하나씩 분석했다. 그럼 이런 생각이 들 것이다.

'20만 이하의 도시들은 전혀 볼 필요가 없는 건가?'

개인적으로는 서산, 당진, 거제 등의 인구 17만 명 도시까지가 매수를 할 수 있는 마지노선이었다. 그러나 이것보다 인구가 적은 인구수 10만 명 정도의 소도시라도 가장 비싼 5분위 아파트는 지속적으로 상승한다. 그러니 인구수만 보고 지역을 아예 배제하지는 말고 소도시라도 대장주들의 추이는 살펴보는 것이 좋다.

충남 논산 공급량

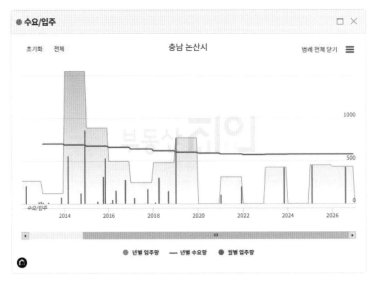

(출처: 부동산지인)

경북 영주 공급량

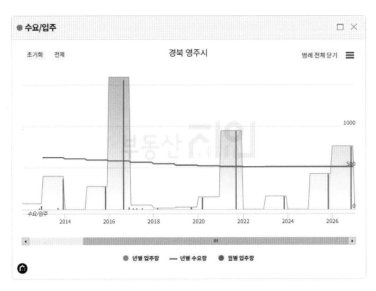

(출처: 부동산지인)

지방 소도시가 오르기 위해 갖춰야 하는 필수 조건

강원과 제주를 제외한 지방 6도 중에 이런 소도시를 하나씩 고르라면 충북 제천, 충남 논산, 전북 정읍, 전남 화순군, 경북 영주, 경남 밀양이다. 여기에서 는 충남 논산시와 경북 영주를 가지고 설명하겠다. 현재 이 도시들에서 분양한 논산아이파크와 영주아이파크의 국민평수($84m^2$) 매매가격은 4억 원이 넘는다. 또한 5분위 상위 20%라고 할 수 있는 신축급 아파트 가격이 전국의 다른 지역 과는 달리 최근 3년간 우상향 중이다.

다만 모든 소도시가 다 이렇지는 않고 몇 가지 필수사항이 있어야 한다. 첫 번째로는 지금까지 신축의 공급이 거의 없었고 또 앞으로도 없어야 한다. 인구 10만의 도시이면 인구수×0.5%로 계산하면 한 해의 적정 수요량은 500세대밖 에 되지 않는다. 이런 도시에서 만약 2000세대의 대단지가 공급된다면 약 4년 치에 해당하는 아주 큰 물량이다. 충남 논산와 경북 영주의 공급량을 보면 2012 년부터 2026년까지 약 14년 동안 수요량에 비해서 적은 공급이 이루어졌고 또 앞으로도 그럴 가능성이 크다.

두 번째로는 그 지역의 아파트 비율이 적어야 한다. 충남 논산의 경우 전체 세대수 중 아파트에 거주하는 비율이 29.9%이고 경북 영주의 경우 35.3%다. 아파트는 사람들이 거주하는 집이기도 하지만 아주 잘 만들어진 금융상품이기 도 하다. 아파트 비율이 적을수록 그 지역에서 아파트가 희소성이 있다는 뜻이 다. 참고로 충남의 인구수 1위인 천안의 아파트 비율이 66.8%이고 경북 인구수 1위인 포항의 아파트 비율이 57.5%다. 이렇게 비교해 보면 충남 논산과 경북 영주의 아파트의 희소성이 상대적으로 큰 것을 알 수 있다.

세 번째는 이미 이렇게 아파트 비율이 낮은 상황에서 연식 1~5년차의 신축

충남 논산 아파트 비율

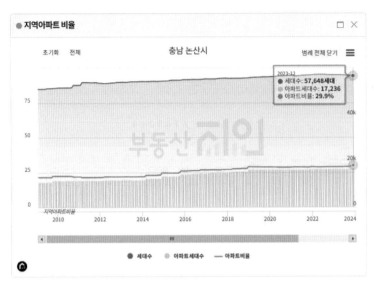

(출처: 부동산지인)

경북 영주 아파트 비율

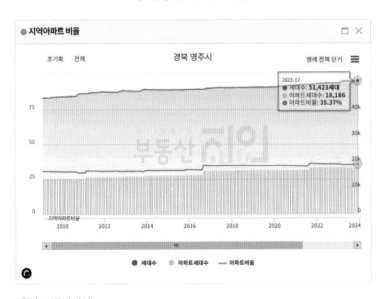

(출처: 부동산지인)

비율이 아주 낮아야 한다. 충남 논산의 경우 아파트에 거주하는 전체 1만 7236세대 중 1~5년차에 거주하는 세대가 1507세대로 8.7%밖에 되지 않는다. 참고로 이것은 아파트에 거주하는 세대를 대상으로 나온 수치이고, 전체 5만 7648세대를 기준으로 하면 1~5년차 신축에 거주하는 세대는 단 2.6%다.

경북 영주의 경우 1~5년차 신축이 1286세대로 더 적다. 영주시는 전체가 5만 1423세대이고 1~5년차 신축에 거주하는 세대는 2.5%다.

지금 이 접근법은 아무리 인구가 적은 도시이고 또 인구가 줄고 있더라도 그중에서 돈을 잘 버는 상위층은 있기 마련이니 그 사람들이 원하는 신축의 공급이 매우 적다면 공급과 수요의 원칙에 따라 가격이 오른다는 것을 가정한 것이다.

이 설명은 3단계 시 단위 부동산 흐름에서 살펴봤던 부동산 가격의 상승 요인 중 하나였던 인구의 증가와 반대되는 내용이다. 부동산 공부를 할 때는 무조건 이게 맞다 아니다를 따지기보다는 상황에 따라 유연하게 생각할 수 있는 자세가 필요하다. 아무리 그렇다고 해도 소도시의 신축 아파트가 인구 30만 이상 인접 도시의 신축 가격보다 비싸지기에는 무리가 있다고 생각한다. 부동산은 지역별 위계질서가 철저하기 때문이다.

충남 논산 연차별 아파트 구성비

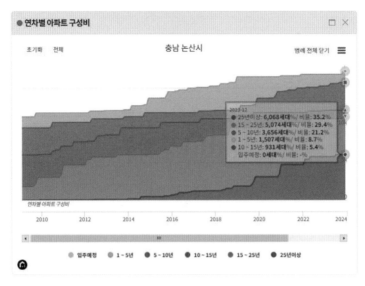

(출처: 부동산지인)

경북 영주 연차별 아파트 구성비

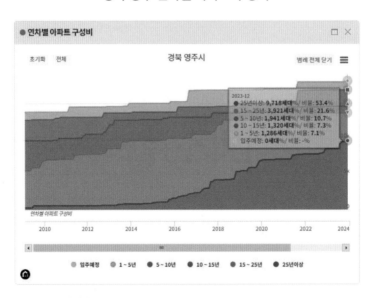

(출처: 부동산지인)

누구나 원하는 대장 아파트도 매수 기회는 온다

선도50지수는 가장 최상위권 단지들로 이루어져 있기 때문에 매수세가 생기면 가장 먼저 움직인다. 그러니 KB부동산에서 제공하는 선도50지수는 서울 매매지수에 선행한다고 볼 수 있으므로 잘 활용하면 좋다.

반포자이(전용면적 84m²)의 경우 시가총액으로 5위이며 12조 9300억 원(3.3m²당 9095만 원×2991세대)이다. 2009년 3월에 완공된 16년차 아파트로 같은 해에 입주한 래미안퍼스티지와 함께 오랜 기간 반포동의 대장 아파트였다. 지금은 2023년 8월에 완공된 래미안원베일리로 바통을 넘겼지만 말이다.

M2유동성이 2013년 1월 약 1800조 원이었으나 2023년 10월 약 3800조 원으로 약 2배가량 증가할 때 반포자이 국평의 시세(일반평균매매가)는 12억 원에서 약 34억 원으로 거의 3배가 증가했다. 이번에는 우리나라에서 가장 비싼 지역인 압구정의 현대3차(전용면적 82m²)의 그래프다.

🏠 부동산 필수 자료 확인하는 법

선도50지수

KB월간시계열에 탭 16번에 있는 선도50지수는 매년 12월 기준 시가총액(세대수×3.3m²당 KB시세) 상위 50개 단지의 아파트를 선정해 만든다. 단지 목록은 'KB부동산-데이터허브-KB통계-월간선도아파트-(오른쪽상단)KB선도아파트50'에서 확인할 수 있는데 단지명만 읽어봐도 우리가 한번쯤 갖고 싶다고 생각한 적이 있거나 부동산 뉴스를 통해서 자주 접하는 단지들이다.

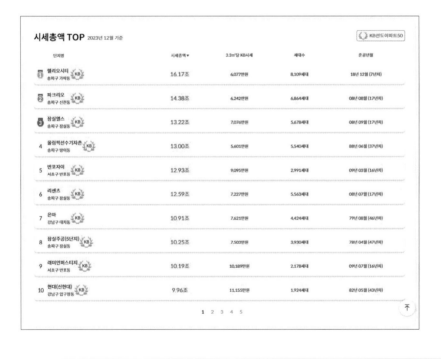

압구정 현대3차는 2013년 1월 약 9억 원에서 2023년 10월 35억 원으로 288% 증가했는데 이때 유동성의 증가율은 111%였다. 대략적으로 유동성이 2

M2유동성과 반포자이 전용84 시세 추이

(단위: 10억 원)   (단위: 만 원)

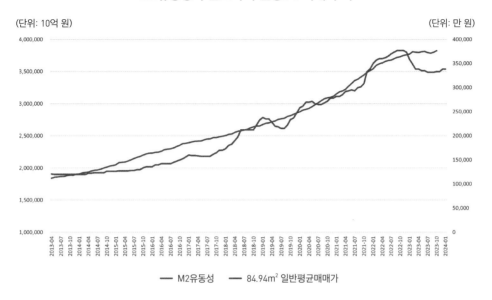

— M2유동성   — 84.94m² 일반평균매매가

M2유동성과 압구정 현대3차 전용82 시세 추이

(단위: 10억 원)   (단위: 만 원)

— M2유동성   — 82.5m² 일반평균매매가

(출처: 아실)

배로 증가할 때 이 아파트는 4배가 된 것이다. 이렇게 누구나 다 갖고 싶어 하는 최상위 아파트는 M2유동성이 증가하는 시점에 유동성 증가율보다 더 크게 시세가 상승하고 M2유동성이 축소 될 때는 다른 아파트들보다 덜 빠진다.

시장이 아무리 어려워도 항시 매수수요가 대기하고 있기 때문에 그렇다. 이런 사이클로 장기간 움직이면 당연히 아파트의 시세는 우리가 생각할 수 없을 만큼 높아진다. 바로 서울, 경기의 국평 최고가 순위 단지들처럼 말이다.

대장주 가격이 언제 가장 저렴한지 확인하는 법

이미 이런 아파트를 보유하고 있다면 자본주의 사회에서 성공한 것은 분명 맞다. M2유동성이 증가하는 비율만큼 나의 근로소득이 증가하는지를 따져보면 보통의 직장인이라면 그렇지 않은 경우가 더 많을 것이다. 나 또한 2010년에서 2021년까지 10년이 넘는 직장생활을 했지만 그동안 내 연봉은 50%밖에 오르지 않았다. 내 근로소득이 오르는 속도가 M2유동성을 따라잡지 못하는데, M2유동성보다 더 빨리 올라가는 상위권 아파트를 가진다는 것이 어쩌면 아이

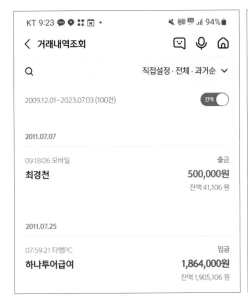
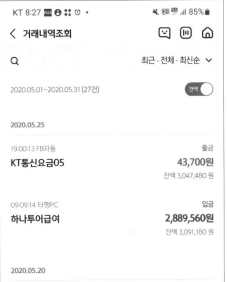

2011년 월급과 2020년 월급이 100만 원 정도밖에 차이가 나지 않는 것을 알 수 있다.

러니하게 보일지 모른다.

　물론 쉽지는 않지만 내 근로소득을 M2유동성의 속도보다 더 빨리 올리거나 아님 나처럼 근로소득이 아닌 투자소득을 만들어야 한다. 일부는 근로소득이나 투자소득이 아닌 상속이나 증여로 만들지만 이를 마냥 부러워하고 있을 수만은 없다. 비록 우리는 많은 자산을 물려받지 못했더라도 우리 아이들에게 해줄 수 있는 기회는 앞으로 얼마든지 만들 수 있기 때문이다.

　이런 대장주들 역시 평생을 일해도 가지기 힘들기 때문에 나와는 다른 세상의 일이라고 생각될 수 있다. 하지만 부동산 투자를 계속 하다 보면 언젠가는 이런 물건에 닿는 것이 마냥 허황된 꿈은 아니다. 그러니 꾸준히 관심을 가지려는 노력을 해야 한다. 대장주급 아파트라도 가격이 떨어지는 시점이 있고, 또 그 가격이 언제 가장 저렴한지 알 수 있는 방법은 있다. 그 기간이 매우 짧지만 철저하게 준비된 사람이 캐치할 수 있을 정도는 된다.

　다음은 지역별 대장주들의 매매일반평균가, 전세일반평균가, 전세대비매매비율(전세가격 대비 매매가격의 비율) 추이 및 평균값(검정색 가로 점선) 그리고 매전 갭(투자금)이 가장 적은 때를 표시한 것이다.

　어떤가? 대장주들의 공통점이 보인다. 신기하게도 지역은 다르지만 전세대비매매비율이 최저가 1.2~1.3배였다. 연식이 다르기에 시계열이 조금씩은 다르지만 최대 20년을 기준으로 보았을 때 전세대비매매비율이 최저인 시기는 약 반년에서 1년에 불과했다.

　물론 이건 KB시세로 본 것이고 개별 물건의 호가가 전세가 대비 1.2~1.3배 수준이라면 무조건 잡아야 한다. 그래서 네이버 부동산 물건을 열심히 검색하는 사람이 결국에는 부자가 될 수밖에 없다. 검색에 시간을 쏟으면 쏟을수록 기회 자체가 다른 사람들보다 많아지기 때문이다.

서울 반포자이(전용84) 시세 추이

(단위: 만 원)

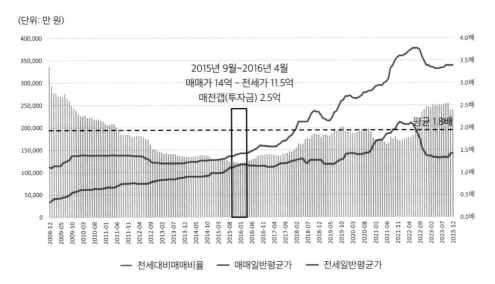

2015년 9월~2016년 4월
매매가 14억 - 전세가 11.5억
매전갭(투자금) 2.5억

평균 1.8배

— 전세대비매매비율　— 매매일반평균가　— 전세일반평균가

대전 둔산크로바(전용114) 시세 추이

(단위: 만 원)

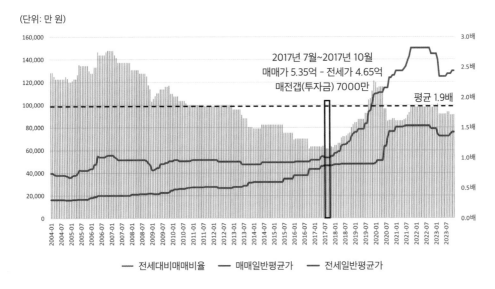

2017년 7월~2017년 10월
매매가 5.35억 - 전세가 4.65억
매전갭(투자금) 7000만

평균 1.9배

— 전세대비매매비율　— 매매일반평균가　— 전세일반평균가

청주 신영지웰시티1차(전용152) 시세 추이

(단위: 만 원)

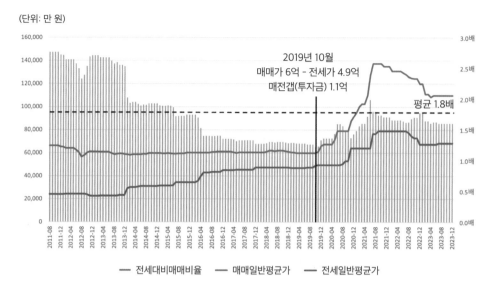

2019년 10월
매매가 6억 - 전세가 4.9억
매전갭(투자금) 1.1억

평균 1.8배

— 전세대비매매비율　— 매매일반평균가　— 전세일반평균가

광주 봉선쌍용스윗닷홈(전용140) 시세 추이

(단위: 만 원)

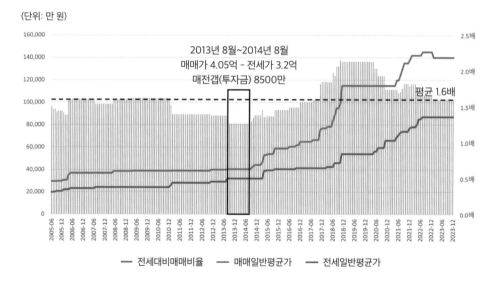

2013년 8월~2014년 8월
매매가 4.05억 - 전세가 3.2억
매전갭(투자금) 8500만

평균 1.6배

— 전세대비매매비율　— 매매일반평균가　— 전세일반평균가

대구 범어두산위브제니스(전용204) 시세 추이

(단위: 만 원)

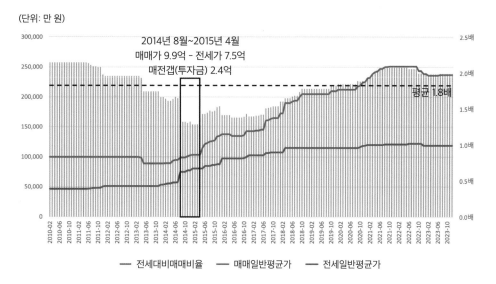

2014년 8월~2015년 4월
매매가 9.9억 - 전세가 7.5억
매전갭(투자금) 2.4억

평균 1.8배

— 전세대비매매비율   — 매매일반평균가   — 전세일반평균가

울산 문수로아이파크2단지(전용119) 시세 추이

(단위: 만 원)

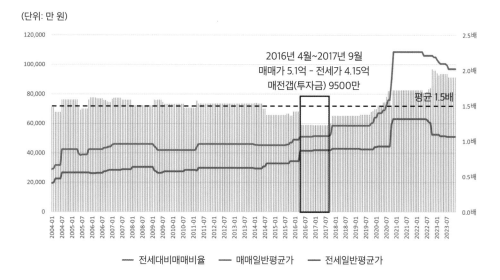

2016년 4월~2017년 9월
매매가 5.1억 - 전세가 4.15억
매전갭(투자금) 9500만

평균 1.5배

— 전세대비매매비율   — 매매일반평균가   — 전세일반평균가

부산 해운대더샵센텀파크1(전용151) 시세 추이

(단위: 만 원)

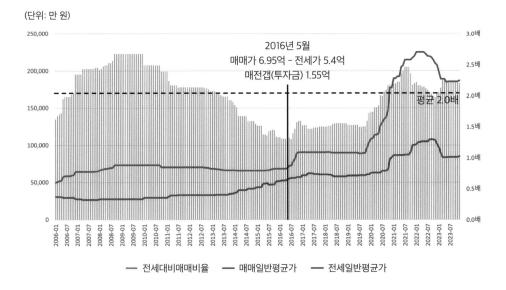

2016년 5월
매매가 6.95억 - 전세가 5.4억
매전갭(투자금) 1.55억

평균 2.0배

— 전세대비매매비율 — 매매일반평균가 — 전세일반평균가

당장 이런 대장주급들을 매수하기에는 자금력이 부족한 사람들이 더 많을 것이다. 몇 년 동안은 꾸준하게 전국 2분위 → 3분위 → 4분위 → 5분위로 물건을 업그레이드 하면서 종잣돈을 모으고 궁극적으로는 앞에서 살펴본 것처럼 전세대비매매비율이 1.2~1.3배로 보이면 서울을 비롯한 수도권과 광역시(세종, 제주 포함) 대장주들을 매수해야 한다.

앞에서 본 전세대비매매비율은 KB부동산에서 과거 시세를 다운받아 볼 수 있으니 앞으로 부동산 공부를 하며 최대한 많은 단지를 파악하길 바란다. 지역별로 공통점을 볼 수 있는 눈이 생겨나고 그 수치를 기반으로 낮은 금액으로 나온 급매를 찾아내기 좋은 수단이다. 또한 지역별로 평균치 대비 현재 지표가 높다면 부정, 지표가 낮다면 긍정으로 볼 수 있다.

2024년 1월 기준 데이터로는 대전 둔산크로바(전용114)와 청주 신영지웰시

전세대비매매비율

아파트 단지	최저	평균	최고	현재
서울 반포자이(전용84)	1.2배	1.8배	2.9배	2.4배
대전 둔산크로바(전용114)	1.2배	1.9배	2.8배	1.7배
청주 신영지웰시티1차(전용152)	1.2배	1.8배	2.8배	1.6배
광주 봉선쌍용스윗닷홈(전용140)	1.3배	1.6배	2.2배	1.6배
대구 범어두산위브제니스(전용204)	1.3배	1.8배	2.1배	2.0배
울산 문수로아이파크2단지(전용119)	1.2배	1.5배	2.0배	1.9배
부산 해운대더샵센텀파크1(전용151)	1.3배	2.0배	2.7배	2.2배

티1차(전용152)가 각각 평균치보다 낮다. 반대로 서울 반포자이(전용84)와 울산 문수로아이파크2단지(전용119)는 높은 수준이다.

이렇게 전세대비매매비율이 높은 단지들은 추후 전세가격이 더 올라와 주거나 매매가격이 내려와야 투자하기 좋은 상태라고 할 수 있다.

정책이나 세법의 변화로
매수세가 몰리는 테마 찾기

특정 테마는 대부분 정책이나 세법의 변화에서 시작한다. 2020년 7월 10일 '주택시장 안정 보완대책'에서 다주택자에 대한 부동산 세제를 강화했는데 그중에 취득세를 최대 12%까지 인상한다는 내용이 있었다. 지방세법 개정일인 2020년 8월 12일 이후부터 적용되었다. 이전까지는 4주택자 이상이라면 4%의 취득세였고, 2019년 12월 31일 이전이라면 1%(6억 원 이하)였다.

당시 나는 다주택자의 입장에서 그동안 1%의 취득세를 내고 주택을 매수하다가 갑자기 12%를 납부하기는 쉽지 않겠다고 판단하고 취득세 중과세 제외 대상인 공시가격 1억 원 이하 주택과 4.6% 단일 취득세를 적용받는 오피스텔을 파기 시작했다. 《나는 대출 없이 0원으로 소형 아파트를 산다》에서도 설명했지만, 테마성 투자를 시작할 때는 아무런 생각 없이 매수하는 것이 아니다.

🌐 잭파시의 데이터 분석법

공시가격 1억 원 이하 지방 아파트 매수 원칙

1. 59m²(25평형) 이상 계단식

2. 500세대 이상 대단지

3. 2003년 이후에 완공된 것: 물론 연식이 짧을수록 좋음

4. 전세 수요가 확실한 산업단지, 유통단지, 대학교, 공공기관 등 인근에 위치

5. 인구 50만 명 이상의 도시: 최소 25만 명 이상의 도시

6. 공시가 7000만~8500만 원, 매매가·전세가는 1억 2000만 원 정도

7. 매매가는 공시가 대비 150% 이내

8. 매매가가 KB시세 하한가보다 저렴한 것

서울 원룸 오피스텔 매수 원칙

1. 공시가격 대비 매매가격: 110~130%

2. 월세 수익률 역산가: 월세 × 250개월 > 매매가격

3. 시가표준액 대비 매매가격: 시가표준액이 매매가격에 가까울수록 좋음

4. 주변 원룸 오피스텔 분양가와 비교: 분양가와 비교하여 낮으면 좋음

5. KB시세 혹은 네이버 부동산 시세 및 실거래가 대비 매매가: 10~20% 싼 급매물

어떤 테마에 투자할 때는 개별 물건에 초점을 맞추기보다는 그 테마에 해당하는 전체 물건(최소 수백에서 수천 개)을 전수조사해서 내가 어느 가격대에서 사야 승산이 있을지를 미리 계산해 둔다. 우리나라에서 인정하는 단 하나의 부동산 가격 근거는 공시가격이기 때문에 난 그것을 통해서 몇 퍼센티지로 매수

공시가격 1억원 이하 아파트의 실거래 그래프

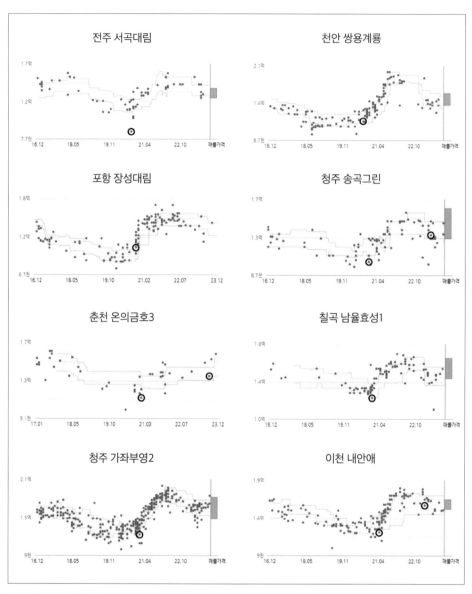

(출처: 네이버 부동산)

원룸 오피스텔의 실거래 그래프

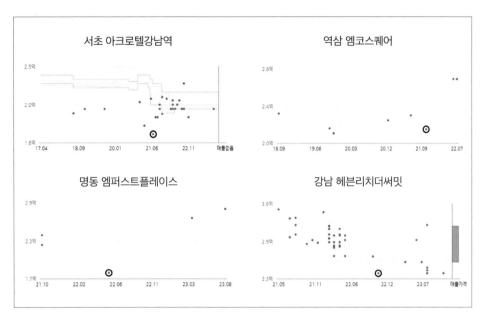

(출처: 네이버 부동산)

해야 하는지를 판단한다. 이렇게 한 번 정리해 두면 그다음 개별 단지 개별 물건을 매수하는 건 일도 아니게 된다. 내 조건 안에만 들어오면 매수하면 되는데 숫자로 계산하는 건 몇 초나 몇 분이면 끝난다.

테마 투자를 하며 만들어 놓은 매수 원칙에 따라 실제 매수했던 단지 중 일부의 실거래 그래프다. 그래프에 검은 원 1개가 있는 것은 매수 후 지금도 보유하고 있는 물건이고, 검은 원 2개가 있는 것은 2년 기본세율이 되어서 매도까지 이루어진 물건이다. 매수 타이밍을 보니 어떤가? 나는 리스크를 생각해서 거의 모든 매수를 단지 내 최저가 수준에서 한다. 이래야 나중에 돈을 잃을 확률이 낮다.

앞서 보여준 매수 방법은 정책과 세법의 변화가 중요하긴 했지만 잭파시톱다운 투자법에 따라 세계(미국)·한국 부동산 경기 → 도 단위 부동산시장 흐름 → 시 단위 부동산시장 흐름 → 구체적인 아파트 단지로 분석한 결과이기도 하다.

앞의 단지 중에 천안 쌍용계룡아파트의 계약금은 2020년 8월 12일 지방세법 개정일에 넣었으니 아마도 이 테마의 시작을 가장 먼저 실행한 사람 중 하나가 나일 것이다. 이렇게 정부의 정책이나 세법의 변화가 어떤 식으로든 가시화되면 어떤 테마로 매수세가 몰리는지를 재빠르게 판단해야 한다. 그 판단에 대한 확신이 섰다면 다른 투자자들이 나서기 전에 미리 물건들을 매수해 놓은 작업이 필요하다. 말은 거창하게 썼지만 주식과 똑같다. 앞으로 뜰 테마를 미리 공부해서 선점해 놓는 것일 뿐이다.

최소금액으로
지속적인 시세차익 만들기

부동산 책에서 보통 추천하는 지역은 강남이고, 조금 더 나아가면 우리가 모두 알고 있는 서울 2호선 안쪽 지역 정도다. 작가의 입장을 생각해보면 사실 이게 안전한 주장이며 맞는 말이기도 하다. 현재도 앞으로도 수요는 항상 몰릴 지역이니 말이다.

그러나 투자를 처음 시작하려는 사람 입장에서 보면 이곳들은 나와 너무 동떨어진 투자처라서 현실성이 전혀 없다. 수억, 수십억 원의 매전 갭을 가지고 있지도 않을뿐더러 만약 투자한다고 하더라도 처음부터 그렇게 큰 물건을 핸들링하는 것은 쉽지 않을 것이다. 2022~2023년은 역전세가 하나의 키워드였는데 이런 상위 단지들에 생기는 역전세는 몇 억 단위가 된다. 매매가 상승이나 하락도 그렇고 전세도 마찬가지로 모든 스케일이 다 크다고 생각하면 된다.

지금 이런 물건을 소유하고 있는 사람들은 충분히 핸들링 할 수 있는 사람일 것이다. 최악의 상황에 대비해 몇억쯤은 융통시킬 수 있는 능력도 있을 것이다. 우리가 부동산 투자를 하며 이 정도까지 올라가는 것이 목표이긴 하지만 처음부터 너무 높을 곳을 바라보면 금방 힘들고 지칠 수 있다. 지금 내가 할 수 있는 것을 열심히 하면서 나중에 언젠가는 도전하겠다는 생각만 하면 된다.

지금도 충분히 적은 리스크로 투자할 수 있는 기회가 있는데 이런 것들을 잡지 못하고 단순히 난 시간이 없고 돈이 없다고 자기합리화하는 것이 가장 무서운 적이라고 생각한다. 부동산 공부를 했다면 매물을 검색하고 괜찮은 금액이 있다면 임장을 가서 집을 직접 보길 바란다. 이 세상 모든 일이 그렇듯 움직이면 절반은 한 건데 보통은 첫발을 떼는 것조차 하지 못 한다.

그리고 괜찮은 부동산 책 하나를 읽었다고 해서 여기서 끝내지 마라. 책을 다 읽은 후에는 부동산 빅데이터를 찾아서 취합, 가공, 분석하는 것을 매일, 매주 루틴을 만들어서 하고 매물을 검색하고 임장을 가고 매수도 해보고 매도도 해보면서 근로소득이 아닌 투자소득을 찾아라. 이 사이클이 한 번이라도 성공한다면 그다음부터는 투자하지 말라고 뜯어말려도 하게 될 것이다. 투자로 수익이 나는 돈맛을 알면 끊을 수가 없다. 부동산 투자를 오래 하는 사람들은 이런 긍정적인 결과가 계속 선순환되어 지금까지도 지속된 것이다.

800만 원 투자해서 3600만 원 벌기

2023년에는 갖고 있던 물건들을 꽤 많이 매도했는데 그중 두 가지 사례를 보여주겠다. 최소금액으로 투자해서 괜찮은 시세차익을 볼 수 있던 투자였다. 참고로 이 사례들은 다 공시가격 1억 원 이하이기에 취득세가 1%이고 인테리어를 하지 않았기에 추가되는 금액은 부동산 중개비용 정도여서 세금이나 추가 비용 등은 제외하고 설명하겠다.

첫 번째 사례는 먼저 이천 내안애 아파트다. 2021년 5월 매수가격은 1억 2100만 원, 전세가격은 1억 1300만 원이었기에 800만 원의 투자금이 들어갔다. 매도는 2023년 3월에 1억 5700만 원에 해서 3600만 원의 시세차익을 볼 수 있었다. 보통 매매계약에서 3개월 뒤 잔금이 이루어지는데 실제 소유권 이전은 2023년 6월에 했다. 내가 2021년 5월에 매수했으니 소유권 이전까지 보유기간은 무조건 2년을 채워야 기본세율을 적용받을 수 있다. 이 부분을 염두에 두고 매도계약은 기본세율이 되기 전에 하고 잔금 이행일을 기본세율이 되는 날짜에 맞춰서 정하면 된다.

보통 소유권 이전일 기준으로 해서 계약은 3개월 전에 하기 때문에 보유 물건을 약 21개월 동안 들고 있으면 기본세율이 된다는 말이 바로 이 뜻이다. 그리고 이제 여러분들은 잭파시 톱다운 투자법을 배웠으니 이천의 주간매매증감률이 어떻게 진행되었을까를 궁금해해야 한다. 그래프에 매수 시점과 매도 시점을 표시해 봤는데 딱 2단계 도 단위 부동산 흐름 '주간 아파트 매매가격증감률의 보합을 이용해 매수 매도 타이밍을 잡는다'에서 배웠던 타이밍에 맞게 매수 매도를 할 수 있었다.

그래프만 본다면 보합에서 빨간색 불(상승)이 들어오면 바로 매수하고, 보합에서 파란색 불(하락)이 들어오면 바로 매도해야 한다고 생각했을지도 모른다. 그렇게 되면 정말 완벽한 매수 매도 타이밍인 것인데 그러려면 어느 정도 베팅이 필요하다. 지표가 확연하게 바뀌지 않았는데 들어가는 건 리스크가 있기 때문이다.

나처럼 보합에서 3~4개월 뒤에 안정적인 타이밍을 노려 들어가도 어차피 들어가는 돈이 1000만 원 이하이기에 3600만 원의 시세차익이면 만족한다. 리

이천 내안애 실거래가

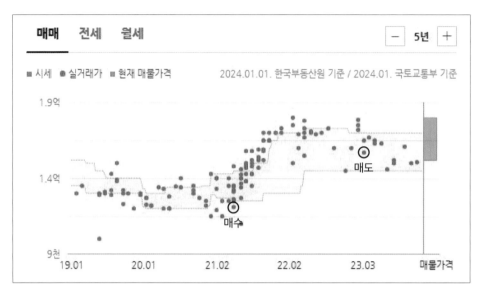

(출처: 네이버 부동산)

이천아파트 매매가격증감률

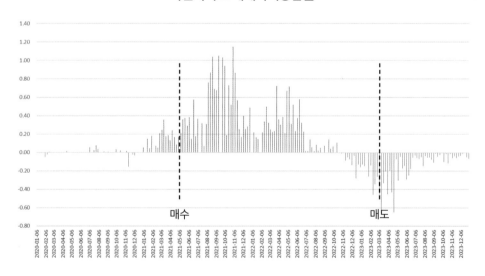

스크는 최대한 적게 가져가되 최소금액으로 지속적인 시세차익을 만드는 방법이다. 대장주의 경우 흐름이 빨리 오기에 보합으로 오기 전에 잡거나 최소 보합 때라도 매수해야 하지만 2, 3급지의 구축은 흐름이 늦게 오기 때문에 3~4개월 정도 시점이 지나서 매수해도 충분하다. 이제 실거래 그래프를 보면 이해가 될 것이다. 이 단지는 딱 내가 들어간 매수 시점부터 상승했다. 이렇게 대장주가 아닌 구축 투자는 조금 더 여유롭기에 매수 타이밍을 잡기가 정말 쉽다.

플피 투자하면서 시세차익 얻기

이번 사례는 청주송곡그린이라는 아파트다. 2020년 12월 1억 300만 원에 매수했는데 기존 전세입자가 1억에 껴있었다. 일부러 전세계약 만료가 얼마 남지 않은 세입자가 있는 물건을 골랐고, 매수하고 몇 개월이 지나지 않아 5% 증액한 500만 원을 추가로 받아 실제 투자한 금액은 −200만 원이라고 볼 수 있다. 투자를 했는데 오히려 돈이 남은 것이다.

이 아파트는 기존 세입자 이사를 맞춰주려고 2023년 7월에 매도했다. 기본 세율이 되는 2년보다는 좀 더 길었지만 −200만 원이 들어간 플피투자(매매가〈전세가로 세팅해 최대한 투자금을 줄이고 안전마진을 확보하는 투자)로 약 2년 반 만에 3100만 원의 시세차익을 얻을 수 있었다.

이쯤에서 양도소득세까지 계산한 세후수익률이 중요하지 않냐고 반문할 수도 있다. 나처럼 많은 물건을 같은 해에 매도하면 합산과세로 당연히 세금이 높다. 하지만 이렇게 3000만 원 정도의 시세차익 나는 물건을 1년에 하나만 매도한다면 양도소득세는 약 300만 원이 채 되지 않는다. 모든 부대경비를 제외한 세후 수익으로 2500만 원 정도라면 투자금 대비 적은 금액은 절대 아니다.

청주 송곡그린 실거래가

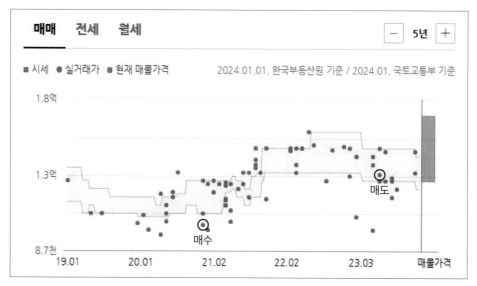

(출처: 네이버 부동산)

내 경우 월급이 워낙 적었기 때문에 회사 생활을 하면서 한 달에 백만 원을 저금하는 것조차도 쉽지 않았고 실제로도 하지 못했다. 그런데 2500만 원이면 100만 원씩 2년 동안 꼬박 모아야 하는 돈이다. 1년에 한 채씩 투자해 이만큼의 투자 수익이 생긴다면 생활은 지금보다 크게 나아질 수 있다.

또 이런 궁금증을 가질 수도 있다. 이 경우에는 정확하게 해당 지역의 매매지수가 올라가는 것을 알았기 때문에 시세차익이 생긴 것인데, 앞으로 2년 뒤에 시세가 오르지 않을 것 같다면 어떻게 해야 하는지 말이다.

그럴 때는 정말 피나는 노력으로 검색해서 시세보다 단 1000만~2000만 원이라도 싼 물건을 사면 된다. 물론 이 경우는 아파트 매매가격이 약 1억 원 중반 이하일 때 적용되는 건데 이 정도의 급매는 어렵지 않게 찾아낼 수 있다. 앞으로 드라마틱한 매매지수의 상승이 없더라도 우선 최대한 저렴한 가격에 매수해 놓고 추후 기본세율이 되었을 때 보통 가격으로만 팔면 수익은 생긴다.

10억~40억 원을 호가하는 지역별 대장주 아파트들을 보다가 1억 원밖에 안 되는 아파트를 보니 그래도 마음이 한결 가벼워졌을 것이다. 다만 투자금이 적기 때문에 한두 채 투자로는 큰 이익을 보긴 어려워서 만약 이렇게 투자하기로 마음먹었다면 꽤 오랜 기간 동안 많은 투자를 해야 할 것이다. 투자할 종잣돈이 어느 정도 있다면 바로 광역시나 수도권으로 들어가는 게 맞겠지만 그렇지 못한 상황인 사람도 많으니까 말이다.

책을 읽고 부자가 되어야겠다는 결심을 하는 것은 당연하지만 그 기간을 1~2년 또는 3~4년으로 너무 짧게 잡지는 않았으면 좋겠다. 최소 10년 동안 부동산에 관심을 갖고 꾸준하게 내 투자 체급을 올려가야 어느 정도 결실을 맺을 수 있다고 생각한다. 유명한 투자자들이 투자하는 것을 보면서 '나도 1억 원의 시세차익을 만들어야지, 10억 원 만들어야지'라고 생각하는 것도 물론 좋지만, 이건 본인이 그 물건을 핸들링 할 수 있는 능력이 되었을 때의 얘기다.

만약 아직 그런 능력이 없다고 하면 목표는 다소 낮게 3000만~5000만 원 정도로 잡고 이걸 성공시켜서 그다음은 1억 원 또 그다음은 3억 원 이런 식으로 높여가는 게 좋다. 높여가는 과정에서 수많은 시행착오를 겪을 것이다. 모든 매수와 매도가 항상 새롭기 때문이다. 우리의 목표는 단기간 부자가 되는 것이 아니라 잭파시 톱다운 투자법을 통해 최소금액으로 괜찮은 시세차익을 꾸준하게 만들어 나가는 것이다. 그렇게 꾸준하게 하다보면 언젠가는 당연히 부자가 되어 있을 것이다.

지속적으로 높아지는
가구소득 평균값을 고려한 PIR

책에서 계속 M2유동성과 서울 또는 전국의 아파트매매지수와의 상관성을 보여주었다. M2유동성은 2023년 12월 기준 약 3800조 원인데 만약 이 수치가 너무 커서 느낌이 잘 안 온다면 좀 더 친숙한 통계청의 가구당 연평균 소득을 보자. 2008년 가구소득 평균값이 약 4100만 원이었지만 2023년에는 8000만 원 수준이다.

보통 집을 사지 못하는 사람들은 옛날에 그 집들이 저렴했던 시기를 기억하며 과거에 묶여있기 때문이다. 과거에 비해 너무 올랐다고 생각하기에 실거주도 그렇고 투자조차도 하기가 어려운 것이다. 그러나 과거에 집값이 저렴했을 땐 우리의 월급이나 가구소득 자체도 적었다. 인플레이션으로 인해 물가가 지속적으로 올라가고 있음에도 자산가치가 올라가는 것에 대해서는 유독 민감하게 받아들인다.

가구당 연평균 소득

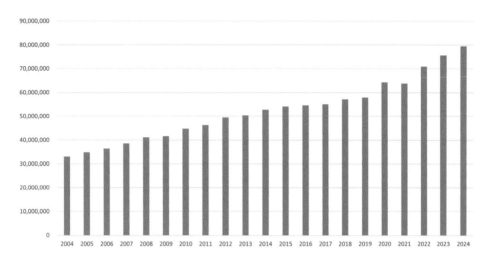

다시 잭파시 톱다운 투자법 1단계로 돌아가 M2유동성 지표를 보면 우리의 월급이나 가구소득에 비해 유동성이 더 빠른 증가 속도를 보이는 것은 맞다. 그래서 구조적으로는 월급을 모아서는 집을 살 수 없는 것이다.

소득으로 확인하는 아파트 적정 가격

306쪽의 수원 황골마을주공1단지 PIR 그래프를 보면 2004년부터 2019년까지 4.0~4.9에서 벗어나지 않는 움직임을 보인다. 이런 아파트의 특징은 살기에는 괜찮을 수 있으나 투자가치는 다소 약하다고 봐야 한다.

약 16년 동안 PIR이 거의 동일하다는 것은 딱 사용가치만큼 시장에서 가격을 평가해 준 것이고 그보다 더 높게는 바라보지 않았다는 뜻이 된다. 전세의 사용가치뿐만 아니라 매매의 투자가치까지 더해진 아파트들은 이렇게 PIR이

📌 필수 데이터 가공법

소득 대비 아파트 가격 비율(PIR)

국세청에서 받은 평균소득과 KB부동산의 자료에서 내가 보유하고 있는 수원 영통구 영통동 구축 아파트 25평형의 시세를 표로 정리했다.

물가상승률 고려한 PIR 표

연도	월소득	평균 연소득	KB아파트 시세(1월 기준)	PIR
2004	2,757,680	33,092,160	161,000,000	4.9
2005	2,907,714	34,892,568	139,000,000	4.0
2006	3,033,424	36,401,088	152,500,000	4.2
2007	3,214,433	38,573,196	182,500,000	4.7
2008	3,429,714	41,156,568	180,000,000	4.4
2009	3,472,233	41,666,796	180,000,000	4.3
2010	3,727,954	44,735,448	192,500,000	4.3
2011	3,857,626	46,291,512	192,500,000	4.2
2012	4,123,524	49,482,288	213,500,000	4.3
2013	4,192,558	50,310,696	210,000,000	4.2
2014	4,403,278	52,839,336	215,000,000	4.1
2015	4,517,282	54,207,384	225,000,000	4.2
2016	4,555,219	54,662,628	240,000,000	4.4
2017	4,593,284	55,119,408	250,000,000	4.5
2018	4,762,959	57,155,508	250,000,000	4.4
2019	4,826,323	57,915,876	250,000,000	4.3
2020	5,358,324	64,299,888	240,000,000	3.7
2021	5,320,204	63,842,448	385,000,000	6.0
2022	5,910,432	70,925,184	560,000,000	7.9
2023	6,307,364	75,688,368	380,000,000	5.0
2024	6,622,732	79,472,784	400,000,000	5.0

통계청 가구당 월평균 가계수지(전국 명목, 2인 이상, 전체가구, 1분기 기준), 2024년은 임의 상승률 5% 적용

그리고 해마다 PIR을 구해 아래와 같이 그래프로 만들었다.

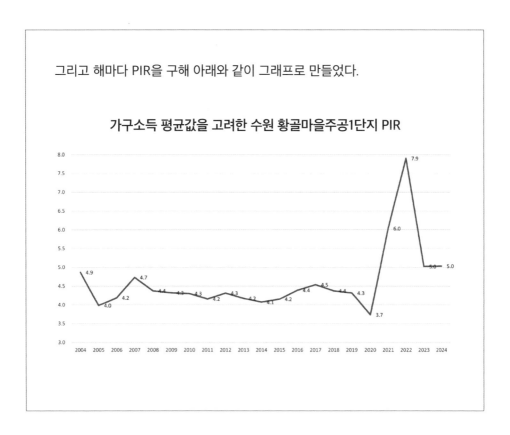

가구소득 평균값을 고려한 수원 황골마을주공1단지 PIR

일직선으로 나오지 않고 매매지수와 같이 상승-하락-상승의 우상향 곡선을 그린다.

그런데 이런 아파트가 2020년 코로나19로 인한 유동성 확대와 임대차 3법으로 과열된 상황에 들어서니 약 1~2년이라는 짧은 기간 동안 가구 평균소득 대비 아파트 가격 비율이 3.7에서 2배 이상인 7.9까지 올랐다. 그 이후 역시나 과거의 평균치보다 크게 올라간 만큼 다시 급락했다. 만약 2021~2022년 매수자들이 이 그래프를 만들어보았다면 과거 평균 수치에 비해 너무 급등했기에 좀 더 보수적으로 따져봤을 것이다.

이번에는 인천 남동구 구월동에 위치한 2단지까지 합쳐 약 8400세대 이상의 대단지인 구월힐스테이트, 롯데캐슬골드 1단지다. 수원 황골마을주공1단지는 PIR이 4에서 움직였다면 여기는 더 높은 6~7에서 움직이고 있다. 황골마을주공1단지는 25평형이기 때문에 그렇고, 만약 32평이 있었다면 더 높았을 것이다. 이 PIR 수치는 높으면 높을수록 상대적으로 상위 입지, 상위 단지가 된다.

일반적으로 가구의 연소득보다 20~30배 높은 아파트는 쉽게 매수할 수 없는 것처럼 말이다. 310쪽 가구소득 평균값을 고려한 PIR 표에서 가장 밑에 있는 수치는 KB아파트 시세를 넣은 게 아니라 내가 분석하고 있는 매물의 가격을 넣는다. 그래야 과거 수치에 비해 싼지 비싼지를 알 수 있기 때문이다.

가장 최근 자료인 2023년에 나온 4.7은 2022년 12월에 이루어졌던 3억 5500만 원의 실거래를 넣은 건데 이 당시에 주변 사람들에게 여기서 더 떨어지긴 어려울 것이라고 이야기했었다. 과거의 가장 낮은 PIR의 수치가 5.6인데, 4.7이라면 실제 가격은 비쌀지언정 점차 높아지고 있는 가구소득과 대비해 봤을 때는 역사적인 저점이기 때문이다. 이미 2022년 12월에서 2023년 1월까지를 기점으로 반등을 시작해 저점에서 꽤 올라오긴 했지만, 만약 이렇게 과거 수치 대비 가장 낮은 PIR값을 보이는 매물이 있다면 그건 분명 급매이니 매수해야 한다.

이 자료를 잘 활용하려면 두 개의 유사한 단지나 매물을 골라 PIR 그래프를 만들어보자. 입지, 브랜드, 세대수, 상업시설, 학군 등 아파트 가격에 영향을 미치는 요소들이 유사하다면 당연히 PIR값 또한 유사할 것이다. 하지만 단지나 매물을 검색하면서 PIR값이 상대적으로 낮게 나온다면 낮게 나온 폭만큼이 바로 안전마진이 된다.

이제 가구소득 평균값을 고려한 PIR을 배웠으니 주택 가격을 볼 때 단순

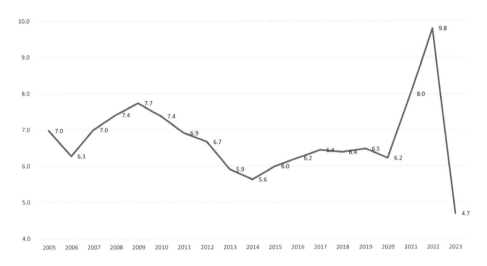

가구소득 평균값을 고려한 인천 구월힐스테이트1단지 PIR

히 과거에 비해 비싸다고 생각하기보다 우리의 가구 평균소득도 점차 증가하는 것을 고려해 아파트 가격 비율을 따지는 게 더 합리적이라고 생각해야 한다. 혹시 이 자료를 만드는 게 어렵다면 내 네이버 블로그 '잭파시 갭투자 연구소'(blog.naver.com/jackpasi)에 와서 다운로드받을 수 있다. 이 자료 말고도 투자를 편하게 해줄 다양한 자료들을 무료로 다운로드할 수 있게끔 수많은 포스팅을 작성해 놓았다.

급매를 가장
효과적으로 찾는 방법

오랜 기간 부동산 투자를 하다 보니 지인이나 강의 수강자들이 나에게 성공하는 방법을 물어올 때가 종종 있다. 그럴 때마다 내가 성공할 수 있었던 방식을 그대로 알려줬지만 잠시 혹하기만 할 뿐, 여전히 똑같은 삶을 살고 있는 이들이 대부분이다. 부동산 지식이 약간 늘어서 친구들을 만났을 때 좀 달라 보일 수는 있어도 실제 삶은 하나도 변하지 않았을 것이다. 진짜 삶이 변하려면 공부에서 끝나는 게 아니라 투자해야 한다. 실제로 투자하지 않으면 변하는 것은 아무것도 없다.

즉, 부동산 공부 → 투자의 순서를 실행해야 하는 것인데 사실 여기에서 빠진 과정이 있다. 더 정확하게 말한다면 부동산 공부 → 물건 검색 → 임장 → 투자의 순서다. 부동산 공부만 하고 실제 물건 검색과 거기서 찾은 급매물을 임장하지 않는다면 결국 투자까지 이어질 수 없다. 내가 어느 정도 배웠다고 생각하면 이제 매물 검색하는 루틴을 짜서 찾아봐야 하고 주말에는 임장도 다녀봐야 한다. 이걸 지속했던 지인이나 강의 수강자들은 어느새 수 채, 수십 채의 자산가가 되어 부동산을 알기 전과 크게 달라진 삶을 살고 있다.

보텀업 방식으로 급매 쉽게 찾는 법 1: 부동산지인

내가 실제로 급매를 찾을 때 쓰는 방법을 간단하게 알려주려고 한다. 급매를 찾는 방법에도 보텀업Bottom Up 방식과 톱다운Top Down 방식이 있다. 먼저 보텀업 방식은 부동산 프롭테크 어플에서 자체설계 급매 프로그램을 통해 나온 결과물을 하나씩 보면서 그게 실제 내 기준의 급매와 맞는지 체크하는 것이다. 그럼 매물을 가장 먼저 보기 때문에 '4단계 구체적인 아파트 단지 → 3단계 시 단위 부동산 흐름 → 2단계 도 단위 부동산 흐름 → 1단계 세계(미국)·한국 부동산 경기' 순으로, 즉 보텀업 방식으로 분석하게 된다.

부동산지인의 유료 버전인 부동산지인 프리미엄에는 '투자아파트 찾기-급매물 보기'라는 기능이 있다. 이 기능은 네이버 부동산에 올라온 매물의 가격과 동일한 타입 다른 매물의 가격 차이가 높은 순대로 정렬해 보여준다. 이를테면 부동산지인 화면에서 1번 급매물인 해운대아이파크 48평의 매물가격이 12억 원인데 동일한 타입의 다른 매물 시세는 약 19억 원이기 때문에 매물 가격 대비 매물 시세차가 7억으로 나와서 급매물로 분류된다.

하지만 여기에는 큰 함정이 있다. 동일한 타입이라도 해도 고층과 저층의 차이가 있고 부산 해운대나 서울 한강뷰가 이점인 아파트 단지에서는 뷰가 보이는지 안 보이는지에 따라 매매가격이 심하게는 2배까지 차이가 난다. 급매물 보기표에 매물가격이 나오고 그 매물의 동과 층이 바로 오른쪽에 나와 있는데

(출처: 부동산지인)

만약 이 매물이 저층이라면 이렇게 시세가 차이 나는 이유를 알 수 있다. 그래서 이 표를 보면서 급매물로 나오는 물건 중 저층 물건을 제외하고 보면 좀 더 빠르게 분석할 수 있다.

보험업 방식으로 급매 쉽게 찾는 법 2: 손품왕

또 다른 프롭테크 플랫폼인 손품왕 프로그램에는 실거래 최고가 대비 변동률로 급매를 찾는 방법이 있다. 과거 실거래가 중에 가장 고점과 최근 실거래가를 비교해 고점 대비 얼마나 떨어졌는지를 알 수 있다. 만약 유사한 입지에 위치한 2개의 단지가 있다고 하자. 하나는 실거래 변동률이 -40%이고 다른 하나는 -20%라면, 실거래 변동률이 -40%까지 나온 단지를 상대적으로 급매라고 볼 수 있다.

지역별로 실거래 변동률이 가장 높은 것부터 내림차순으로 정렬이 되기 때문에 위에서부터 아래로 검색한다. 당연히 위에 있을수록 급매를 찾을 수 있는 단지일 것이다. 보통 실거래가 낮게 나와 버리면 해당 단지의 다른 소유자들도 본인의 물건을 급하게 내놓기 때문이다. 표에서 실거래 최근가가 노란색으로 표시되어 있는 것이 있는데 이건 직거래 건이고 검색할 때 아예 제외시킬 수 있다. 나의 경우 직거래 거래 건은 아예 빼고 검색한다.

하지만 여기에서도 문제점을 찾자면 과연 과거의 실거래 최고가가 믿을 만한 가격인가다. 만약 그 금액대에 많은 거래 건이 있었다면 믿을 만하지만 보통 최고가에 거래되는 건 한두 건에 불과하다. 전에도 이야기했듯 하락장이 시작하기 전 상승장 마지막에 매도자는 매도 호가를 지속적으로 올리지만 그 호가에 매수자가 따라서 올라가지 않는다고 했다. 그런데 이때 꼭 불쌍하게도 '가즈아!'를 외치며 고가에 매수하는 사람이 등장한다. 만약 이런 물건이라면 그 가격을 기준으로 삼아 최근의 실거래가가 얼마나 빠졌는지 체크하는 것이기 때문에 크게 저렴한 물건이 아닐 수도 있다. 고가 물건을 너무 비싸게 샀기 때문이다.

이 방법은 하락장이 발생하고 다시 반등할 때 이전 상승장의 금액과 현재의 금액 차이를 고려해 안전마진이 있겠다고 판단하면 매수하는 것인데 이미 반등이 되고 가격이 많이 올라와있는 상황에서는 크게 힘을 쓰지 못한다.

보텀업 방식으로 급매 쉽게 찾는 법 3: 아실

아파트실거래가(아실)을 통해서도 급매를 찾을 수 있다. 무료이기도 하고

실거래 최고가 대비 변동률 전수분석

멀티차트 시세비교 임장지도 | 긴편필터 | 관심단지 추가 : 기본

	시	구	동	아파트명	평	년식	실거래 최고가			실거래 최근가			실거래 변동	
							금액	일시	층	금액	일시	층	변동금액	변동률
☐	서울	구로구	고척동	벽산블루밍	33	20	110,000	21.08	20	60,000	23.10	7	-50,000	-46 %
☐	서울	동작구	신대방동	보라매 e-편한세상	33	13	138,300	21.09	14	80,000	23.08	7	-58,300	-42 %
☐	서울	강서구	마곡동	마곡엠밸리2단지	34	9	129,500	21.01	8	79,500	23.03	3	-50,000	-39 %
☐	서울	성북구	정릉동	정릉e-편한세상2차	34	14	96,500	22.04	10	60,000	23.08	12	-36,500	-38 %
☐	서울	마포구	상암동	상암월드컵파크5단지	33	18	130,000	21.06	4	86,000	23.09	12	-44,000	-34 %
☐	서울	성북구	장위동	꿈의숲코오롱하늘채	34	6	135,000	21.08	8	90,000	23.07	4	-45,000	-33 %
☐	서울	성북구	돈암동	동부센트레빌	33	20	120,000	23.06	9	80,000	23.08	14	-40,000	-33 %
☐	서울	은평구	진관동	은평뉴타운박석고개힐스…	33	14	119,500	21.06	13	80,000	23.09	3	-39,500	-33 %
☐	서울	도봉구	창동	창동신도브래뉴1차	33	20	104,500	21.07	18	70,000	23.05	11	-34,500	-33 %
☐	서울	은평구	불광동	북한산힐스테이트7차	33	12	129,000	21.10	7	87,500	23.06	8	-41,500	-32 %
☐	서울	도봉구	창동	북한산아이파크	33	19	120,000	21.10	19	81,800	23.09	3	-38,200	-32 %
☐	서울	강동구	강일동	강일리버파크5단지	33	14	114,500	21.04	6	78,200	23.02	10	-36,300	-32 %
☐	서울	성북구	돈암동	길음역금호어울림센터힐	33	7	115,000	21.09	9	79,500	23.01	15	-35,500	-31 %
☐	서울	영등포구	문래동3가	문래힐스테이트	33	20	156,750	21.09	20	109,000	22.11	18	-47,750	-31 %
☐	서울	서초구	우면동	서초네이처힐3단지	34	10	177,000	21.06	5	125,000	23.04	8	-52,000	-29 %
☐	서울	강서구	염창동	강변힐스테이트	33	18	136,000	21.09	17	96,000	23.06	4	-40,000	-29 %

(출처: 손품왕)

디스플레이가 편해서 나도 자주 쓰고 있다. '갭투자'라는 메뉴가 있는데 이걸 클릭하면 '갭투자 증가지역'이 나온다. 전국으로 선택하고 최근 3개월로 설정해서 검색하면 갭투자가 많았던 지역부터 내림차순으로 정리된다. 지역별로 하나씩 갭투자 현황을 누르면서 다른 투자자들이 어떤 단지를 대상으로 갭투자하고 있는지를 파악한다. 여기에서는 단지별로 갭투자를 하면서 세팅한 매전 갭이 나오기 때문에 현재 내가 가지고 있는 종잣돈을 기준으로 들어갈 수 있을 만한 지역을 판단하기가 좋다.

만약 어디서부터 시작할지 모르겠다면 다른 투자자들이 왜 이 시점에 이 단지나 물건을 샀을까를 궁금해하는 것부터 하면 된다. 그래도 궁금증이 해소되지 않으면 해당 단지 내 부동산에 전화해서 왜 투자자가 들어오는지 물어보고 직접 임장도 가본다. 이런 작업을 많이 할수록 투자 실력은 향상된다.

당연히 갭투자 증가지역에서 랭킹이 높을수록 좋지만 실제로 봐야 할 지표

는 따로 있다. 여기에 나온 갭투자 건수는 최근 3개월간 아파트 매매 후 직접 거주하지 않고 임대를 준 계약을 따로 뺀 것인데, 지역이 크면 클수록 거래건 자체가 많기에 큰 의미가 없다. 진짜 의미가 있는 지표는 갭투자 건수를 전체 거래 건으로 나눈 퍼센티지다. 2023년 12월 현재는 투자자가 전세를 끼고 매수하는 것보다 실거주자가 입주하기 위해 매수하는 게 절대적이기에 이 퍼센티지가 낮다. 갭투자자 활발하게 이루어질 때는 이 수치 또한 크게 올라간다.

그러나 이 갭투자 현황자료는 현재 시점에 갭 투자한 현황과 투자금인 갭을 표시한 것에 불과하다. 갭투자로 들어왔다고 해서 이 거래가 급매라고 할 수 있다기보다는 이 정도로 낮은 갭을 가지고 투자할 수 있다는 것을 판단할 수 있다. 여기 나온 정보를 보고 다시 이 단지들이 속한 시 - 도 - 한국 - 세계(미국)로 올라가서 거시적으로 분석해야 이 갭투자자들의 생각도 알 수 있는 것이다.

톱다운 방식으로 급매를 쉽게 찾는 방법: 네이버 부동산

나 같은 경우 방금 소개한 방법대로 부동산 프롭테크 어플들을 통해서 보텀업 방식의 급매찾기도 하지만, 이미 거시적인 상황을 알고 있어 합리적인 판단을 할 수 있기 때문에 할 수 있는 방법이라고 봐야 한다. 부동산 빅데이터 지표를 통해서 앞으로의 상황을 예측하지 못하고 이렇게 당장 앞에 있는 매물만을 찾는 건 장님이 코끼리 만지는 격이다. 물론 개인 명의가 아닌 법인이나 매매사업자를 통해 싸게 사서 바로 팔아 수익을 낼 수 있다면 그때는 거시적인 흐름과는 상관이 없으니 당연히 이런 접근방법도 유효하다고 본다.

이제 톱다운 방식으로 물건 찾는 방법을 알려주겠다. 앞의 3단계를 통해 투자할 도와 시가 결정됐다면 이젠 매물 검색에 힘을 쏟아야 한다. 그런데 만약

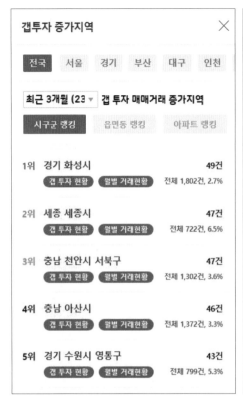

(출처: 아실)

흐름이 앞으로 좋지 않을 것이라 생각되면 물건을 검색하지 않아도 될까? 당연히 흐름이 좋았을 때에 비해서 검색량은 줄어들겠지만 그래도 꾸준하게 해야 한다. 앞으로 흐름이 별로더라도 정말 급매로 싸게 살 수 있는 매물이 있다면 지수가 안 오르거나 혹은 소폭 떨어지더라도 수익을 낼 수 있기 때문이다.

많은 블로그 구독자나 강의 수강자에게 내가 매물을 어떻게 찾는지를 영상으로 찍어서 올려달라는 요청을 받곤 한다. 물론 이것도 오랜 기간 하다 보면 노하우가 생기지만 사실 뭔가 특별한 기능을 쓴다거나 방법이 있는 노하우라기보다는 동일한 행위를 얼마나 열심히 반복적으로 하는가에 달려있다. 내가 꼭 이번 주 토요일에 임장을 가기로 했다면 수요일이나 목요일 혹은 금요일 밤에도 싼 물건을 찾아내고 자야 한다. 싼 물건을 못 찾으면 잠을 잘 수가 없으니 결국에 찾는 시스템이다.

간혹 다른 어플을 이용해 필터를 걸어 매물을 찾고 그다음 네이버 부동산으로 와서 그 물건을 확인하기도 하지만 보통은 그냥 네이버 부동산 어플로만 끝낸다. 특별한 방법이 있을 것 같지만 의외로 간단하다. 만약 도 단위에서 충북의 지표가 괜찮고 그중에 인구수 1위인 청주에 들어가고 싶다면 네이버 부동산 매물 지도를 연다. 그리고 화면을 확대하면 하단에 단지 목록이 뜬다. 그 단지 목록을 눌러 세대수 순으로 매물을 검색한다. 그래서인지 내가 매수한 아파트들은 대부분 500세대 이상 대단지다.

세대수가 크면 클수록 그 단지가 가지고 있는 힘이 크다고 보면 된다. 한 가정의 가장은 그 집을 사용, 수익, 처분하기 위해 누구보다 열심히 일할 것이다. 그런 가장이 수백, 수천 명이 있다고 생각하면 당연히 상승기에 더 큰 힘을 낼 수 있다. 그리고 세대수가 클수록 규모의 경제효과로 관리비가 적게 나오고 다양한 입주민 커뮤니티 시설이 있는 것도 장점이다. 녹지공원, 학교, 학원가, 상업시설도 따라붙는다. 그리고 절대적으로 중요한 것이 바로 거래량이다. 거래량이 너무 적은 소규모 나홀로 단지를 가지고 있다면 내 자산을 평가하기가 어렵고 매도도 내가 원할 때 되지 않을 가능성이 크다.

청주 같은 지역은 화면을 약 5~6번 정도 잡아야 전체 단지를 체크할 수 있다. 원주는 약 3번이고 충주는 약 2번이면 전체를 체크할 수 있다. 지역의 규모에 따라 이렇게 차이가 발생하는데, 강남구 같은 경우는 약 2번 정도면 전체 단지를 잡을 수 있다. 아무래도 내가 보고 있는 디스플레이에 따라 달라질 수는 있지만 PC 버전으로 체크해도 거의 비슷하다. 개인적으로는 PC 앞에 앉아 매

(출처: 네이버 부동산)

물을 찾는 것보다는 저녁 먹고 편하게 소파에 누워서 핸드폰으로 찾는 걸 선호한다. 그 뒤 세대수 순으로 정리된 아파트 단지들을 하나씩 열어본다. KB시세나 실거래 추이보다 저렴하게 나온 급매물이 있는지 체크하는 것이 목적이다. 단지를 열어보지 않아도 매매·전세매물 중 가장 낮은 가격이 앞에 표시되기 때문에 비교하여 확인할 수 있다.

전세를 사용가치, 매매를 투자가치라고 생각했을 때 만약 매매가 전세보다 더 낮은 금액으로 나왔다면 이것은 급매라고 볼 수 있다. 사용가치보다 투자가치가 오히려 마이너스인 상태이기 때문이다. 나는 공시가격 기반의 투자자이기 때문에 매물의 가격을 공시가격으로 나눈 퍼센티지를 체크한다. 이 퍼센티지가 낮으면 낮을수록 매물가격은 공시가격에 가까운 것이기 때문에 급매라고 볼 수 있다.

급매를 찾는 노하우는 꾸준한 반복

2012년에 부동산 투자를 시작하고 처음 5년간은 경매를 했었고 갭투자로 넘어온 건 2017년부터다. 이때부터는 거의 매일 매물검색을 했고 약 8년이 지난 지금, 어떤 지역에 어떤 단지가 있는지 절반 이상은 안다. 또 단지들의 과거부터 현재까지 시세 흐름 또한 알고 있다. 그런 상황에서 내가 꼭 물건을 사야겠다고 마음먹었을 때는 하룻밤 사이에 수백, 수천 개의 단지를 체크하기 때문에 시세흐름에서 벗어난 급매를 찾을 수 있는 것이다. 그리고 다음 날 아침, 부동산에 방문해 매물을 본 뒤 문제없으면 계약하면 된다.

바로 이것이 여러 해 동안 반복하며 얻은 노하우다. 똑같이 따라 하면 누구나 돈을 벌 수 있다. 하지만 대부분은 매물 검색을 생활화하지 못한다. 진짜 돈을 벌 수 있는 행동은 바로 꾸준히 하는 것인데 말이다. 내 입장에서 안타까운 것은 부동산에 관련된 지식을 알려줄 수 있지만 매물 검색만큼은 도와줄 수가 없다는 것이다. 이건 본인 스스로 해야 하는 것이기 때문이다. 단순한 행동의 반복이지만 이것만이 본인을 부자로 만들어 줄 수 있는 유일한 일임을 꼭 기억하길 바란다. 엄지손가락이 아파서 잠이 안 올 때까지 단지와 매물들을 눌러보는 수준이 되어야 급매를 찾을 수 있다.

분석과 검색을 마쳤다면
남은 것은 임장 활동이다

부동산 빅데이터를 분석하면서 흐름상 괜찮은 도와 시를 알아냈고 그다음 매물검색으로 안전마진이 있는 급매면서 내가 충분히 핸들링이 가능한 매물을 확인했다. 그렇다면 이제 실제로 물건을 보러 가야 한다. 나 같은 경우 부동산 투자를 시작한 후 2021년까지는 회사원이었기에 주말을 이용해 임장을 갔었다. 부동산을 배운 초창기에는 매주 임장을 갈 정도로 열의에 불탔었는데 이런 행동으로 인해 내가 살아 있음을 느껴야 한다. 또 언젠가는 데이터 분석 → 매물검색 → 임장 활동의 무한반복으로 인해 부자가 되어 있을 것이라는 믿음도 처음부터 가져야 한다.

내가 다른 사람들보다 부동산 투자에 쉽게 접근할 수 있었던 이유는 대학교 전공이 지리교육과였기 때문이다. 20대 초반에 이미 전국을 다 돌아다니면서 어떤 지역이 어떤 산업으로 먹고 사는지를 눈으로 직접 보았다. 부동산 투자

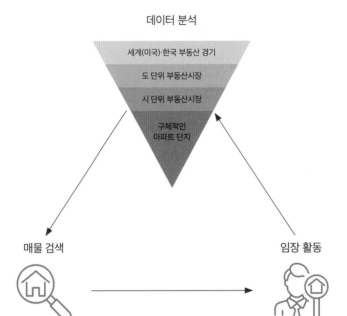

데이터 분석

세계(미국)·한국 부동산 경기

도 단위 부동산시장

시 단위 부동산시장

구체적인
아파트 단지

매물 검색

임장 활동

를 하기 시작한 게 27살부터였는데 이미 그 전에 머리에 지리감이 있었기에 내가 사는 곳이 아닌 전국의 다른 지역들을 분석하는 것도 그리 어렵지 않았다. 그렇다고 해서 꼭 부동산과 관련있는 전공을 이수해야 부동산 투자를 잘할 수 있다는 의미는 아니다. '부동산 투자'에서는 '부동산'보다 뒤에 있는 단어인 '투자'가 더 중요하다. 실제 투자하지 않고 부동산만을 알고 있는 건 자산 증식에는 아무런 의미가 없기 때문이다.

잘 모르는 지역도 임장 잘하는 방법

지금은 아직 본인이 사는 지역 말고 다른 지역에 대한 감각은 전혀 없기 때문에 어떻게 거기에 투자하러 가야 할지 막막할 수 있다. 하지만 현대 사회는 자료가 너무 많아서 문제지 없어서 문제가 아니다. 나는 임장을 가기 전에 해당

지역의 시청 홈페이지에서 소개자료를 먼저 본다. 물론 나무위키나 위키피디아 같은 사이트에서 정보를 봐도 되나 자료의 정확도를 생각하면 시청의 소개 현황처럼 공신력이 있는 자료를 보는 것이 좋다.

지역마다 조금씩 다르긴 하지만 역사, 지리, 인구, 교통, 경제, 관광, 문화, 음식, 정치, 군사와 같은 정보들을 제공한다. 이걸 읽으면서 이 지역의 과거 역사는 어땠었고 현재의 도시구조가 이루어진 원인이 어떤 것인지 등등을 살펴보자. 그리고 투자를 하기 위해 지역을 분석할 때는 인구와 그 인구를 뒷받침하게 만드는 산업이 가장 중요하다. 도시가 가지고 있는 기반산업을 살펴보면서 과거가 아닌 현재 그리고 미래에도 꾸준하게 발전할 수 있을지 체크해야 한다. 부동산은 사람들이 경제활동을 하기 위해 선택하는 장소라는 것을 이해하면 된다. 즉, 경제활동이 없다면 부동산도 가치가 없어진다.

그 지역의 지리에 대해 전혀 모르는 초기 상태에서는 매물에 대한 아무런 정보 없이 그냥 한 바퀴 돌면서 분위기를 파악하는 것도 괜찮다고 생각하지만 그렇게 한다고 해서 뚜렷한 결과물이 생기는 것은 아니다. 난 이미 지리감이 있기에 이렇게 목표 없이 임장을 가지는 않고, 매물을 검색해서 급매로 나온 물건을 보러 가면서 해당 단지뿐 아니라 주변까지 보고 오는 형식으로 임장을 간다. 사실 임장을 간다기보다 확실한 안전마진이 있는 물건을 직접 눈으로 보고 별이상이 없으면 매매계약을 하고 오는 것에 가깝다. 이렇게 되기까지 전국에 있는 300개 이상의 매물을 보고 지역 임장을 계속해서 다녔기에 가능한 것이다. 이 능력치를 키우려면 꾸준히 집을 보러 다니는 수밖에 없다.

또 집의 내부를 보면서 인테리어 견적까지 바로 계산할 수 있어야 한다. 예를 들어 25평 계단식 구축의 경우 대략 도배 100만 원, 장판 100만 원, 싱크대 250만 원, 화장실 300만 원 등 내가 이 물건을 사고 수리해서 얼마에 전세를 놓을 수 있을지, 추후 어느 정도 예상 매매가격에 팔 수 있을지를 머릿속으로 그릴 수 있어야 한다. 투자자는 사실 별것 없다. 내가 투자한 금액 대비 얼마의 수익금을 벌 수 있는가가 전부다. 예상 수익률이 괜찮다면 매수하는 것이고 그렇지 않다면 보류하는 것이다. 이 세상에 안 좋은 부동산은 없다. 만약 매도자가 내가 원하는 금액으로 맞춰주기만 한다면 수익이 발생하는 것이기 때문에 어떤 부동산이든 최종 기회는 주어져야 한다. 내가 예상한 수익과 금액이 맞지 않다면 그땐 보류하면 되는 것이다.

실패하지 않는 임장 체크리스트

막상 집 안쪽까지 들어가서 이것저것 체크하려면 너무 짧은 시간에 휙 지나가버려서 제대로 못 보고 나올 것이다. 거기가 공실이라면 상관이 없지만 기존 임차인이나 매도인이 살고 있는 집이라면 아무래도 빨리 나가주었으면 하는 눈치가 보이기 때문에 그렇다. 사진을 찍어서 추후 다시 확인해 볼 수 있도록 해주면 괜찮지만 이 또한 프라이버시 때문에 쉽지 않을 수 있다.

이에 내가 임장을 갔을 때 집 밖과 안에서 어떤 부분을 체크하는지를 표로 정리했다. 좀 시간이 걸리더라도 체크리스트를 하나씩 보고 상태를 파악하길 바란다. 우리가 시세차익을 위해 해야 하는 일은 최소의 매매가격으로 가능한 최상의 상태의 아파트를 구하는 것이다.

임장 체크리스트

아파트명		지역 인구수	
연식		세대수	
평형		실거주 만족도(직방)	
대장 아파트 1년 상승률		매물증감상태(아실)	
시장 강도(부동산지인)		매물 호가	
공시가격		실거래 평균가(호갱노노)	

집 밖 체 크 리 스 트	초·중·고등학교와 거리		☐
	지하철, GTX, KTX와의 거리		☐
	해당 단지의 로열동 파악(로열동이 아니라면 가격 차이)		☐
	남·동·서·북 방향(남향이 아닌 방향의 가격 차이)		☐
	해당 동의 로열층 파악(1층, 탑층과의 가격 차이)		☐
	속집 또는 끝집(사이드일 경우 가격 차이)		☐
	계단식, 혼합식, 복도식		☐
	지하주차장 연결 여부		☐
	단지의 고도 및 경사도		☐
	대략적인 동 간 거리		☐
	주차 가능 대수		☐
	단지 내 커뮤니티		☐
	단지 내 주간 장터 유무		☐
집 안 체 크 리 스 트	거실 베란다 뷰와 일조권 상태		☐
	베란다 곰팡이나 결로가 있는지 확인		☐
	베란다와 각방 천장에서 누수의 흔적이 있는지 확인		☐
	베란다 샷시 상태(입주 상태 그대로/새로 했다면 메이커)		☐
	베란다 확장 상태(확장 유무에 따른 가격 차이 파악)		☐
	베란다 페인트 상태(수성페인트인지 탄성코트인지)		☐
	화장실 인테리어를 했는지(했다면 몇 년 전인지)		☐
	싱크대 교체를 했는지(했다면 몇 년 전인지)		☐
	도배의 상태 파악(합지인지 실크인지)		☐
	장판의 상태 파악(장판, 원목, 대리석)		☐
	현관 중문 여부		☐
	현관 신발장, 타일, 거울 상태		☐
	등과 스위치 상태		☐
	기타 수리가 필요해 보이는 부분		☐

학원 수가 가장 많은 지역이
최상위 입지를 차지한다

지역을 공부할 때 가장 먼저 이 지역에서는 어디가 최상위 입지인가를 파악하는 게 중요하다. 최상위 입지가 된 원인은 무엇이며 현재 어느 정도의 금액 대를 유지하고 있는가를 파악해야 한다. 결국 이 대장주의 움직임에 따라 신규 분양권 및 그 아래 준신축, 구축들이 연동이 되어서 움직일 것이기 때문이다. 이에 대장주의 움직임이 앞으로 좋지 않을 것 같다고 판단이 되면 그 아래도 사실 마찬가지라고 봐야 한다.

지방의 최상위 입지는 학원 수가 표시된 지도만 봐도 충분히 파악할 수 있다. 다만 이것을 일일이 외울 필요는 없다. 다른 것들도 마찬가지다. 부동산 공부를 할 때 중고등학교 수업처럼 암기하려고 하지 말길 바란다. 배우는 재미가 있어야 더 열심히 할 수 있기 때문이다. 부동산 공부를 억지로 하려고 하면 흥미를 잃어버리고 금방 지친다.

🏠 부동산 필수 자료 확인하는 법

학원 수 체크하기

학군과 관련된 빅데이터는 아파트실거래가(아실) 어플에 잘 나와 있다. 아실 어플에서 지역을 볼 때 왼쪽 상단에 있는 지도를 선택해서 '개발' 부분을 선택하고 본다. '개발' 기능은 재건축, 재개발 지역을 지도에 표시해 주며 또한 학원의 숫자도 표시해 준다. 예를 들면 아래는 울산의 지도인데 개발을 선택하고 보면 지역마다 학원 개수가 나온다.

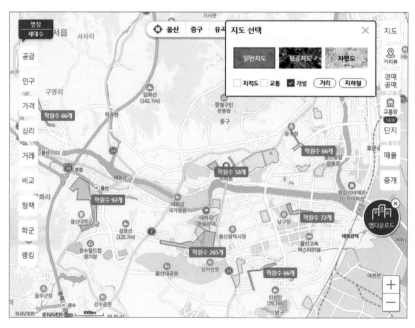

(출처: 아실)

그다음에는 지도 왼쪽에 학군을 눌러서 중학교를 선택한다. 과거와는 달리 고등학교 때보다 중학교 때부터 입시를 준비하는 것이 보통이라 나는 이걸 우선시한다.

울산 남구로 학군 리스트를 클릭하면 학업성취도와 특목고 진학률 순으로 학교를 정렬할 수 있다. 특목고 진학률을 Y축으로 학업성취도를 X축으로 하고 학교를 넣은 그래프에서는 차트 오른쪽 위에 위치할수록 상대적으로 우수한 학교다. 수치가 우수한 상위그룹을 파란색으로, 중간을 녹색으로, 하위그룹을 노란색으로 표시했는데 우리가 유심히 봐야 할 것은 바로 학원 수가 많은 지역 인근에 학교가 있으면 학업성취도 및 특목고 진학률이 좋다는 것이다. 반대로 학원가와 먼 지역의 학교일수록 학원성취도 및 특목고 진학률이 낮다.

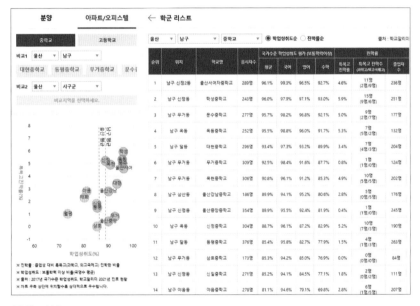

(출처: 아실)

참고로 학원이 아닌 교습소를 통계에 포함하는 유무에 따라 숫자의 차이가 크다. 동일한 기능을 제공하는 호갱노노 학원가 통계는 입시, 검정, 보습 및 국제화(초, 중, 고 외국어) 학원의 숫자다. 아실은 보습학원, 수학학원, 영어학원(성인 영어학원 제외)을 취합한 학원가 숫자이니 업체별 데이터가 약간 다를 수 있지만 우리가 지역을 판단하는 자료로는 충분하다.

학원 수가 가장 많은 곳을 찾아라

울산의 학원은 남구 옥동과 신정동에 265개로 가장 많이 있다. 학원 수가 가장 많은 곳이 그 지역에서 가장 학군이 좋으며 최상위 입지를 차지한다. 학군이 가장 좋기 때문에 학원가가 모이며 최상위 입지가 되었다고 할 수도 있고, 또 최상위 입지 곁으로 학원가 및 학군이 형성되었다고 할 수도 있어 사실 '닭이 먼저냐, 달걀이 먼저냐' 같은 느낌이다. 뭐가 더 빠른지를 따지는 것은 투자자 입장에서는 큰 의미가 없다. 숫자로 쉽게 판단하기 위해서 학원 수를 기준으로 따지는 것이라고 보자.

그래서 기본적으로 학생이 있는 세대들은 학원가가 밀집해 있는 학군지로 모이려고 한다. 이런 수요가 뒷받침되기에 학원가와 학군이 형성된 지역은 당연히 가격이 비싸고 하락장일 때도 가격방어가 잘 되는 편이다. 전세가격도 높은 수준에서 유지된다. 또 기억해야 할 점은 학원 수가 가장 많은 지역에 속한 아파트 단지들은 중소형이 아닌 대평 형수로 구성되어 있다는 점이다. 울산만 봐도 대공원월드메르디앙, 롯데캐슬킹덤, 대공원롯데인벤스가, 문수로아이파크 시리즈 등 국평 32평 이상의 평수로 주로 구성되어 있다. 결론적으로 대형평수에 사는 소득수준이 높은 세대들이 상대적으로 많은 돈을 학원비로 지출할 수 있다고 생각하면 쉽다.

만약 금액이 낮은 부동산 여러 채에 투자할 것이 아니라 실거주를 중심으로 1주택이나 일시적 1가구 2주택 비과세 테크로 자산을 불려나갈 생각이라면 당연히 이런 상위 입지의 아파트를 선택해야 한다. 시청 홈페이지의 지역설명을 통해서 대략적인 도시 개요를 판단하고, 학원 수가 가장 많은 지역을 찾아서 그 지역의 위계질서를 파악하길 바란다. 결국 부동산은 비교의 학문이고 최상

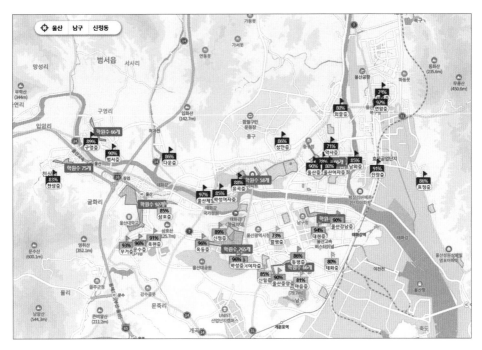

(출처: 아실)

위 입지에 위치한 대장주의 금액에 연동되어 움직이기에 꼭 정리하고 갈 필요가 있다.

추가로 서울 3대 학군지의 학원 수를 파악해 보면 대치동이 944개, 목동이 431개, 중계동이 235개다. 수도권을 비롯해서 광역시, 지방 8도까지 아실의 학원 수 보기 기능을 통해서 지역마다 최상위 입지를 파악해 보길 바란다.

투자를 결정할 땐
수학적 근거가 있어야 한다

지금까지 내가 한 투자를 돌이켜 보면 2012년부터 2019년까지는 서울, 경기, 인천의 역세권 25평 구축 아파트를 투자금 2000만 원 이하로 경매나 갭투자를 했다. 그다음 2020년 8월 12일 지방세법 개정으로 다주택자 취득세가 12%까지 올라간 후에는 손익분기점을 넘기 힘들 것이라는 생각에 대안으로 생각한 것이 바로 지방저가주택과 강남 원룸오피스텔을 무피나 플피로 매수하는 것이었다.

공시가격 1억 원 이하 지방아파트의 경우 취득세가 변경된 첫날인 2020년 8월 12일에 첫 매수를 시작했고 2021년 7월쯤부터는 인구 30만이 아닌 10만 단위 도시까지 투자자들이 들어가는 것을 보고 더 이상은 수익이 날 것 같지 않아 강남 원룸 오피스텔 매수로 돌아섰다. 강남 원룸 오피스텔들은 추후 월세로 변경할 것을 염두에 두고 입지가 좋은 지역에 준신축급으로 계속 매수하고 있다.

이렇게 하나의 투자 테마를 잡으면 먼저 수백, 수천여 개의 매물을 분석하는데, 현재 나오는 매물들이 공시가격 대비 몇 퍼센트인지를 따진다. 이 작업을 해보면 내가 실제 매수하는 데 있어서 얼마의 몇 퍼센트 정도로 사야 안정적인지를 파악할 수 있다. 그렇게 해서 구한 비율이 공시가격 1억 이하 지방아파트는 매매가가 공시가격 대비 150% 이내였고 서울 원룸 오피스텔은 110~130%였다. 물론 이 비율이나 테마는 그 테마가 뜨기 전에 매수하는 게 중요하기 때문에 현재는 유효하지 않다고 봐야 한다. 다만 이것을 말하는 이유는 잭파시 톱다운 투자법을 통해서 처음부터 끝까지 수치로 판단하려고 했기 때문에 마지막 매수를 위한 최종 선택까지도 수학적인 근거를 마련해 투자할 수 있다는 것을 알려주고 싶었다. 매수하기 전에 내가 왜 그 시점에 그 물건을 매수했는지에 대한 수학적인 근거를 남겨놓지 않으면 그 투자가 잘 되었다고 하더라도 나중에는 다시 감에 의존할 수밖에 없다.

만약 그 투자가 잘 되지 않았다면 내가 적어놓은 수학적인 근거가 틀렸을 가능성이 크기에 그 수치들을 보완 수정하면 되는 것이다. 아마 군대를 다녀 온 남성이라면 다 알 것이다. 처음 사격할 때 총을 받으면 나에게 맞는 영점을 잡아야 한다. 정중앙을 목표로 발사했는데 계속 좌측으로 쏠린다면 정중앙을 향할 수 있도록 우측으로 영점을 조절하는 영점사격을 한다. 이와 유사하게 투자에서도 잘못된 점이 있다면 명확하게 수학적으로 수치를 따져서 수정 보완해야 하는 것이다.

공시가격을 매수 기준으로 정하고 투자하라

약 12년간 투자해 왔지만 투자 타당성을 보장하는 수치로는 공시가격만 한 걸 보지 못했다. 공시가격은 재산세, 종합부동산세 상속증여세 등 조세와 건강보험료, 각종 부담금, 복지제도, 토지보상 등 현재 67개 행정제도의 기초자료로 활용이 되고 있다. 그만큼 우리가 살아가는데 기본이 되는 지표이고 부동산을 투자할 때 가장 밀접한데도 불구하고 내 주위에서는 나만큼 이 지표를 사용하는 사람을 보지 못했다. 2024년부터는 현 정권의 국정과제인 '공시가격의 투명성과 정확성 제고'에 따라 국토교통부가 정확한 공시가격 산정, 철저한 검증, 투명한 정보공개 등 개선방안을 발표했으니 더 신뢰해도 될 것 같다.

공시가격을 매수의 기준으로 사용한 것은 최근의 일이 아니라 수도권 아파트에 집중투자 했던 시기부터다. 한 예시로 2019년 6월 고양시 일산동구 풍동에 있는 23평형 구축 아파트를 살 때 적었던 메모지를 보여주려 한다. 당시 매매가가 1억 6500만 원이었고 예상 전세가가 1억 6000만 원이라 갭 500만 원에 취득세와 인테리어 비용까지 합해서 약 1100만 원이면 투자할 수 있었다. 당시 통장에 남아 있는 8만 원까지 끌어다 모아보니 투자할 수 있을 것 같아서 매수한 뒤 지금까지도 보유하고 있다. 8만 원은 영화를 보고 밥만 먹어도 쉽게 쓸 수 있는 돈이지만 이렇게 아파트를 살 수 있는 돈이 되기도 한다. 돈의 가치는 스스로 만드는 것이다.

매수 당시 공시가격이 1억 4200만 원이었기에 공시가격 대비 매매가격 비율은 116% 정도였다. 이 정도 수치는 2019년 당시 수도권 아파트 매물검색을 매일 하면서도 찾아보기 어려운 수치였다. 참고로 공시가격 대비 매매가격의 적정성을 파악하려면 한두 개만 해봐서는 알 수 없다. 최소 수백 개 이상 계산

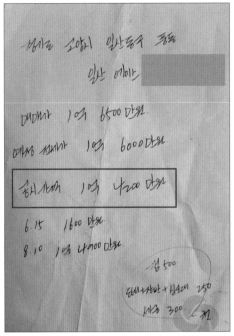

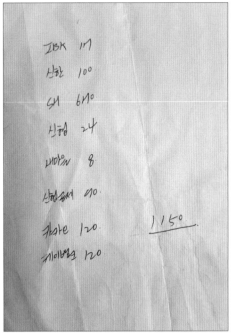

해 보면 지역, 연식, 평수, 세대수, 호재 등에 따라 차이가 발생하는 것을 알 수 있고 유사한 입지에 유사한 매물이라면 당연히 이 비율이 비슷해야 맞다. 하지만 만약 어느 한쪽의 매물 수치가 눈에 띄게 낮다면 그 매물은 급매로 나온 것이 확실하기에 투자의 근거로 삼을 수 있는 것이다.

나만의 데이터로
투자에 확신을 갖는 그날까지

이제 내가 알고 있는 모든 걸 알려주려고 노력한 두 번째 책인《잭파시의 부동산 톱다운 투자법》을 마칠 때가 되었다. 이 책을 집필한 계기는 첫 번째 책인《나는 대출 없이 0원으로 소형 아파트를 산다》에서 '잭파시 톱다운 투자법' 부분이 독자의 큰 호응을 받아서였다. 이에 두 번째 책에서는 부동산을 해석할 때 가장 깊숙한 곳까지 들어가서 다양한 지표들의 인과관계를 수학적으로 알아낼 수 있는가를 중점적으로 연구하고 이를 책에서 다루었다. 이에 대해서는 어느 정도 소기의 성과를 달성했다고 생각한다.

과거와는 달리 현재는 주식투자의 경험으로 인해 기술적·기본적 분석을 부동산에 접목시키는 투자자들이 많이 생겨날 것이다. 빅데이터 취합·가공·분석에 익숙하고 영어 또한 거부감이 없기에 국내를 넘어서 해외의 데이터까지 거시적으로 분석할 것이다.

이 책이 부동산 톱다운 투자법에 새로운 이정표를 제시해 주리라고 믿는다. 이 책을 소중히 봐주신 독자분들도 더 이상 감으로 하는 투자가 아닌 수학적으로 근거 있는 투자를 하면서 자산을 크게 쌓아가길 바라는 마음이다. 이 책에 나온 지표들은 네이버 블로그 '잭파시 갭투자 연구소'에서 지속적으로 업데이트하고 있으니 같이 보면 도움이 될 것이다. 또한 책만 가지고도 충분히 혼자 공부할 수 있게끔 자세하게 기술하려 노력하긴 했지만, 추가로 도움이 필요한 분들은 클래스유의 '잭파시 부동산 톱다운 투자법' 강의를 참고해 주길 바란다.

잭파시의 부동산
톱다운 투자법

초판 1쇄 인쇄 2024년 2월 13일
초판 1쇄 발행 2024년 2월 21일

지은이 잭파시(최경천)
펴낸이 김선식

부사장 김은영
콘텐츠사업2본부장 박현미
책임편집 김현아 **디자인** 마가림 **책임마케터** 문서희
콘텐츠사업5팀장 김현아 **콘텐츠사업5팀** 마가림, 남궁은, 최현지, 여소연
마케팅본부장 권장규 **마케팅1팀** 최혜령, 오서영, 문서희 **채널1팀** 박태준
미디어홍보본부장 정명찬 **브랜드관리팀** 안지혜, 오수미, 김은지, 이소영
뉴미디어팀 김민정, 이지은, 홍수경, 서가을, 문윤정, 이예주
크리에이티브팀 임유나, 박지수, 변승주, 김화정, 장세진, 박장미, 박주현
지식교양팀 이수인, 염아라, 석찬미, 김혜원, 백지은
편집관리팀 조세현, 백설희 **저작권팀** 한승빈, 이슬, 윤제희
재무관리팀 하미선, 윤이경, 김재경, 이보람, 임혜정 **인사총무팀** 강미숙, 지석배, 김혜진, 황종원
제작관리팀 이소현, 김소영, 김진경, 최완규, 이지우, 박예찬
물류관리팀 김형기, 김선민, 주정훈, 김선진, 한유현, 전태연, 양문현, 이민운
외부스태프 김남정

펴낸곳 다산북스 **출판등록** 2005년 12월 23일 제313-2005-00277호
주소 경기도 파주시 회동길 490 다산북스 파주사옥
전화 02-704-1724 **팩스** 02-703-2219 **이메일** dasanbooks@dasanbooks.com
홈페이지 www.dasan.group **블로그** blog.naver.com/dasan_books
종이 아이피피 **인쇄·제본** 정민문화사 **코팅·후가공** 제이오엘엔피

ISBN 979-11-306-5094-4(03320)

다산북스(DASANBOOKS)는 독자 여러분의 책에 관한 아이디어와 원고 투고를 기쁜 마음으로 기다리고 있습니다.
책 출간을 원하는 아이디어가 있으신 분은 이메일 dasanbooks@dasanbooks.com 또는 다산북스 홈페이지 '투고원고'란으로
간단한 개요와 취지, 연락처 등을 보내주세요. 머뭇거리지 말고 문을 두드리세요.